들음에서 믿음이

기독교 신앙의 본질을 찾아서

나요섭 지음

도서출판 나의주

Faith Hearing from God

Yoseop Ra

하나님의 음성을 듣고자 하는

_____ 님에게 드립니다.

믿음의 동반자인 아내에게
사랑하고 존경하는 마음으로 헌정합니다

머리말

하나님은 나를 할아버지와 아버지가 목사인 집안에 보내셨다. 그래서 어려서부터 가정에서는 기독교의 분위기 속에 살았고, 교회에서는 성경의 교리를 배우며 자랐다. 그러다가 하나님은 나를 목사로 부르셨고, 이후 미국으로 유학을 허락하시고 신학박사학위(Ph.D.)를 취득하게 하셨다. 이에 나는 성경을 스스로 연구하는 단계에 이르렀고, 영적인 체험을 통해 하나님의 신비에 대해 알게 되었다.

하나님은 중요한 순간마다 나에게 음성을 들려주셨다. 나는 그 음성을 듣고 순종하는 가운데 이것이 기독교의 믿음 곧 신앙의 본질이라는 사실을 깨달았다. 이는 사도 바울이 로마서를 통해 규정한 것이기도 하다 (롬 10:17). 그래서 나는 지금도 하나님의 또 다른 음성을 기다리고, 동시에 하나님이 음성을 통해 약속하신 것이 이루어지기를 바라고 있다.

대부분의 사람들은 믿음 곧 신앙의 본질을 제대로 알지 못한 채 교회를 다닌다. 그들은 믿음에 대해 더 많이 알고자 하지만, 정작 성경이 가르치는 본질을 깨닫지 못한다. 어떤 사람들은 신학대학교에서 배우면, 하나님에 대해 더 알게 될 것이라고 생각한다. 어떤 사람들은 영성훈련원에서 훈련을 받으면서 신앙이 나아지길 바란다. 또한 일부 사람들은 성지순례를 하면 예수를 더 잘 따르게 될 것으로 생각한다. 하지만 믿음은 위의 세 가지를 모두 초월하는 것으로 하나님의 음성을 듣고 순종하는 것이다.

하나님은 한국교회를 올바른 방향으로 인도하기 위해 나에게 책을 쓰게 하셨다. 이는 기독교 신앙의 본질을 알리는 것으로 보편적이고도 진정한 믿음에 대해 서술하는 것이다. 나는 이 책을 통해 하나님의 음성을 듣는 것이 믿음의 시작이요, 순종하는 것이 과정이요, 은혜를 누리는 것이 결과라고 전하고자 한다. 이를 위해 하나님의 음성을 직접 듣고 순종하여야 한다고 강조할 것인데, 지나치게 강조하더라도 문학적인 기술로 받아주길 바란다.

이 책은 이성을 통한 신학과 영성을 통한 신앙을 바탕으로 쓰였다. 나는 미국에서 신학박사학위를 취득하고 귀국하여 신학대학교에서 가르치고 교회에서 목회하면서 느끼고 배우고 경험한 것을 여기에 썼다. 더욱이 악한 사람들에게 고난을 당하면서 이겨내려는 몸부림 가운데 써 내려갔다. 비록 정치적인 면에서 졌지만, 영적으로는 승리했다고 자부한다. 그렇기에 지금도 오직 하나님으로 인해 기뻐하고 즐거워하며 살아간다.

나는 가능한 한 읽기 쉽게 쓰고자 했다. 이에 성경이 가르치는 내용을 먼저 제시한 후, 이에 대한 나의 이해와 해석을 내놓았고, 마지막으로 이와 연관된 경험들을 적었다. 여기에 소개된 사건들은 거의 다 나 혹은 나와 연관된 사람들이 겪은 것들이기에, 독자들은 살갑게 읽을 수 있을 것이다.

이 책의 제목은 '들음에서 믿음이'고, 부제는 '기독교 신앙의 본질을 찾아서'다. 이는 믿음이 들음에서 시작되어 구원을 향하여 가는 진행형이라는 의미를 담고 있다. 하나님은 음성을 들려주시고, 우리는 들어야 하며, 듣는 방법이 다양하지만 일단 들으면 순종하여야 한다는 사실을 전할 것이다. 그러면서 들음을 통해 믿음을 가진 사람이 걸어야 할 과거와 현재 그리고 미래를 다룰 것이다. 이로써 기독교가 가야 할 개혁의 방향을 제시하게 될 것이다.

나는 신앙의 여정 가운데 많은 사람들에게 사랑의 빚을 졌다. 하나님의 음성을 듣고 순종하는 가운데 나와 함께 믿음의 길을 걸은 분들에게 감사드린다. 나는 그들을 영적인 동역자들로 여긴다. 그들과 나누는 영적인 교제가 하늘나라에 이르기까지 이어지기를 간절히 바란다.

이 책을 쓰면서 나는 여러 사람들로부터 조언을 받았다. 먼저, 이의영 장로에게 감사하는데, 그는 나의 서술이 너무 하나님의 음성을 직접 듣는 방향으로 편중된 점을 지적해 주었다. 이에 더하여, 김정희 권사에게 고마움을 표하고자 하는데, 그분은 하나님의 음성을 듣는 것의 상황에 대해 좀 더 구체적으로 서술하여야 할 것을 지적해 주었다. 더욱이, 전수미 전도사에게 감사하는데, 그녀는 하나님의 음성을 듣는 문제와 연관해 영적인 면에서 동의해 주고 격려해 주었다. 그들의 조언으로 인해 이 책의 내용이 더욱 알차게 될 수 있었다.

나는 이 책을 사랑하고 존경하는 아내에게 헌정한다. 그녀는 내가 하나님의 음성을 듣고 고난을 당하는 동안 함께 해 준 영적 동반자다. 그녀 역시 자기 나름대로 하나님의 음성을 듣고 내가 흔들릴 때마다 나로 하여금 중심을 잡게 해 주었다.

마지막으로, 나를 세상에 보내시고 사명을 주셔서 주의 일을 하게 하신 하나님께 영광을 돌린다. 아직도 하나님 앞에서 나는 말할 수 없이 부족한 사람이지만, 그래도 그분과 함께 이루어가야 할 것이 많다.

2018년 5월 16일

나요섭

차 례

제1장 들음의 믿음

그러므로 믿음은 들음에서 나며 들음은 그리스도의
말씀으로 말미암았느니라. (로마서 10:17)

들어가는 글

기독인은 예수를 그리스도로 따르면서 하나님을 믿는 사람이다. 하지만 대부분의 교인들은 믿음 곧 신앙의 본질에 대해 제대로 알지 못한 채 교회를 다니는데, 이는 교회에서 성경을 접하면서 교리를 잘 아는 것이 믿음이 좋은 것으로 배웠기 때문이다. 처음부터 신앙의 방향을 잘 잡아야 한다.

대부분의 교인들은 믿음에 대해 막연하게 생각하면서 신앙생활을 하고, 생각과 믿음 사이에서 혼동하면서 교회를 다닌다. 예를 들어 "예수 그리스도가 십자가에서 우리의 죄를 위해 죽었다는 것을 믿습니까?"라고 질문하면, 그들은 "믿습니다."라고 말한다. 이는 그렇게 배웠기 때문에 하는 대답이다.

하지만 대부분의 사람들은 자기가 대답한 것을 실제로는 믿지 않을 뿐만 아니라 그것의 의미조차 모른다. 그들이 그렇게 대답하는 이유는 단지 교회에서 그렇게 배웠기 때문이다. 그래야 구원을 받고 하나님의 나라에 들어가 영생을 누릴 수 있다고 배웠다. 하지만 머리로 그렇게 생각한다고 해서 영적으로 믿는 것은 결코 아니다.

이제 우리는 기독인으로서 믿음에 대해 제대로 알아야 한다. 성경은 하나님이 들려주시는 음성을 듣고 순종하는 삶 자체를 믿음이라고 규정한다. 이것은 우리가 추구하여야 할 신앙의 본질이다.

1. 믿음은 들음에서

성경은 사람들이 하나님을 믿도록 가르친다. 창세기로부터 요한계시록에 이르기까지 예순여섯 권의 책은 다양한 사건들을 통해 믿음에 대해 설명한다. 이는 하나님의 음성을 듣고 순종하는 삶 자체이다.

믿음이 들음에서?

기독교의 근간인 신약성경은 믿음에 대해 구체적으로 언급한다. 특히 기독교의 기초를 놓은 사도 바울은 로마서를 통해 "믿음은 들음에서 나며 들음은 그리스도의 말씀으로 말미암느니라."고 분명하게 서술했다 (롬 10:17). 이보다 더 분명하게 믿음의 근원에 대해 서술한 본문은 없는 것 같다.

그런데 여기서 한 가지 짚고 넘어갈 문제가 있다. 고대 필사본들 가운데 '그리스도' 대신 '하나님'이라고 기록한 것들이 있는데, 이에 믿음은 '그리스도의 말씀'보다는 '하나님의 말씀'으로 말미암는다는 서술이 가능하다. 이러한 문제는 인쇄술이 생기기 이전에는 사람이 성경을 손으로 베껴 쓰면서 생겨났다.

그렇다면 어느 것이 더 원래의 본문일까? 나는 '들음은 하나님의 말씀으로 말미암느니라'가 원래 바울이 썼던 것이라고 생각한다. 왜냐하면 그는 로마서보다 먼저 쓴 데살로니가전서, 고린도전서,

갈라디아서, 고린도후서, 빌립보서 등에서 '그리스도의 말씀'이라는 표현을 한 번도 사용하지 않았기 때문이다.

사도 바울은 하나님으로부터 직접 계시를 받은 사람이다. 그는 자신이 하나님으로부터 그의 아들에 대한 계시를 받아 이방인에게 전하기 위해 부름을 받았다고 주장했다 (갈 1:16 참조). 이는 자신이 하나님으로부터 직접 들은 내용을 전했다는 것이다. 이에 하나님의 말씀을 들음으로 믿음이 시작되었다는 표현이 원래적이었을 가능성이 있다.

로마서는 바울의 서신들 가운데 가장 늦게 쓰였다. 그렇다면 그는 영적인 경험을 통해 자신의 신학과 신앙이 성숙되었을 때 믿음에 대해 총정리를 한 것이다. 이러한 점에서 믿음이 하나님의 말씀으로부터 말미암는다는 정의는 심오한 의미를 담고 있는 것 같다.

우리는 기독인으로서 믿음에 대한 바울의 개념을 받아들여야 한다. 왜냐하면 그는 우리가 믿는 기독교의 근간을 신학적으로 정립한 사람이기 때문이다. 그가 하나님의 음성을 듣고 순종했던 것처럼 우리도 듣고 순종하여야 한다. 이것이 바로 우리 기독인이 가져야 할 믿음의 내용이요 걸어야 할 신앙의 길이다.

사실 나는 바울이 전하는 믿음에 대해 잘 알지 못했다. 믿음은 들음에서 온다는 구절을 암기까지 했지만, 그것이 나의 마음과 영을 움직이지는 못했다. 하지만 하나님의 음성을 듣기 시작하면서 바울이 전하고자 한 믿음에 대해 이해하기 시작했다. 이러한 점에서 우리가 믿는 기독교 신앙은 하나님으로부터 음성을 듣고 순종하는 가운데 생기는 것이다.

예, 믿음은 들음에서

우리는 하나님의 음성을 듣고 순종하는 삶을 살아야 한다. 나의 지인들 가운데 간혹 하나님의 음성을 듣고 순종하는 경우가 있는데, 나는 성경을 바탕으로 그러한 사람이 믿음의 사람이라고 생각한다.

오래 전 어떤 사람이 교회를 다니기는 했지만, 아내 때문에 일요일에만 억지로 다녔다. 반면에 아내는 교회의 집회와 행사마다 참석하며 열심이었기에, 가정은 아무래도 등한시하게 되었다. 그래서 남편인 그 사람은 화가 날 대로 나서 교회에 너무 열심인 아내의 버릇을 고쳐주어야 하겠다고 생각했다.

그러다가 어느 날 술을 먹고 집에 들어와서는 아내에게 일요일 외에 교회에 가면 죽이겠다고 위협했다. 이에 남편을 달래고 설득하다가 위험을 느낀 아내는 집에서 도망을 나와 교회로 숨어들었다. 그러자 남편은 교회까지 찾아와 행패를 부리다가 집으로 돌아갔고, 어느 정도 진정이 되었을 때 아내도 집으로 돌아갔다.

그러던 어느 날 그 사람은 "너는 나를 위협했다."라는 음성을 들었다. 그때 그는 자기가 교회의 문제 때문에 아내를 죽인다고 위협했던 일을 기억하면서 하나님이 자기를 꾸짖는다는 사실을 깨달았다. 그래서 그는 진심으로 뉘우치며 하나님 앞에 나왔다.

물론 그 사람이 겪은 일은 아주 특별한 경우에 속한다. 하지만 나는 이러한 사건에 대해 들으면서 하나님이 그를 사랑하신다는 사실을 알았다. 왜냐하면 하나님이 직접 음성을 들려주시면서 신앙으로 인도하시는 경우는 흔하지 않기 때문이다.

바라지만 보이지 않는 믿음

신약성경 안에 믿음에 대해 설명하는 본문은 생각보다 많지 않다. 그래도 믿음에 대해 분명하게 정의하는 본문이 히브리서에서 발견되는데, "믿음은 바라는 것들의 실상이요 보이지 않는 것들의 증거니"라는 구절이 바로 그것이다 (히 11:1). 그리고 이어지는 본문은 믿음의 선배들이 보여준 들음과 순종에 대해 서술한다.

히브리서는 믿음의 조상에 대해 언급한다. 아벨과 에녹에 대한 이야기는 믿음에 대해 분명하게 설명하지 않지만, 노아와 아브라함의 경우는 분명하게 서술한다. 그들이 하나님의 음성을 들을 당시에는 그들에게 보이지 않았고 알려지지도 않았던 것들이 들은 후 순종하는 가운데 이루어졌다는 것이다.

이 본문을 읽으면서 우리는 믿음의 조상을 가지고 있는지에 대해 생각해 보아야 한다. 믿음의 조상이라고 한다면, 나와 아내는 누구보다도 자랑스러워할 수 있다. 왜냐하면 나는 삼대에 걸쳐서 목사직을 이었고, 아내의 가정은 사대에 이어 장로의 직분을 이었기 때문이다. 하지만 믿음의 조상은 직분으로 이어지는 것은 아니다. 하나님의 음성을 듣고 순종하였느냐 하는 것이 중요하다.

우리는 믿음의 조상을 가지고 있는가? 믿음의 조상을 가지고 있다면, 이보다 더 복된 것은 없다. 하지만 믿음의 조상을 가지지 못했다면 우리가 믿음의 조상이 되어야 한다. 하나님이 들려주시는 음성을 듣고 순종함으로써 믿음의 조상이 될 수 있다.

이에 더하여, 우리는 믿음의 후손을 만들어가야 한다. 이는 하나님의 음성을 지속적으로 듣고 순종하는 전승을 자손들에게 이어주는 것이다. 물론 쉬운 일이 아니지만, 우리 각자 믿음의 가문을 만들어 가야 한다.

듣고 믿는 사람으로

성경은 로마서에서 믿음의 근원에 대해 서술한 후 히브리서에서 예들을 통해 역사적으로 서술한다. 이러한 서술들은 오늘 성경을 읽는 우리에게 나름대로 의미를 주는데, 믿음을 추구한 후에는 일련의 연관성 속에서 신앙을 이어가야 한다는 메시지다. 이러한 점에서 믿음의 전승은 이어지고 발전되어야 한다.

위의 가르침을 나에게 적용하면, 다음과 같다. 나는 어릴 적에 할아버지의 신앙을 보면서 자랐는데, 내가 커서 알게 된 것과 연관해 종합적으로 판단하면 그는 신문물에 대한 지대한 관심 가운데 기독교의 신앙을 받아들이고 목사가 되었던 것 같다. 또한 크면서 아버지의 신앙을 가까이서 보았는데, 그는 성경의 가르침에 나름대로 충실하고자 최선을 다했다. 하지만 나는 하나님의 부름을 받고 신학을 공부하면서 나만의 신앙적인 관점을 구축하고자 노력했다. 이는 하나님의 음성을 들으면서 순종하는 삶을 추구하는 것이다.

결론적으로 우리는 성경을 통해 믿음 곧 신앙의 본질에 대해 제대로 배워야 한다. 이는 하나님의 음성을 듣고 순종하는 삶 자체인데, 우리는 이러한 길을 걸어가야 한다. 그러할 때, 우리는 진정 성경이 가르치는 믿음 곧 신앙의 본질을 알고 살아가게 된다.

2. 들을 귀를 가져야

예수는 제자들에게 "들을 귀 있는 자는 들으라!"고 말씀하셨다 (막 4:9). 이는 들을 귀를 가진 사람이 있다는 것을 전제하지만, 반대로 들을 귀를 가지지 못한 사람들도 있다는 것을 의미한다. 이 말은 하나님이 예수 그리스도를 통해 들려주시는 음성을 들을 수 있는 귀를 가져야 구원을 얻게 될 것이라는 메시지를 전한다. 이에 우리는 들을 귀를 꼭 가져야 한다.

들을 귀를 가져야

하나님은 우리에게 음성을 들려주신다. 하지만 이것을 듣고 안 듣고 하는 문제는 당사자에게 달려 있다. 이에 '들을 귀가 있어 그의 음성을 듣고 순종하느냐,' 아니면 '들을 귀가 있어도 듣지 못한 척하면서 순종하지 않느냐,' 그것도 아니면 '아예 들을 귀가 없어 듣지 못하기에 순종하지 못 하느냐'의 문제다.

사실 모든 사람들은 하나님의 음성을 들을 수 있는 영적인 귀를 가지고 있다. 하지만 이를 인식하지 못하는 사람들이 너무 많다. 혹 인식한다 하더라도 들을 귀가 없는 것처럼 살아가는데, 하나님이 음성을 통해 들려주시는 사명이 그 사람의 관심사와는 너무 다르기 때문이다. 이에 들을 귀를 가지고 있지만, 듣지 못하거나 듣지 못한 척 하는 사람들이 많다.

이와 연관해, 나의 지인들 가운데 젊었을 때 하나님의 음성을 듣고 목사로 부름을 받은 분이 있었다. 하지만 그는 고민하고 번뇌하면서 목사가 되지 않으려 했다. 사회에서 실패에 실패를 거듭한 끝에 늦은 나이에 목사가 되었지만, 목회하는 동안 별로 꽃을 피우지 못했다. 경제적으로 어려워 노회에서 지원되는 것으로 근근이 살다가 갑작스럽게 세상을 떠났다.

앞에서 소개된 예는 하나님의 음성을 들을 귀를 가지고 있었지만 듣지 않으려 한 경우다. 그 사람은 나중에 할 수 없이 순종했지만, 목회에서 성공하기에는 너무 늦었다. 사람은 하나님의 음성을 듣고 순종하는 시점을 놓쳐서는 안 된다.

간혹 일부의 사람들은 하나님이 음성을 들려주셔도 듣지 못한 척한다. 이러한 사람들은 위에서 제시된 경우와 비슷하지만, 듣고 고민하는 정도가 덜하다는 점에서 차이가 있다. 그들은 하나님이 들려주신 음성에 대해 감당하기 싫거나 부담스럽다는 이유로 하나님의 음성을 듣지 않은 혹은 못한 척하고 받아들이지 않는다. 이는 들을 귀를 가지고는 있지만 바로 무시한 경우다.

이와 연관해 어느 한 청년의 경우를 들 수 있다. 그는 항상 하나님께 리브가와 같은 여자를 아내로 달라고 기도했는데, 어떤 여자를 만나 교제하는 가운데 "성경에 나오는 여인들 가운데 누구를 가장 닮고자 합니까?"라는 질문을 던졌다. 그리고는 "리브가입니다."라는 답변을 받았는데, 그 순간 하나님이 자기의 기도에 응답하신 것을 느꼈다. 하나님이 그녀의 입을 통해 음성으로 들려주신 것이다.

하지만 그 청년은 끝내 그 여자에게 청혼하지 않았다. 마음에 들지 않는 한 가지 이유로 인해 결국 헤어진 후, 그 청년은 하나님의 음성을 듣고도 순종하지 않은 것에 대한 죄책감을 가지고 살았다. 듣는 귀는 가지고 있었지만, 순종하지 않은 경우다.

반면에, 많은 교인들은 하나님이 음성을 들려주셔도 이를 알아듣지 못한다. 그들은 자신들이 들을 귀를 가지고 있는지에 대해서 전혀 생각하지 않는다. 그래서 아예 듣지 않기도 하고 듣지 못하기도 한다. 그들은 언젠가 듣게 될 수도 있겠지만, 하나님의 음성을 들을 때까지 그의 뜻을 전혀 모른 채 살아간다.

마지막으로 대부분의 사람들은 하나님이 자신들에게 음성을 들려주시지 않는다고 생각한다. 그들은 아예 들을 귀를 가지지 못했다고 생각하면서 들으려는 자세를 가지지 않는다. 들을 귀에 대해 생각조차 하지 않는 사람들이다. 이러한 사람들은 대부분 신앙적인 이유보다는 인간적인 목적을 가지고 교회에 다닌다.

우리는 위에 제시된 네 가지의 경우 가운데 어디에 속하는가? 사람이 들을 줄 알면 하나님의 나라에 들어갈 수 있지만, 듣지 못하거나 듣지 않으려 한다면 들어갈 수 없다. 이에 우리는 예수의 제자로서 자신의 영적인 귀의 상태에 대해 점검하여야 한다.

들을 귀가 없는 사람들

교회에 오래 다녔다고 해서 들을 귀를 가지는 것은 아니다. 반대로 교회에 나온 지 얼마 되지 않았다고 해서 들을 귀를 가지지 못하는 것도 아니다. 들을 귀는 하나님이 주실 때 가질 수 있고 들을 수 있는 것이다. 우리는 하나님의 음성을 들을 귀를 가지지는 못했다 하더라도 신앙적인 이야기는 들을 줄 알아야 한다.

이와 연관해, 나는 언젠가 나를 공격하던 사람에게 이유를 물은 적이 있다. 그는 내가 자기의 말을 듣지 않기 때문에 공격한다고 하기에, "내가 하나님의 말을 듣고 그를 기쁘게 하여야 합니까, 아니면 당신의 말을 듣고 당신을 기쁘게 하여야 합니까?"라고 물었다 (갈 1:10). 그러면서 "악한 세력과 손을 잡지 말고 하나님 앞에서 바로 서십시오."라고 권했지만, "너무 늦어 그렇게 할 수 없다."
는 답변만 돌아왔다.

　많은 교인들은 하나님의 음성을 듣고도 인간관계로 인해 순종하
기 힘들어 하는데, 하나님보다는 자기들과 교제하는 사람들이 더
가까이 있기 때문이다. 하지만 하나님보다 사람을 더 중요하게 생
각하는 사람은 결코 믿음을 가질 수 없다. 과도한 인간관계는 하나
님의 음성을 듣고 순종하는 데 오히려 걸림돌이 된다.

　예를 들면, 서울의 대형교회에서 담임목사의 세습과 연관해 고민
하던 교인이 있었다. 그는 이에 대해 분명히 반대의 입장을 취했지
만, 교회를 떠나지 못하고 있었다가 나와 대화를 나누며 조언을 구
했다. 나는 "하나님께 물어보고 들려지는 음성에 따라 하세요."라
고 권했지만, 그는 그렇게 하지 못했다. 왜냐하면 교회의 개척 당
시부터 사십 년 동안 쌓은 공덕과 인간관계를 포기하지 못했기 때
문이다.

　우리는 신앙과 연관해 중요한 결정을 내려야 할 때, 하나님이 음
성을 통해 들려주시는 대로 결정하여야 한다. 하지만 대부분 자기
중심적이 되고 인간관계 속에 파묻히고 말아 하나님의 음성이 들려
도 순종하지 못하곤 한다. 이것이 보통 교인들의 모습이다.

　들을 귀가 필요한 목회자

　믿음과 연관해 요즈음 한국교회는 바리새인처럼 되어 가는 것 같

다. 다시 말하면, 지금까지 내려온 기독교전승을 강조하고, 교리를 강조하며, 교회의 제도를 강화시키는 것이다. 믿음 곧 신앙의 본질보다는 교회의 세력화를 시키는 데 더 신경을 쓰는 것이다.

더욱이 담임목사직의 세습은 교회를 사유화하는 것이다. 하나님의 교회라 가르치면서 사유화하고 세상의 가치를 추구하는 것이다. 그러는 사이에 하나님의 음성을 듣고 순종하는 모습은 점점 사라지는데, 이는 예수 그리스도가 비판한 바리새인들의 모습을 닮아가는 것과 다름이 없다.

목회자의 직업화도 문제다. 나는 어떤 제자가 신학대학원을 졸업한 후 전임전도사로 부임해서 겪은 일을 소개하고자 한다. 그는 부임 후 첫 예배를 마치고 교역자실에 들어갔을 때 충격을 받았다. 자기의 선임인 부목사들이 그 날 예배에 참석한 교인의 수와 헌금의 액수에 대해서만 이야기하는 것을 들은 것이다.

그 전도사는 예배를 마치면 교역자들이 그날 담임목사의 설교를 통해 받은 감동과 은혜를 나누는 줄 알았는데, 교역자들마저 너무 세속적인 가치에 물들어 있었기에 실망한 것이다. 그는 교회가 교회답지 못한 현실에 대해 개탄하면서 자기가 앞으로 목회자로 살아야 하는 지에 대해 고민하기 시작했다.

들을 귀가 필요한 한국교회

한국교회는 현재 위기에 봉착해 있다. 이는 여러 가지 이유 때문이긴 하겠지만, 나는 하나님의 음성을 들어보지도 못한 목회자들이 너무 많기 때문이라고 생각한다. 교회가 외적으로 성장하면서 신학대학교에 지원하는 사람들이 많아졌지만, 하나님의 음성을 듣고 소명을 받아 오는 사람은 별로 없다. 오히려 목사 혹은 장로인 아버지의 권유와 강압에 의해 신학대학교에 오는 경우가 많아졌다.

하나의 예로 나의 아버지가 목회를 하다가 은퇴한 교회를 제시할 수 있다. 차후임으로 청빙된 목사는 당시 교단에서 정치와 헌법에 있어 이름이 알려진 목사의 아들이었다. 그는 대형교회의 부목사로 있다가 중형교회의 담임목사로 청빙된 것이다. 그런데 그는 목회를 할 만한 기본적인 자질을 갖추지 못하고 있었다.

그 목사는 목회를 하기에는 영력이 부족했기에, 자기가 하고자 하는 일을 뒷받침할 만한 영적인 설교를 하지 못했다. 교인들은 점점 불만으로 가득 찼고, 그가 부임한 지 삼 년 만에 교인의 수는 거의 삼분의 이로 줄었다. 결국 몇 년에 걸친 갈등 끝에 그는 전별금을 받고 교회를 떠날 수밖에 없었다.

현재 한국교회 안에서는 이러한 일이 비일비재하게 일어난다. 하나님의 음성을 듣지 않고 목사가 되는 것은 자신과 교인들 모두 불행하게 만든다. 이는 영적으로 비극이다. 하지만 이에 대해 심각하게 생각하는 사람은 별로 없다는 사실이 더 큰 문제다.

영적으로 분별하는 귀를 가져야

모든 종교는 신과의 소통을 중요하게 가르친다. 그 방법과 과정이 서로 다르지만, 본질은 같은 것 같다. 우리는 이를 구별할 수 있는 영적인 귀를 가져야 한다.

우리는 다른 종교의 신도와는 달라야 한다. 이는 자기의 소원을 들어주면 어느 종교든 좋다고 생각하는 사람들과는 달라야 한다는 것이다. 우리는 신을 우리의 소원을 들어주어야 하는 존재로 생각하기보다는 하나님의 뜻에 순종하는 사람이 되어야 한다. 이러한 사람이 되기 위해서 우리는 영적으로 분별할 수 있게 하는 귀를 가져야 한다.

결론적으로 성경은 모든 사람이 들을 귀를 가져야 한다고 가르친다. 우리 기독인은 영적인 귀를 열고 하나님의 음성을 들으며 순종하여야 한다. 하지만 들으려 해도 듣지 못하고, 무엇보다도 듣지 않으려 하는 사람들이 많다. 들을 귀를 가지고 하나님의 음성을 듣고 순종하는 사람만이 믿음을 가진 사람이다.

3. 우리도 들어야

우리도 성경에 나오는 사람들과 같이 하나님의 음성을 듣고 순종하여야 한다. 엘리야 선지자는 '우리와 같은 성정을 가진 사람'으로 서술되어 있다 (약 5:17). 이는 우리도 그와 같이 하나님의 음성을 듣고 순종할 수 있다고 가르친다.

누구에게든 들려지는 음성

우리는 하나님이 음성을 들려주실 때 들어야 한다. 하지만 하나님의 음성에 대해 사람마다 달리 생각하는데, 이는 하나님의 말씀 곧 음성에 대한 범위를 서로 다르게 생각하기 때문이다. 그렇다면 이는 각자 신앙의 수준에 따라 결정되어야 할 것이다.

보수적인 신학자들은 하나님의 말씀이 성경에 다 기록되어 있어 더 이상 음성을 들려주실 필요가 없다고 가르치는 반면, 비평적이고 진보적인 신학자들은 성경에 기록된 인물들이 그러했던 것처럼 우리도 하나님의 음성을 듣고 살아야 한다고 가르친다. 나는 신학적이고 경험적인 면에서 후자를 지지한다.

하나님은 다양한 사람들에게 음성을 들려주셨다. 예를 들면, 스가랴 선지자는 농부였는데 하나님이 음성을 들려주셔서 선지자로 일했다 (슥 14:5). 아모스는 목자요 뽕나무를 재배하는 자였는데, 그가 양떼를 따를 때 하나님이 그를 데려다가 선지자로 삼았다 (암 7:14—15). 이처럼 하나님은 일상생활 가운데 충실하게 일하던 사람에게 음성을 들려주시면서 선지자로 삼곤 하셨다.

더욱이 하나님은 신앙을 핍박하던 사람에게 음성을 들려주시기도 했다. 대표적인 예가 바로 바울이다. 하나님은 예수의 제자들을

붙잡기 위해 다메섹으로 가던 그에게 하늘에서 음성을 들려주셨다
(행 9:1—9). 이는 아마도 하나님이 음성을 들려주시는 경우들 가
운데 가장 극적인 사건일 것이다.

성경은 하나님이 다양한 사람들에게 음성을 들려주신다고 서술
한다. 나도 신학적인 연구와 신앙적인 경험을 통해 하나님이 모든
사람에게 음성을 들려주신다고 확신한다. 그러므로 우리는 하나님
이 음성을 들려주실 때 듣고 순종하여 믿음의 길로 들어서야 한다.
일정한 법칙을 제시할 수는 없지만, 들릴 때 듣고 순종하여야 한다.

듣기를 거부하는 사람들

하나님이 음성을 들려주신다고 해서 모든 사람들이 다 듣는 것
은 아니다. 또한 들려도 들은 사람 모두가 순종하는 것도 아니다.
하지만 하나님은 들려주시고 순종을 요구하면서 이를 억지로라도
이루실 때가 있다.

예를 들면, 요나는 하나님의 음성을 들었지만 자기가 하기 싫은
일이기에 듣지 못한 척했다. 이에 하나님이 가라고 한 니느웨와는
완전히 반대쪽에 있는 다시스를 향하여 도망갔다. 결국 하나님이
그를 억지로 끌고 가자, 그는 어쩔 수 없이 니느웨의 멸망을 외치고
는 뒤로 물러났다. 이처럼 요나는 하나님의 음성을 듣고도 순종하
지 않으려 한 대표적인 사람이었다.

성경은 요나 선지자의 경우를 통해 오늘을 사는 우리들에게 똑같

은 가르침을 전한다. 이에 우리도 하나님의 음성을 들으면 순종할 것이라고 생각해서는 안 된다. 실제로 하나님의 음성을 듣고도 순종하지 않을 때가 더 많다. 교회에서 목사, 장로, 집사, 권사 등 직분을 맡았다고 해서 하나님의 음성을 더 잘 듣는 것도 아니다. 하나님의 음성은 직분의 경중과는 상관없이 들려지지, 교회에 다닌 기간에 따라 자동적으로 들리는 것은 아니다.

사실 대부분의 교인들은 하나님의 음성과 믿음 사이의 상관관계를 잘 모른다. 예를 들면, 나는 언젠가 친분이 있는 교인에게 믿음에 대해 질문한 적이 있다. 그는 곰곰이 생각하다가 대답했다.

"자기가 확신하는 것을 따르는 것이지요!"
"그러면 무엇을 확신합니까?"

이에 대해 그는 별다른 대답을 하지 못했다. 그래서 나는 좀 더 본질적인 문제를 짚었다.

"하나님의 음성을 들어 본 적이 있습니까?"
"전혀 없습니다!"
"그러면 왜 교회에 다닙니까?"
"어려서부터 다녔고, 아내도 거기서 만났고, 또한 친구들이 거기에 있기에 다닙니다."

그는 믿음 곧 신앙의 본질에 대해서 전혀 알지 못한 채 교회만 다닌 것을 솔직하게 드러냈다. 나는 솔직하게 이야기해 준 그가 오히려 고마웠다. 왜냐하면 그나마 자기의 속마음을 진솔하게 드러냈기 때문이다. 대부분의 교인들은 믿음과 연관해 솔직하게 이야기하는 것조차 두려워한다. 이처럼 우리 주변에는 신앙과 연관해 진솔과 외식 사이에서 우왕좌왕하는 사람들이 많다.

그래도 솔직한 사람에게는 희망이 있다. 왜냐하면 자기의 부족한 부분을 채울 가능성이 있기 때문이다. 하나님은 이러한 사람을 사랑하신다. 나도 그러한 사람을 만날 때마다 하나님의 음성을 듣고 순종할 수 있도록 돕곤 한다.

예배를 통해 들어야

사실 우리는 하나님을 만나 예를 표하는 예배 가운데 음성을 듣고 순종하여야 한다. 하지만 대부분의 교인들은 알게 모르게 하나님의 음성보다는 목사의 위로와 격려를 듣고 싶어 한다. 이러한 모습은 교회 안에 팽배해 있는데, 이는 교인들이 자기중심적이기 때문이다.

내가 목사안수를 받은 지 얼마 안 되고 미국에서 한인목회를 할 때의 일이다. 당시 영적인 경험이 부족한 상태에서 상당히 이론적인 설교를 하곤 했는데, 어느 한 분이 "목사님, 우리는 사회에서 지친 몸과 마음을 가지고 와서 위로를 받고 싶어 합니다."라고 말했다. 나는 성도들의 마음을 읽는데 많이 부족하지만, 그렇다고 그의 말이 다 옳다고 생각하지는 않았다.

대부분의 목회자들은 이러한 교인들의 마음을 알고 그들이 바라는 바를 채워주듯 축복하곤 한다. 다 옳다고 할 수는 없지만, 목사도 교인들이 있어야 하기에 하나님의 음성보다는 그들이 듣기 원하는 위로와 격려를 자주 전하곤 한다. 그래서 교회에서 교인들이 들어야 할 하나님의 음성이 가려지곤 한다.

듣는 사람을 존경해야

이후 나는 신앙의 연륜이 쌓이면서 나름대로 성도들에 대한 견해를 가지게 되었다. 내가 존경할 수 있는 사람과 그렇지 못한 사람 사이를 구별할 수 있게 된 것이다. 나는 두 부류의 사람을 존경한다. 한 부류는 자신의 신념에 따라 교회를 다니는 사람이요, 다른 부류는 하나님의 음성을 듣고 순종하는 사람이다. 그들은 서로 다른 기준을 가지고 있지만, 그래도 주관을 가지고 교회에 다니는 사람들이다.

먼저, 자신의 신념에 따라 교회에 다니는 사람을 소개해 보자. 지인들 가운데 한 사람은 예식장사업을 통해 성공했고, 형제애가 남다른 분이었다. 그는 자신이 다니던 교회에서 장로로 선택되었지만, 임직하지 않았다. 왜냐하면 일요일에도 예식사업을 하기에 주일을 제대로 지키지 못했기 때문이다.

나는 그가 하나님의 음성을 들은 적이 있는지 알지 못한다. 이에 대해 그에게 물어보지도 않았고 그 역시 나에게 이에 대해 말한 적도 없지만, 판단하기에 그는 하나님의 음성을 들어본 적이 없었던 것 같다. 그래도 그는 자기 나름대로 분명한 신념과 기준을 가지고 신앙생활을 했다.

다른 한 사람은 철저히 하나님의 음성을 따라 사신 분이었다. 그는 자기의 아내가 된 사람과 결혼하기 위해 교회에 다니기 시작했지만, 별로 흥미를 느끼지는 못했다. 이후 직장생활을 하면서 병을 얻었고, 친구인 의사로부터 사망선고를 받았다. 삶에 대한 애착이 강했던 그는 아내의 간곡한 권유를 받아 기도원에 들어가 금식하며 기도하기 시작했다.

그러던 가운데 그는 하나님의 음성을 듣고는 지난 날 자신이 지은 모든 죄를 회개했다. 나중에 세어 보니 무려 마흔여덟 가지나 되었는데, 중학교 때 있었던 일을 잊어버렸다가도 잘못된 일로 기억이나 회개하기도 했다. 아무튼 이러한 과정을 통해 그는 병에서 해방되었고 하나님을 진정으로 믿게 되었다.

이후 그는 교회에서 신앙생활을 하며 담임목사를 도왔는데, 장로로 선택될 수 있는 기회가 있었다. 이에 마음의 준비를 위해 기도원에 들어가 기도하는 중 "네가 나를 안 지 얼마나 되었느냐?"라는 음성을 들었다. 그 순간 그는 자기의 부족함을 깨닫고 산에서 내려온 후 장로투표에 이름을 올리지 못하게 했다.

그는 여생 하나님의 음성을 듣고 순종하며 살았다. 자신을 드러내지 않고 담임목사를 도우며 교회에서 봉사했다. 자신의 능력을 하나님의 사업에 쏟아 부었다. 다른 교인들이 하지 못하는 일을 하면서도 교회의 역사에 한 줄도 남기지 않았고, 오히려 다른 사람에게 공을 돌렸다. 사실 교인들은 이러한 사람을 알아주어야 한다.

앞에 소개된 두 분은 내가 존경하는 평신도들이다. 한 분은 인간적인 판단에 따라 신앙적 양심과 기준을 지키려 했고, 다른 한 분은 하나님의 음성을 들으며 순종하고자 했다. 모두 훌륭한 분이지만, 그래도 나는 후자를 더욱 존경한다.

들음에 대한 관심

나는 하나님의 음성을 듣는 문제에 일찍 관심을 가졌다. 이는 어릴 적 겨울에 아랫목에서 아버지의 이야기를 들을 때 시작되었다. 나의 아버지는 자신이 젊었을 때 공산치하에서 신앙으로 이겨낸 이야기를 자녀들에게 재미있게 해 주곤 했다.

이후 나는 자라면서 아버지에게 하나님이 역사하셨다는 사실을 알게 되었다. 이에 그의 신앙여정을 '분초를 다투시는 하나님'이라는 제목의 책으로 출간하도록 도와드렸다. 그는 그 책을 통해 하나님의 말씀과 음성을 따라 살아 온 자신의 삶을 진솔하게 신앙적으로 고백했다.

하지만 내가 고난을 당하면서부터 나의 아버지는 자신의 신앙적인 과거에 대해 별로 이야기하지 않았다. 이는 내가 하나님의 음성을 듣고 순종하는 가운데 악한 세력에게 고난당하는 것을 마음 아파했기 때문이다. 이러한 모습을 보면서 나는 자식의 고난으로 인해 아버지가 힘을 잃는 것 같아 안타까웠다.

기본이어야 할 들음

나는 신앙의 연륜이 쌓이면서 하나님이 모든 사람에게 음성을 들려주신다고 믿게 되었다. 목회자뿐만 아니라 평신도도 하나님의 음성을 듣고 순종해야 자신이 살고, 교회가 살며, 나라가 살게 된다. 이러한 점에서 우리 모두 막중한 사명을 가지고 살아간다.

이와 연관해, 언젠가 나는 미국교회의 장로인 지인에게 하나님의 음성을 들어야 한다는 말을 했다. 그리고 이 책의 초안을 보내면서 그가 깨닫기를 원했지만, 그는 오직 선지자나 목사와 같은 사람만이 하나님의 음성을 들을 수 있다고 응답했다. 나는 그 역시 하나님의 음성을 들을 수 있다고 말해 주었다.

나는 특히 목사와 연관해 하나님의 음성을 듣고 순종하는 문제를 강조한다. 목사로 인해 교회의 운명이 갈리는 경우가 너무 많기에 나의 지인이 교회의 담임목사 청빙위원으로 활동할 때도 이를 강조했다. 그러면서 조심스럽게 몇 가지 사항을 제언했다.

첫째, 청빙대상자의 학력을 보지 마라. 그 목사가 신학대학원에서 공부하면 됐지 신학석사나 박사학위에 현혹되지 말라. 둘째, 당회장 경험이 있는 사람을 청빙하라. 대형교회 부목사를 청빙하기보다는 작은 교회라도 당회장으로 일한 분을 모시고 와야 교회에 대해 책임을 지고 제대로 판단할 줄 안다. 셋째, 하나님의 음성을 들은 분을 모셔라. 청빙대상 목사와 면담을 하거나 혹 자기소개서를 볼 때, 하나님이 가라고 해서 오고자 하는 분을 모셔라.

목회자는 하나님의 음성을 듣고 따르는 사람이어야 하고, 이를 이루기 위해 최선을 다해야 한다. 동시에 한국교회의 교인들은 이러한 목회자를 존경하여야 한다. 이는 교인들이 영적으로 살 수 있는 길이요, 한국교회가 성장할 수 있는 길이다.

실천하기 어려운 들음

사실 우리가 하나님의 음성을 듣고 순종하는 데까지 이르는 것은 쉽지 않다. 왜냐하면 하나님의 음성을 들어보지 못한 경우가 많기 때문이다. 들어본 사람도 사실 실천하기까지는 많은 어려움을 겪는다.

언젠가 나는 고등학교 시절부터 교회를 다니던 사람과 함께 이야기를 나눈 적이 있다. 그는 당시 자신이 다니던 교회의 목사가 영적으로 부족한 것으로 인해 심한 갈등을 겪고 있었는데, 자신이 교회를 떠나야 할 것인지 말 것인지에 대해 깊이 고민하면서 나의 의견을 물었다.

나는 먼저 몇 가지 이야기를 나누면서 상황을 파악했다. 그리고 하나님의 음성을 듣고 그분의 뜻에 따라 결정해야 한다고 조언했다. 그는 "결국 내가 결정하여야 하는군요."라고 대답했기에, 나는 더 이상 이야기하지 않았다. 왜냐하면 하나님의 음성을 듣는 것을 이해하지 못하고 자기의 결정으로 생각했기 때문이다. 이러한 경우 내가 그에게 해 줄 수 있는 말이 별로 없었다.

듣고 결정해야

우리는 영적인 면에서 항상 실존적 자세를 가지고 살아야 한다. 매 순간 하나님과의 관계성 속에서 결정하여야 한다. 매 순간 그렇게 할 수 없을지라도 중요한 일을 결정할 때는 하나님의 음성을 듣고 순종하여야 한다.

매번 하나님의 음성을 듣고 순종하는 것은 물론 쉬운 일이 아니다. 그렇다고 해서 불가능한 일도 아닌데, 이는 하나님이 우리들에게 들을 경우 순종할 수 있는 힘도 주시기 때문이다. 그렇기에 우리는 항상 영적인 귀를 열고 듣고 순종하고자 해야 한다.

그렇다고 해서, 너무 일반적인 것까지 하나님의 음성을 듣고 결정하라는 것은 아니다. 예를 들면, 어떤 사람은 중화요리식당에 가면 "하나님, 자장면을 먹을까요, 아니면 짬뽕을 먹을까요?"라고 기도하면서 하나님이 정해주시는 대로 주문한다고 말한다. 그 사람은 자신이 항상 하나님을 가까이 하고 있는 것처럼 보이려고 이러한 이야기를 하는 것 같다.

나는 그러한 사람을 신학도 영성도 별로 없는 사람이라고 판단한다. 자기가 자장면이 먹고 싶으면 자장면을 주문하면 되고, 짬뽕을 먹고 싶으면 짬뽕을 주문하면 된다. 하나님은 자주 반복되는 일까지 참견하듯 음성을 들려주시는 분은 아니다. 만약 그러한 분이라면, 나는 그분을 하나님으로 믿지 않을 것이다.

물론 하나님은 사람에 따라 다르게 역사하실 수 있지만, 나에게 있어 하나님은 큰 방향을 정해주시는 분이다. 일상생활 가운데 하나하나 구체적으로 지시하시는 잔소리꾼은 결코 아니다. 사람은 하나님과의 과도한 친밀성을 강조하기 위해 자기의 의를 드러내서는 안 된다. 이는 하나님을 오히려 욕되게 하는 일이다.

아무튼 하나님의 음성을 많이 들으면 들을수록 믿음은 더욱 든든해진다. 기초가 든든할수록 건물이 굳건하게 설 수 있는 것처럼 우리의 믿음도 더욱 강해진다. 그러므로 우리 기독인은 하나님이 음성을 들려주실 때 듣고 순종하여야 한다.

들음의 충격

나는 기회가 있을 때마다 믿음은 하나님의 음성을 듣고 순종하는 삶 자체라고 외쳤다. 언젠가 이전에 목회했던 영천의 상송교회에서 헌신예배의 설교를 맡아서 한 적이 있는데, 거기서도 똑같이 외쳤다.

나의 설교를 들은 장로 한 사람이 나중에 페이스북을 통해 글을 보내 왔다.

뒤통수를 얻어 맞은 듯한 느낌을 받은 시간이었습니다. 나의 신앙, 나의 믿음을 다시 한 번 더 점검해 보는, 다시 한 번 더 뒤돌아보는 자아의 시간을 가져보는 계기가 되었습니다. 어떤 것이 하나님 앞에서 올바른 신앙인지, 올바른 삶인지~~

그 장로는 평생 교회를 다녔지만, 하나님의 음성을 듣고 순종하는 삶 자체가 믿음이라는 가르침을 처음 듣고 충격을 받은 것이다.

그는 신앙의 방향을 재정립하기로 마음을 먹었다. 나는 그가 진지하게 노력한다고 생각한다. 나와 계속 교제를 나누면서, 올바른 신앙의 길을 추구하고 있다.

들음 없이 진 싸움

모든 종교는 신의 음성을 듣는 것에 대해 가르친다. 우리 주변에도 자기가 섬기는 신으로부터 음성을 들은 사람들이 있다. 우리는 이러한 사람들을 만나 영적인 싸움을 하기도 한다.

목회자도 하나님의 음성을 듣지 않으면 귀신을 이길 수 없다. 귀신은 영적인 존재이기에 목사가 아무리 의기충천하여 나선다 하더라도 영적인 무기를 가지지 않으면, 질 수밖에 없다. 귀신과 싸울 때는 하나님의 음성을 듣고 순종하는 것이 가장 큰 영적 무기가 되어야 한다.

한 가지의 예로 제주도의 우도에서 목회를 하던 젊은 목사의 경우를 언급하고자 한다. 어느 날 그는 마을에서 작두를 타는 무당이 굿을 진행할 것이라는 소식을 들었다. 그래서 교회의 청년들을 모아 영적으로 방해하고자 했다.

예정된 시간에 가 보니 벌써 마을사람들이 와 있었다. 목사는 무당을 향하여 "예수 그리스도의 이름으로 명하노니 귀신아 물러가라!"고 외쳤다. 하지만 무당은 그러한 소리에 아랑곳하지 않고, 작두를 타면서 굿을 계속 진행했다. 이에 그 목사는 많은 사람들 앞에서 창피를 느꼈을 뿐만 아니라, 교회의 청년들에게도 영적으로 권위가 서지 않게 되었다.

그 목사는 세월이 흘러 자신의 부끄러운 체험담을 내게 말하면서 의미심장한 말을 남겼다. "아무리 예수 그리스도의 이름을 외쳐도 진정한 영성이 없으면 귀신에 사로잡힌 무당도 이길 수 없습니다." 그러면서 자신이 젊을 때, 너무 인간적인 자신감으로 목회를 했다고 말했다.

우리는 영적인 전쟁 가운데 살고 있다. 우리가 적극적으로 나서든 아니면 알게 모르게 당하든, 이는 우리가 피할 수 없는 것이다. 이러한 때 영적으로 가장 강력한 무기는 바로 우리가 들은 하나님의 음성이다. 이에 우리는 하나님의 음성으로 무장되어야 한다.

결론적으로 하나님은 지금도 모든 사람들에게 음성을 들려주시고 순종하기를 원하신다. 적지 않은 사람이 하나님의 음성을 듣지만 순종하지 못하는 것 같고, 더 많은 사람들은 하나님의 음성을 들으려 하지 않는다. 그리고 대부분의 사람들은 하나님이 음성을 들려주시지 않는다고 생각한다. 하지만 한 가지 분명한 사실은 하나님이 지금도 모든 사람에게 음성을 들려주시고 있다는 것이다.

4. 나도 들은 음성

나 역시 하나님의 음성을 듣고 순종하고자 한다. 나는 하나님의 음성을 듣고 목회자의 길로 들어섰을 뿐만 아니라 지금도 듣고자 한다. 하나님은 중요한 순간마다 내게 음성을 들려주셨고, 나는 이에 순종했다. 이는 내가 성경과 경험을 통해 추구하는 믿음 곧 신앙의 본질이다.

들려진 첫 음성

나는 하나님의 음성을 듣고 목회자의 길을 걷기 시작했다. 학군단 출신 초급장교로 군에서 복무하던 가운데 하나님으로부터 부름을 받았다. 때는 1981년 12월 18일에서 19일로 넘어가던 밤이었다. 유난히 추웠던 그해 겨울 영외생활을 하던 나는 연탄가스중

독으로 죽을 뻔했지만, 동기가 나를 방에서 끌어내는 바람에 살아났다.

그날 밤에 일어났던 일을 재구성하면 다음과 같다. 퇴근 후 저녁 식사를 하고, 나는 동기 및 후배 세 사람과 밤 늦게까지 카드놀이를 했다. 이로 인해 자전거를 타고 부대로 돌아가기에 너무 늦은 동기와 후배 두 사람이 옆방에서 자고 다음날 아침에 버스로 출근하기로 했다. 그런데 그날 밤 구름이 잔뜩 끼고 눈이 내리기 시작했고, 결국 심한 저기압으로 인해 연탄가스가 굴뚝을 통해 밖으로 나가지 못하고 방으로 스며들은 것이다.

하나님은 나를 죽음에 몰아넣으신 후 죽기 전에 꺼내셨다. 이는 정말 우연하게 여겨질 수도 있는 사건이었다. 옆방에서 자던 나의 동기는 머리가 아파 일어나 새벽 두 시 반에 밖에 있는 변소에 가서 볼일을 보고 돌아와서는 함께 자던 동기와 후배가 골골하고 있는 것을 보았다. 그래서 그들을 밖으로 꺼낸 후, 옆방에서 자던 나를 꺼냈다. 그때 나는 거의 의식을 잃은 상태였다.

그들은 나를 깨우려 노력했다. 이미 축 늘어진 나를 주인집 대청에 뉘였지만, 차디차고 신선한 밤의 공기도 나를 깨우지 못했다. 그러자 그들은 김치국물과 박카스음료를 내 입에 들어부었다. 그래도 내가 정신을 차리지 않자, 새벽 세 시에 축 늘어진 나를 거의 끌다시피 해서 동네의원에 입원시켰다. 나는 끌려가면서 모든 것이 꿈처럼 느껴지기만 했다.

하나님은 동네의원에 누워있던 내게 생각할 기회를 주셨다. 입원실에 누워 링거를 맞으면서 정신이 돌아오자 나는 지난 일들을 곰곰이 생각해 보았다. 그동안 목사가 되어야 할지 말지 고민하다가 제대하면 내가 졸업한 학과의 대학원으로 진학하기로 결심한 나 자신을 돌아보았다. 그때 하나님이 나를 연탄가스에 중독되는 상황에 빠트린 후 꺼낸 것이다.

하나님은 내가 나의 인생을 내 생각과 기준에 따라 결정하는 것을 원하지 않으셨다. 그래서 병상에 누워 생각하던 나에게 "너는 내 손 안에 있다."는 음성을 영혼의 깊은 곳으로부터 들려주셨다. 하나님은 나를 죽음에 이르게 할 수도 있고 거기서 꺼낼 수도 있다는 사실을 알려주셨다. 이에 나의 생명이 하나님의 손에 달려 있었다는 사실을 진정 깨달았다.

나는 이러한 일을 경험하면서 나 자신을 하나님께 맡겼다. 하나님의 음성을 들은 순간 나는 순종하지 않을 수 없었다. 나는 하나님의 음성을 듣고 그분으로부터 도망갈 수 없다는 것을 잘 알고 있었기에 하나님께 나의 인생을 바치기로 결심했다. 이는 나를 자기의 종으로 부르시는 순간이었다.

들은 대로 걸은 길

군에서 제대를 한 후 나는 목회자의 길을 걷기 시작했다. 신학대학원으로 진학하여 공부한 후 목사가 되었지만, 사실 목회에 대해서는 부정적이었다. 이에 1988년 미국에 유학하여 1997년 신학박사학위를 받았고, 이후 하나님이 인도하시는 대로 신학대학교의 교수를 거쳐 교회의 담임목사가 되었다.

나는 언제든지 내게 들린 하나님의 음성을 바탕으로 결정을 내리곤 했다. 이와 연관해, 원로목사 한 분이 믿음과 연관해 "나목사가 고난을 견디며 하나님의 뜻에 바로 서려는 것은 신학자로서 유추한 기독교적 신념에 따른 것이 아니겠냐?"고 말한 적이 있다. 이에 나는 "내가 강직하게 사는 것은 내 신학에 대한 신념보다는 내게 들린 하나님의 음성 때문입니다."라고 대답했다. 그러자 그는 나의 대답을 이해하지 못했다. 아마도 그는 그때까지 하나님의 음성을 직접 들어보지 못했던 것 같다.

하나님의 음성을 듣고 순종하는 삶은 나이에 따라 주어지는 것은 아니다. 교회에 오래 다녀도 교리에 사로잡혀 하나님의 음성을 제대로 듣지 못하기에 하나님이 함께 계시면서 인도하시고 도우시는 것을 깨닫지 못한다.

들음 가운데 놓인 암초

나는 하나님의 음성을 억지로 들으려고 노력하지는 않는다. 왜냐하면 그렇게 하다가 나도 영적인 면에서 실수하기 때문이다. 영적인 영역은 인간의 능력 이상에 속하기 때문에 사람이 함부로 대해서는 안 된다.

사실 나도 영적인 문제와 연관해 귀신의 음성을 들은 적이 있다. 내가 박사학위를 마치고 귀국한 지 얼마 되지 않은 때, 다른 종교를 알면 도움이 되겠다는 생각으로 무교가 행하는 굿을 구경한 적이 있었다. 민속전통문화라는 미명 아래 국립민속박물관에서 진행되는 시연행사에 참여한 것이다. 그러다가 어느 날 방에 앉아 있는데 마치 굿판에서 울리는 북과 징 그리고 장구의 소리가 들려오면서 귀신이 나를 부르는 분위기를 느꼈다. 이에 정신을 차리고 기도하면서 하나님의 도우심을 청했더니, 그러한 소리가 사라지면서 마음이 안정되었다.

　사실 그때 내 귀에 들려온 소리는 고물상 트럭에서 나온 것이었다. 고물을 사려고 녹음기를 틀어놓은 소리가 변하여 귀신이 나를 부르는 소리로 들린 것이다. 이는 환청이 아니라 분명 귀신이 나를 부르는 소리였는데, 영적으로 유혹하기 위해 장난친 것이었다. 신학박사인 나도 귀신이 유혹할 땐 시험에 빠질 수 있기에 조심하여야 했다.

　결론적으로 하나님은 지금도 나에게 음성을 들려주신다. 그러면서 나와 인격적인 관계를 가지시기에 나는 자발적으로 순종하고자 한다. 하나님이 일방적이고 강권적으로 이끌고 가시기 전에 우리는 먼저 순종하는 것이 낫다. 이로써 우리는 하나님의 종이라는 사실을 드러내야 한다.

5. 신앙적 해석

오늘도 살아계시는 하나님은 말씀하시고 일하신다. 자기의 백성에게 음성을 들려주시고 놀라운 일을 이루시는 것은 하나님이 살아계신다는 사실을 보여주는 증거다. 그렇기에 모든 사람은 하나님의 음성을 듣고 순종해야 한다. 왜냐하면 우리는 모두 피조물로 마땅히 조물주의 뜻을 따라야 하기 때문이다. 이것이 믿음 곧 신앙의 본질이다.

하나님의 음성을 듣는 일은 영적이고 주관적인 사건이다. 이는 하나님과 당사자 사이에서 영적으로 일어나는 일이기에 객관화시키기 어렵고, 일반화된 법칙이나 근거를 찾기도 힘들다. 그래서 함부로 이야기할 수도 없고, 이야기를 한들 이해하지 못하는 사람들이 많다. 이에 우리는 침묵 가운데 묵묵히 하나님이 주시는 사명을 다하여야 한다.

우리는 하나님으로부터 들었던 음성에 순종하는 가운데 영적인 경험을 하게 된다. 우리가 경험한 것 이상으로 믿음을 가질 수는 없다. 하나님의 음성을 통해 들었던 것을 받아들이고 이루기 위해 순종하는 가운데 우리는 하나님을 만나고 경험하고 믿을 수 있다. 이에 우리는 더 많은 것을 경험하면서 믿음을 강하게 만들어가야 한다. 이러한 점에서 기독교의 신앙은 후험적이다.

하나님의 음성은 우리가 가야 할 길을 알려주시기에 우리는 자신을 변화시킬 수 있다. 이러한 점에서 개혁이 시작된다고 할 수 있는데, 나 한 사람부터 시작하여 가정과 교회 그리고 나라가 하나님이 들려주시는 음성을 듣고 순종하는 방향으로 가야 한다.

제2장 들려주심

여호와께서 이르시되 가서 이 백성에게 이르기를
너희는 듣기는 들어도 깨닫지 못할 것이요 보기는
보아도 알지 못하리라 하라. (이사야 6:9)

들어가는 글

앞 장에서 믿음은 하나님의 음성을 듣고 순종하는 삶 자체라고 서술되었다. 이에 우리는 믿음 곧 신앙의 본질에 대해 제대로 알고 살아야 한다고 강조했다. 하나님의 음성을 듣고 순종하는 사람이야말로 진정한 그의 백성이다.

이번 장에서 나는 하나님이 음성을 들려주시면서 일하시는 분으로 서술하고자 한다. 성경은 하나님이 사람들에게 음성을 들려주시는 이야기들로 가득 차 있다. 창세기로부터 요한계시록까지 하나님은 자신의 종을 통해 백성에게 음성을 들려주시는 분으로 나타난다. 이러한 서술은 우리도 하나님의 음성을 듣고 순종하여야 하는 당위성을 말해 준다. 이에 우리는 믿음 곧 신앙의 본질을 지켜나갈 수 있다.

모든 사람은 하나님의 음성을 듣고 순종하는 가운데 믿음을 쌓아가야 한다. 이로써 사람은 좋은 결과를 볼수록 하나님에 대한 믿음을 더욱 가지게 된다. 이것이 바로 신앙적인 성장이다. 이러한 점에서 기독교의 신앙은 체험을 한 만큼 자라고, 그때 그 사람은 살아 계신 하나님의 백성이 된다.

1. 말씀하시는 하나님

성경은 처음부터 끝까지 하나님을 음성을 들려주시는 분으로 서술한다. 이에 사람들은 하나님이 말씀하시는 것을 듣고 순종하여야 한다. 이는 거시적인 관점에서든 미시적인 관점에서든 성경에서 전하는 가장 중요한 메세지다.

항상 들려주시는 분

성경은 첫 장부터 하나님을 '말씀하시는 분'으로 서술한다. 창세기는 처음부터 하나님이 말씀으로 우주를 창조하셨다고 서술한다 (창 1:1—2:4상). "빛이 있으라!"고 말씀하셨는데, 이것은 우주를 향해 들려주신 첫 번째 명령의 음성이다 (1:3). 이후 일곱 번에 걸쳐 말씀 곧 음성을 통해 세상을 창조하신 것으로 서술되어 있다. 그러므로 온 우주는 하나님의 음성을 들어야 할 대상이다.

이어 성경은 하나님이 에덴동산에서 아담을 향하여 음성을 들려주신 것과 이것이 제대로 이행되지 않은 사실을 전한다 (창 2:4하—3:24). 하나님은 아담에게 동산의 모든 실과는 먹되 선악과를 먹는 날에는 정녕 죽으리라고 말씀하셨지만, 아담은 이러한 음성을 듣고도 지키지 않아 죽음을 맞이했다. 이는 사람이 원래 하나님의 음성을 들어야 하는 존재이지만 들으려 하지 않는다고 가르친다.

하나님은 예수 그리스도를 세상에서 일하게 하실 때도 먼저 음성을 들려주셨다. 대표적인 사건으로 그의 세례를 들 수 있다. 예수가 요한으로부터 세례를 받고 물으로 올라왔을 때, 하늘이 열리며 성령이 비둘기의 모양으로 그 위에 내려왔고 하늘에서는 음성이 들렸다 (막 1:9—11). 이때 하나님은 예수를 향해 "너는 내 사랑하는 아들이요 내 기뻐하는 자다."라고 선포하셨다.

하나님의 음성을 들은 예수는 그의 영적인 근원이 하늘에 있었다는 사실을 보여준다. 예수 그리스도는 하나님의 음성을 듣고 순종함으로써 하나님이 원래 창조하신 사람의 본성을 회복하신 분으로 서술된다.

성경의 끝에 놓인 요한계시록 역시 하나님을 말씀하시는 분으로 서술한다. 이는 하나님의 말씀과 예수 그리스도의 증거를 요한이 듣고 본 후 증언한 책이다 (계 1:2, 9). 요한은 주의 날에 성령에 감동되어 뒤에서 나는 나팔 소리 같은 큰 음성을 들었다 (1:10). 마지막에도 기록된 것들을 예수 그리스도를 통한 하나님의 증언으로 강조한다 (22:18—20). 이처럼 요한계시록도 하나님을 '말씀하시는 분'으로 서술한다.

성경은 하나님이 사람들에게 음성을 들려주시는 이야기를 전한다. 나는 몇 가지의 예를 제시하면서 성경이 하나님의 음성에 초점을 맞추고 있다는 점을 강조했지만, 우리는 훨씬 더 많은 이야기들이 이러한 사실을 전한다는 것을 잘 알고 있다. 이에 하나님이 음성을 들려주실 때 우리는 듣고 순종하여야 한다.

"내 말 들어!"

하나님의 음성은 그의 종이 되고자 하는 사람들에게 필히 들려져야 한다. 언젠가 나는 부경지역의 신학대학교에서 학생들에게 강의하면서 "성경이 우리에게 가장 중요하게 가르치는 내용을 한 문장으로 표현해 보라."고 요구했다. 그들이 깨달은 것과 내가 깨달은 것이 다를 수 있지만, 내가 원하는 답변에 가장 가까운 것을 제시한 사람에게 점수를 더 주겠다고 약속했다.

이에 학생들은 다양하게 대답했다. 성경의 본문을 인용해 대답하는가 하면, 교리를 사용해 대답하기도 했다. 그런데 한 학생이 틀릴까봐 두려운 마음에 아주 작은 목소리로 "내 말 들어!"라고 대답했다. 나는 그 소리를 듣자마자 "맞다!"라고 응답했다.

그때 그 학생이 '나'로 지목한 주체는 바로 '하나님'이었다. 성경은 하나님이 사람들에게 자신의 말을 들어야 한다고 가르친다는 것이다. 하나님은 자신의 뜻을 음성으로 들려주시고 우리는 이에 순종해야 한다는 것이 핵심이라는 것이다. 나는 그에게 신학을 하는 이유와 목적을 아는 학생이라고 칭찬해 주었다.

성경이 전하는 핵심은 너무 단순하고 간단하다. 이는 하나님이 음성을 들려주실 때 우리는 듣고 순종해야 한다는 것이다. 그런데 사람들은 그것을 제대로 알지 못하고, 단지 어떤 교훈을 찾아 배우려 하거나 명상의 대상으로 생각한다. 그러니 그들은 하나님이 개인적이고 인격적인 면에서 들려주시는 음성을 듣지 못한다.

나의 동역자도 들어야

하나님은 지금도 같은 방법으로 모든 사람들에게 음성을 들려주신다. 하나님은 나에게 음성을 들려주셨고, 또한 나의 동역자들에게도 들려주셨다. 이는 개인적인 차원을 넘어 공동체에게도 일어나 모든 사람이 하나님의 음성을 듣고 순종하는 삶을 살아야 한다.

우선, 하나님의 음성은 개개인의 삶에 적용되어야 한다. 예를 들면, 지인들 가운데 내가 영적인 동역자로 여기는 장로 한 분이 있다. 그는 내가 고난을 당하는 동안 경제적으로 가장 많이 지원한 분이기도 하다. 금은방을 운영하고 몽골에서 땅을 빌려 농장을 운영하던 가운데, 어느 해 금값이 고공행진을 했다. 그러자 그는 몽골에서 채광되는 원석에 대해 관심을 가지고, 그것들을 들여와 가내공업식 제련작업을 통해 금이나 은 혹은 동을 추출해 판매하고자 했다.

나는 그의 설명을 들은 후, 걱정이 되어서 아끼는 마음으로 질문을 던졌다. "다 좋은데, 하나님이 그러한 사업을 하라고 말씀하십니까?" 그러자 그는 당황하면서 "그런 것까지 하나님께 여쭈어야 합니까?"라고 되물었다. 나는 중요한 일이기에 하나님의 음성을 통해 뜻을 알고 결정하여야 한다고 말했다.

기독인은 모두 하나님의 음성을 듣고 순종하여야 한다. 이는 삶에 있어 중요한 문제를 만날 때는 더더욱 먼저 묻고 듣고자 해야 한다. 이는 하나님의 백성으로서 당연히 가져야 할 소통의 관계라 할 수 있다.

신학교수도 들어야

누구보다도 목사가 되고자 하는 사람들을 가르치는 신학교수는 하나님의 음성을 들어야 한다. 그런데 이에 대해서 알지 못하는 교수들이 있어 한국교회가 위태로워지고 있다.

나는 신학교수들 가운데 가까운 사람과 만나 이야기를 나누던 중 내가 들은 하나님의 음성에 대해 말했다. 그러자 그는 "그런 음성이 정말 들립니까?"라고 물었다. 나는 그의 말에 놀라지 않을 수 없었다. 왜냐하면 그는 성경의 중요한 내용을 제대로 이해하지도 못하고 학생들을 가르치고 있었기 때문이다. 그에게 배운 제자들이 목사나 교사가 되어 현장에서 일을 한다고 생각하니 문제가 아닐 수 없다.

이후 나는 또 다른 신학교수로부터 비슷한 말을 들었다. 내가 들었던 하나님의 음성에 대해 이야기를 하자, "그런 이야기를 하면, 우리 학계에서 왕따를 당합니다."라는 답변이 돌아왔다. 이는 하나님보다 동료들을 더 두려워하는 것인데, 나는 이러한 모습을 보면서 한국교회의 미래가 암담하다고 생각했다.

신학교수들 가운데 많은 사람들은 학문을 빙자하여 세상적인 지식을 가르치고 있다. 그들은 해외에서 공부할 때 배운 것을 그냥 반복적으로 가르친다. 이는 정신적인 면에서 사대주의에서 벗어나지 못한 모습이요, 신학을 하는 이유와 목적에 대해 고민하지 않은 결과다. 그러니 한국의 교회들이 교회답지 못하게 되어 가고 있다.

　이러한 문제는 미국에서도 마찬가지다. 왜냐하면 신학대학교에 영성이 아니라 이성이 판을 치고 있기 때문이다. 예를 들면, 나는 최근에 은퇴한 후 한국을 방문한 미국인 지도교수 한 분을 만났다. 아들과 함께 그를 국립중앙박물관으로 인도해 한국의 종교와 문화 그리고 역사에 대해 보여드린 후, 식사를 하면서 이야기를 나누었다.

　그가 근황을 묻자, 나는 하나님의 음성을 듣고 살아온 과정에 대해 이야기했다. 그러자 그는 자신이 무신론자인 것을 밝힌 후, 내가 통찰력에 의한 판단을 하나님의 음성이라고 생각하고 있다고 지적했다. 또 자기로 하여금 하나님을 믿게 하려고 애쓰지 말라고 말했다. 그래서 나는 "당신에게 전도하려는 것이 아니라, 단지 내가 지금까지 하나님과 가진 관계성에 대해서 이야기했을 뿐입니다."라고 말했다.

　이러한 이야기를 들은 나의 아들은 충격을 받은 모양이다. 그러면서 나중에 "신학자가 하나님을 믿지 않으면서 가르쳐도 돼요?"라고 물었다. 이에 대해 종교학이나 인문학의 관점에서 가르칠 수 있다고 말하면서 이러한 사람들이 미국의 신학대학교에 많다고 설명했다. 그러자 아들은 그래도 이해가 되지 않는다는 표정을 보이면서 의아해 했다.

신학대학교는 정체성을 바로 세워야 한다. 하나님이 사람들에게 들려주시는 음성을 듣고 이를 가르치는 교육기관이어야 한다. 하지만 교수들도 하나님의 음성을 들으려 하지 않기에 그들에게서 배운 학생들은 더더욱 그러하다. 신학교수는 하나님에 대해 연구하고 가르치는 사람이 아니라 하나님의 음성을 듣고 경험한 대로 전하는 사람이어야 한다.

신학대학교의 교수들을 생각할 때마다 나는 한국의 교회가 영적인 면에서 걱정된다. 왜냐하면 목사들이 신학대학교에서 배울 때부터 하나님의 음성을 듣는 것에 대해 도외시하기 때문이다. 그러니 영성이 없는 목회자들이 교회에서 평신도들에게 영성을 전하지 못하고, 그들은 결국 믿음에 대해 전혀 알지 못한 채 교회를 다닌다. 그러면서 영적인 악순환이 계속된다.

선교사도 들어야

하나님의 음성은 전도의 최전선에서 일하는 선교사에게도 중요하다. 선교의 현장은 영적 전쟁에 있어 최전방이기에, 이러한 곳일수록 하나님의 강력한 역사가 일어나야 한다. 이에 선교사들은 하나님이 들려주시는 음성을 영적인 무기로 삼고 최전선에서 악한 영을 물리쳐야 한다.

　나는 언젠가 시내에 나갔다가 우연히 제자 한 사람을 만났다. 반가운 마음에 근황을 물었더니, "곧 중동의 모 지역에 선교사로 떠납니다."라고 대답했다. 그가 선교사로 떠나게 된 이유에 대해서 묻자 "어릴 때부터 선교사의 꿈을 가지고 자라났고, 신학대학원을 다니면서도 이를 간직했습니다."라고 말했다. 이에 "하나님이 거기로 가라고 하시더냐?"라고 단도직입적으로 묻자 그는 아무 대답도 하지 못했다.

　나는 진심으로 그를 아꼈기에 중동지역으로 가지 말라고 권했다. 그러자 그는 난감해 했는데, 이는 파송예배가 이미 계획되어 있고 교인들에게 광고가 되어 있기 때문이었다. 그는 되돌릴 수 없는 상황이라고 말했고, 내가 생각해도 되돌리기에는 늦었다. 하지만 인간적인 과정보다는 하나님의 결정이 더 중요한데, 선교사의 경우에는 더더욱 그러하다.

　이에 나는 그에게 네팔에서 만났던 선교사에 대해 이야기를 해주었다. 그 선교사도 꿈에 부풀어 낯선 땅에 왔지만, 현지 사정이 만만치 않아 고생하면서 돌파구를 찾지 못하고 있었다. 이에 한국으로 돌아가지도 못하고 거기에 머물기에도 힘든 상황에 처해 있었다. 그는 네팔에서 현지인에게 전도도 하지 못하고 한국인을 대상으로 여러 목사들과 함께 예배를 인도하며 겨우 버티고 있는데, 무엇보다도 전혀 앞길이 보이지 않아 좌절하고 있었다.

이에 나는 제자에게 선교사로서 가져야 할 자세에 대해 말했다. 종교적으로 네팔보다 더 폐쇄적인 중동의 모 지역으로 선교를 떠나기 위해서는 순교의 각오를 해야 한다는 것이다. 실제로 나의 동기목사의 여동생이 서남아시아의 회교권에서 선교사로 활동하다가 살해된 이야기를 전해주면서 가족을 데리고 갈 때는 감당하여야 할 책임이 더 무겁다고 말해 주었다.

나는 누구든 선교하러 가려면, 하나님의 강권적인 부르심이 있을 때 가야 한다고 강조한다. 물론 가고자 하는 사람도 나름대로 각오를 단단히 하겠지만, 인간적인 각오 이상의 영적인 결단이 있어야 한다. 이 결단은 사람에게서 오는 것이 아니라 하나님으로부터 오는 것이어야 한다.

들음으로 개혁을

하나님은 어느 누구에게나 음성을 들려주신다. 오늘도 교회든 신학대학교든 선교지든 어느 곳이든 하나님이 들려주시는 음성이 최우선적으로 주목되어야 한다. 이는 오늘도 우리가 성경에 기록된 많은 사람들과도 같이 하나님의 종으로 살아가는 사람으로서 가져야 할 기본적인 자세이어야 한다.

앞으로 우리나라의 교회를 비롯해서 세계의 교회는 하나님의 음성을 듣는 방향으로 개혁이 되어야 한다. 개신교를 이루게 한 중세 말기의 종교개혁자들은 하나님의 말씀을 성경에 한정시켰고, 그 이상 어떤 것도 인정하려 하지 않으려다가 교리 안에 하나님의 음성을 가두고 말았다. 이에 개신교는 믿음 곧 신앙의 본질로 다시 돌아가야 할 개혁의 대상이 되고 말았다.

우리가 추구하여야 할 개혁은 새로운 것을 찾아나서는 것이 아니다. 오히려 진정한 믿음을 회복하는 것인데, 성경이 가르친 바와 같이 하나님이 들려주시는 음성을 듣고 순종하는 것이다. 이것이 진정 기독교 특히 개신교가 추구하는 개혁의 방향이어야 한다.

결론적으로 하나님은 지금도 사람들에게 음성을 들려주신다. 우리는 하나님의 음성을 들어야 믿음 곧 신앙의 본질을 향한 첫 걸음도 떼고 신학의 길로도 들어설 수 있다. 이러한 점에서 하나님이 들려주시는 음성은 우리의 신앙과 신학을 위한 기반이어야 한다.

2. 들은 사람만이 안다

성경은 하나님의 음성을 들은 사람만이 순종할 수 있다고 가르친다. 성경 이후의 시대에도 적지 않은 사람들이 하나님의 음성을 듣고 순종했다. 그러한 사람은 하나님의 음성을 신학적으로 해석하고 신앙적으로 고백하면서 믿음의 비밀을 더욱 깊게 만들었다.

들음의 신학화

유대인들은 자신들의 역사를 하나님의 음성과 연결시켰다. 이는 아브라함을 조상으로 서술하면서 하나님의 음성에 따라 가나안으로 이주한 것으로 선언한 점에서 드러난다 (창 12:1—3). 그들은 역사적 서술을 신학적으로 해석하고 신앙적으로 고백하면서 엄청난 힘을 불어 넣었다.

사실 아브라함이 하나님의 음성을 듣고 가나안으로 이주한 것은 아니었다. 이러한 사실은 창세기 12:1—3을 11:27—32과 연결해서 읽으면 바로 드러나는데, 가나안 이주를 결심한 사람은 아브라함의 아버지 데라였다. 이것이 역사적인 사실이다.

하지만 데라가 이주하던 중 하란에서 더 이상 이주하지 않고 눌러 앉자 문제가 생겼다. 그의 아들 아브라함은 세 가지 가운데 하나를 선택하여야 했다: 고향 우르로 돌아갈 것인지, 하란에 주저앉을 것인지, 아니면 아버지가 원했던 가나안을 향하여 계속 갈 것인지 결정해야 했다. 이에 그는 아버지가 원했던 가나안으로 이주하기로 결정하고 감행했다. 여기까지도 역사적인 사실이다.

하지만 수백 년이 지난 후 창세기를 적은 사람은 아브라함의 이주를 신학적으로 해석하고 신앙적으로 서술했다. 저자는 아브라함이 하나님의 명령을 따라 가나안으로 이주한 것으로 강조했고, 하나님이 그와 후손에게 땅과 자손 그리고 복의 근원 등을 약속하신 것으로 서술했다. 이는 역사적 해석이 아니라 신학적 해석에 따른 신앙적인 고백의 서술이다.

이러한 신학적인 해석과 신앙적인 고백으로 인해 아브라함의 후손인 유대인들은 가나안 땅을 하나님이 약속한 복으로 믿게 되었다. 자신들의 역사를 하나님의 음성과 연관시켜 엄청난 가치를 부여했고, 지금까지 그 땅을 지키기 위해 목숨을 바쳤으며, 지금도 엄청난 피를 흘리고 있다.

물론 각자 보는 관점에 따라 서로 다른 평가를 내리겠지만, 유대인들이 하나님이 주신 것이라고 믿고 이를 지키기 위해 많이 노력했다는 것을 우리는 인정해야 한다. 그래야 우리도 하나님이 우리에게 들려주신 음성에 순종하며 이룬 것을 신학적으로 해석하고 신앙적으로 고백할 수 있게 된다.

듣고 비밀지키기

성경은 아브라함이 가나안으로 이주한 후에도 하나님의 음성을 듣고 순종한 것으로 서술했다. 그런데 하나님이 아브라함에게 유일한 적자인 이삭을 제물로 바치도록 명령하셨고 이를 수행하는 것에 대한 서술 가운데 새로운 의미를 부여했다 (창 22장). 이는 하나님이 들려주신 음성에 대해 비밀을 지켜야 한다는 메세지다.

아브라함은 하나님의 음성을 듣고는 아무에게도 알리지 않았다. 만약 자신의 아내 사라에게 알렸다면, 그녀는 늦은 나이에 기적적으로 얻은 아들을 제물로 바치지 못하게 했을 것이다. 또한 자신의 아들 이삭에게 알렸다면, 그는 결코 아버지를 따라 나서지 않았을 것이다. 아브라함은 자기가 들었던 하나님의 음성을 어느 누구에게도 말하지 않았는데, 이처럼 하나님의 명령은 비밀스럽게 진행되어야 한다.

하나님은 자신의 음성을 듣고 비밀을 지키며 순종하는 사람에게 보상하신다. 아브라함의 진정한 믿음을 알게 되자 이삭 대신 미리 마련하신 숫양을 주시면서 제물로 사용하게 하셨다. 이로써 제사보다 순종이 낫다고 하는 메시지를 전한다. 아무튼 창세기의 저자는 이러한 사건을 통해 하나님의 음성을 듣고 비밀을 지키며 순종할 때 분명 보상을 받게 된다고 가르친다.

아브라함과 이삭은 제사와 연관해 일어났던 일에 대해 비밀을 지켰다. 집으로 돌아와서 자기 아내이자 아들의 어머니인 사라에게 산에서 일어났던 일에 대해 일절 언급하지 않았다. 아들 이삭도 이에 대해 일절 말하지 않았다. 이처럼 하나님의 음성을 듣고 순종할 때에는 일어난 일을 듣지도 못하고 보지도 못한 사람에게 절대 말해서는 안 된다. 왜냐하면 그러한 사람은 들어도 이해하지 못하기 때문이다.

이러한 가르침은 신약시대에도 계속되었다. 예를 들면, 다메섹으로 가던 사도 바울은 하늘의 빛을 보고 음성을 들었지만, 홀로 간직했다 (행 9:1—19). 그의 동행자들은 빛을 보고 소리를 들었어도 이해하지 못했고, 바울도 설명해주지 않았다. 오직 자신만이 음성을 알아들었고, 다른 사람들에게 일절 말하지 않았을 뿐만 아니라 그들이 물어보아도 대답하지 않았을 것이다. 왜냐하면 그들은 그가 말해 주어도 이해하지 못했을 것이기 때문이다.

사도 바울은 자신이 들었던 음성을 인생 마지막에 이르러서야 발설했다. 이는 전도여행을 마치고 예루살렘의 성전에서 결례를 행하다가 유대인들의 미움을 받고 재판을 받을 때 비로소 소상히, 그것도 두 번이나, 밝혔다 (행 22:2—15; 26:9—23). 이처럼 바울은 자기에게 들려진 음성을 거의 평생토록 비밀에 부쳤다.

성경은 하나님의 음성을 듣고 순종하는 사람이 비밀을 지켜야 한다고 가르친다. 영적인 일은 영적인 사람들이 공유하고 육적인 사람들에게는 알리지 말아야 한다. 영적인 것과 육적인 것은 공존할 수 없다. 그렇다면 우리도 영적인 비밀을 지켜야 하지 않겠는가?

나도 듣고 지킨 비밀

우리는 하나님의 음성을 듣고 묵묵히 간직할 줄 알아야 한다. 이러한 점에서 하나님의 음성을 들은 사람은 고독할 수밖에 없다. 자기의 가족이라 할지라도 하나님의 음성을 들어보지 못한 사람들은 이에 대해 이야기를 해도 이해하지 못하기에, 하나님의 일을 하는 사람은 자신이 들은 하나님의 음성을 비밀스럽게 간직하며 고독을 이겨나가야 한다.

내가 아내와 결혼할 때도 그러했다. 나는 1986년 10월 9일 한

글날에 선을 보았는데, 양가부모와 중매인부부가 약속된 장소에서 만나 상견례를 가졌다. 사실 나의 눈에 남자중학교에서 교편을 잡고 있던 그녀가 그리 예쁘게 보이지는 않았지만, 나는 이를 내색할 수는 없었다. 나 역시 그녀에게 어찌 비칠지 모르는 상황이었다.

어른들과 헤어진 후 우리 둘은 자리를 옮겨 개인적인 이야기를 나누게 되었는데, 나는 나의 아버지가 어머니를 만났을 때 던졌던 질문 세 가지를 똑같이 던졌다. 첫째, 목사로서 가난하게 살 것인데, 감당할 것인가? 둘째, 목회를 하다보면 자주 이사하게 될 것인데, 감당할 것인가? 셋째, 장남으로서 부모님을 모셔야 할 것인데, 감당할 것인가? 이러한 세 가지 질문에 대해 그녀는 모두 "예!"라고 간단하면서도 긍정적인 말로 대답했다.

그 순간 나에게는 이루 말할 수 없는 사랑의 감정이 솟구쳤다. 그러면서 내 영의 깊은 속으로부터 "이 여자가 바로 내가 너를 위하여 아내로 준비한 사람이다!"라는 우레와 같은 소리가 들렸다. 이는 오직 나의 영적인 귀에 들린 하나님의 음성이었고, 그 순간 나는 결혼하기로 결심했다.

나는 그러한 음성에 대해 아무에게도 말하지 않았다. 나의 부모님에게도 말하지 않았고, 더욱이 결혼하고서도 한 동안 아내에게도 말하지 않았다. 오직 나만이 간직했는데, 이는 악한 영이 우리 결혼의 과정과 생활을 방해하지 못하게 하기 위함이었다. 성경의 가르침대로 하나님의 음성을 오직 나에게만 주어진 명령으로 알고, 다른 사람에게는 일절 말하지 않은 채 오랫동안 간직했다.

비밀유지는 사랑받는 길

오늘도 하나님의 음성을 들은 사람은 비밀을 간직하여야 한다. 이는 자신을 보호할 뿐만 아니라, 하나님의 영광을 가리지 않는 길이기도 하다. 만약 이를 쉽게 발설한다면, 너무 흥분하여 자신의 공으로 돌리면서 하나님께 누를 끼치게 된다. 반면에 하나님의 음성을 듣고 한동안 비밀을 지키는 사람은 사랑을 받아 더 큰 복을 누리게 된다.

비밀유지와 연관해 사회에서 훈련이 잘 된 사람은 교회에서도 비밀을 잘 지킨다. 어느 한 분은 가정과 직장에서 비밀유지의 훈련을 잘 받아서 그런지 몰라도 서리집사로 있으면서 남모르게 담임목사를 돕고 있었다. 그런데 그때 교회 안에서 비리가 저질러지고 있었는데, 이는 담임목사를 가까이에서 돕던 사람이 이중계약을 맺어 돈을 뒤에서 챙기고 자기는 책임을 지지 않는 방향으로 일처리를 한 것이다.

일이 벌어질 당시에는 표면에 드러나지 않아 아무런 문제가 되지 않았다. 하지만 이중계약으로 인해 후속처리를 해야 할 일이 생기면서 문제가 드러났다. 이에 비밀유지의 훈련이 잘 되어 있던 서리집사인 그가 처리하지 않을 수 없게 되었는데, 그렇게 하지 않을 경우 담임목사가 다치게 되기 때문이었다. 이에 그는 화가 났지만,

일을 조용히 처리했다.

하지만 그를 더욱 화가 나게 하는 일이 나중에 벌어졌다. 일을 처리한 후 담임목사에게 악한 사람을 가까이에 두지 말라고 조언했지만, 목사는 서리집사인 그보다 이중계약을 맺은 장로를 더 신뢰했다. 그러면서 그의 충언을 받아들이지 않았을 뿐만 아니라 오히려 그를 꾸짖었다. 이에 화가 난 그는 자기의 충언을 받아들이지 않고 세상의 물정도 모르는 목사를 더 이상 돕지 않기로 결심하고 씩씩거리며 집으로 걸어가고 있었다.

그런데 그때 하나님이 그에게 역사하셨다. 소포를 배달하는 택배원을 본 순간 "택배원이 소포를 뜯어보는 일이 있느냐?"라는 음성이 들렸다. 이는 하나님이 시키는 심부름만 하면 되지 그 이상을 생각하지 말라는 의미였다. 그 순간 그는 무릎을 꿇고 가로수를 붙잡고 펑펑 울면서 하나님께 자기의 잘못을 회개했다. 지나가던 사람들이 쳐다보아도 전혀 개의치 않았다.

이후 그는 자기가 들은 하나님의 음성을 다른 사람에게 이야기하지 않았다. 자기 아내에게도 말하지 않았을 뿐만 아니라 담임목사에게도 말하지 않았다. 왜냐하면 자기가 들은 하나님의 음성은 자기를 향한 것일 뿐만 아니라, 그들에게 이야기해도 이해하지 못할 것이 뻔했기 때문이다. 그러면서 그는 점점 더 자신을 숨기며 봉사했기에 고독하고 외로운 일꾼이 되었다.

그는 이러한 일을 경험한 후 아주 중요한 말을 남겼다. 이는 "사람이 하나님의 음성을 듣고 순종하고 이루어진 다음에도 십 년이 지나기 전에는 말해서는 안 된다."는 것이다. 그는 자신이 겪은 사건도 당사자들이 죽은 후에 말한 것이다.

비밀누설은 무너지는 길

많은 사람들이 하나님으로부터 들은 음성을 오래 유지하지 못한다. 간증이라는 이름 아래 다른 사람들에게 말해 버리고는 실행하지도 못하곤 한다. 하나님의 음성을 듣고 너무 감격하여 다른 사람에게 말하지만, 이를 막상 순종하자니 엄두가 나지 않아 행하지 못하는 것이다. 하나님의 음성을 들은 사람은 그것을 이루거나 그것이 이루어질 때까지 다른 사람들에게 말하지 말고 비밀로 간직해야 한다. 이러한 점에서 어느 누구와도 함께 할 수 없는 고독한 싸움이다.

하나님의 음성을 들은 사람들이 저지르는 또 다른 잘못이 있다. 이는 너무 빨리 간증한 후 스스로 무너지는 것인데, 많은 사람들의 호의적인 반응에 도취되는 경우 그렇게 된다. 그러한 반응을 유지하기 위해 다음에 간증할 것이 있어야 하는데, 없으면 심리적으로 불안해져 안절부절못하게 된다. 이로 인해 듣지도 않은 것을 하나님의 음성인 것처럼 거짓말을 하다가 들통이 나기도 한다.

이와 연관해, 어느 중국음식집 사장이 있었다. 그는 어쩌다 신비한 체험을 한 후 간증하다가 유명세를 타서 여러 곳에 초청을 받아

강연을 하곤 했다. 특유의 재치가 있는 말로 많은 사람들을 웃기기도 하면서 나름대로 감명을 끼쳤는데, 그는 사람들의 호의적인 반응에 도취하고 말았다.

그런데 문제는 이후에 생겼다. 더 이상 신비한 체험을 하지 못하고 전할 것이 없게 되자 거짓으로 영적인 이야기를 만들어낸 것이다. 이러한 일은 오래 가지 못하는 법. 결국 들통이 났고, 그에 대한 평가가 좋지 않게 되어 어느 누구도 그를 불러주지 않았다. 그러자 그는 자기를 불러주는 사람이 없나 기다리다가 정신이상을 보이기도 했다.

이처럼 누구나 하나님이 신비한 현상을 통해 들려주신 음성에 대해 신속하게 간증하지 않는 것이 좋다. 너무 빨리 이야기를 했다가 오히려 영적으로 역풍을 맞을 수 있는데, 이를 제대로 감당하지 못할 때는 치유할 수 있는 방법이 별로 없다. 그러므로 하나님이 알려 주신 비밀은 홀로 마음 속 깊이 간직하면서 그것이 이루어지기까지 발설하지 말아야 한다. 아니, 이루어진 후에도 십 년이 지나기까지 말하지 않는 것이 좋다.

보아야 할 소리

들음의 문제는 비단 기독교의 가르침만은 아닌 것 같다. 나는 언젠가 산사에서 '관음전'이라 쓰인 간판을 보고 깜짝 놀랐는데, '관음'이라는 단어가 눈에 확 들어온 것이다. 이는 '관세음'에서 온 것이지만, 나는 볼 '관(觀)'자에 소리 '음(音)'이라는 사실에 관심이 갔다. 원래의 뜻이 어떻든지 간에, 소리는 듣는 것인데 이를 보아야 한다는 것으로 나는 이해했다. 소리를 보는 수준에 이른다면, 그 사람은 종교적인 면에서 상당히 높은 수준에 이르렀다고 할 수 있다.

종교는 어느 정도 공통되는 부분을 가지고 있는 것 같다. 불교에서 이 세상의 소리가 아닌 소리를 들으라는 관음의 사상은 기독교에서 하나님의 음성을 듣고 순종하라는 가르침과 맥을 같이 한다. 나의 이러한 해석이 객관적으로 옳든 그르든지 간에, 하나님의 음성을 듣고 순종하는 것은 보다 나은 세상을 만들어가기 위해 꼭 필요한 과정이다.

결론적으로 하나님의 음성은 들은 사람만이 안다. 다른 사람은 이에 대해 들어도 이해하지 못하기에, 하나님의 음성을 들은 사람은 이를 고이 간직하며 비밀로 해야지 함부로 이야기해서는 안 된다. 이를 다른 사람에게 이야기하면, 영적으로 악한 사람에 의해 역이용을 당할 수도 있다. 하나님은 자기가 들려준 음성을 함부로 말하지 않고 끝까지 간직하고 묵묵히 순종하는 사람을 신뢰하시고 사랑하신다.

3. 알아듣지 못하는 사람들

성경은 하나님이 자기의 종을 통해 음성을 들려주셔도 사람들이 이를 알아듣지 못하는 경우를 자주 서술한다. 하나님의 음성을 들은 선지자들이 이를 전하지만, 백성들은 알아듣지 못한 것이다. 그럼에도 불구하고 전하여야 할 사명을 받은 사람은 무슨 일이 있어도 전하여야 한다.

듣는 사람과 듣지 않는 사람

하나님은 자기가 선택한 종을 통해 사람들에게 자신의 뜻을 알리신다. 예를 들면, 하나님은 노아에게 홍수를 일으켜 세상을 멸망시킬 것이니 이를 백성에게 알리라는 음성을 들려주셨다 (창 6장). 그는 하나님의 명령대로 나가서 사람들에게 알렸고, 홍수에 대비하기 위해 높은 산에 방주를 지었다. 모든 사람들은 노아가 미쳤다고 말할 뿐만 아니라 방주 짓는 일을 방해하면서 앞으로 다가올 재앙에 대해 일절 대비하지 않았다.

하나님의 음성을 듣지 아니한 결과는 혹독했다. 노아가 외친 대로 홍수는 닥쳤고, 사람들은 모두 물에 휩쓸려 죽었다. 하나님은 자신의 명령에 따라 방주에 들어간 노아의 가족과 동물만을 살리셨다. 하나님의 음성을 들은 사람은 사람들이 듣든지 아니 듣든지 외쳐야 하며 그 대가는 각자 치러야 한다. 이처럼 하나님의 음성을 알아듣는 사람은 아주 극소수이고, 알아듣지 못하는 사람들은 대다수다.

하나님은 좀 더 극단적인 경우를 보여주시기도 했다. 이는 이사야 선지자를 보내면서 아예 백성들이 들어도 깨닫지 못하고 보아도 알지 못하게 하여 멸망에 이르게 하라고 명령한 것이다 (사 6:9—10). 그는 나가서 이러한 내용으로 전했지만, 마음이 불편했을 것은 분명하다. 그럼에도 불구하고 하나님이 명령하신 것이기에 들었던 내용을 그대로 외쳤다. 이러한 경우는 성경에서 별로 나타나지 않는다.

마가복음저자도 이사야 선지자의 경우를 따라 예수에 대해 서술했다. 예수는 제자들에게 하나님의 나라에 대한 비유를 가르치신 후 "들을 귀 있는 자는 들으라!"고 말씀하셨는데, 나중에 제자들이 비유에 대해서 물어오자 그들에게는 하나님 나라의 비밀이 주어졌으나 그 밖의 사람들에게는 모든 것이 감추어져 있다고 말씀하셨다 (막 4:9—11). 그러면서 바로 이사야서 6:9—10을 인용하신 것으로 서술되는데, 이로써 마가복음저자는 이사야 선지자를 신학적인 배경으로 예수에 대해 서술하고자 한 것이다.

이상의 서술을 통해 볼 때, 성경은 하나님의 음성을 알아듣지 못하는 사람에 대해 두 가지로 제시한다. 먼저, 사람의 본성을 드러내는 일반적인 경우로 하나님의 음성이 들려도 듣지 않으려는 사람들을 제시할 수 있다. 이는 아담과 하와 이래로 대부분의 사람들이 가진 성향을 의미한다. 둘째, 이는 아주 극단적인 경우로 아예 하나님이 들어도 깨닫지 못하게 하는 사람들을 제시한다. 그런데 시간이 흐를수록 성경은 후자의 경우를 더 강조하는 것 같다.

만약 하나님이 지금도 이러한 입장을 취하신다면, 우리들에게는 영적으로 큰 일이 아닐 수 없다. 우리가 듣기 싫어 듣지 않는다면 우리가 책임지고 대가를 지불하여야 할 것이지만, 아예 하나님이 우리로 하여금 들어도 깨닫지 못하게 하고 멸망시킬 계획을 가지고 계신다면, 우리는 여기서 벗어날 길이 없다.

후자의 경우 우리가 극복해야 할 문제가 두 가지 면에서 다가온다. 이는 우리가 들으려고 해야 할 뿐만 아니라 하나님의 마음을 바꾸게 하는 것이다. 그런데 우리는 하나님의 마음을 바꿀 수 없기에 이러한 일이 일어나지 않게 하기 위해 그분이 음성을 들려주실 때 듣고 바로 순종하는 수밖에 없다.

듣지 못한 사람은 이해하지 못하는

나는 하나님의 음성을 들어보지 못한 사람의 반응을 겪은 적이 있다. 교육전도사를 하던 1986년 어느 주일 저녁에 교사 몇 사람과 함께 분식점에서 밥을 먹으며 이야기를 나누었다. 그러던 가운데 나는 연탄가스중독사건을 통해 하나님의 음성을 들은 이야기를 하면서 목회자의 길을 걷게 된 계기에 대해 말했다.

그런데 그때 거기에 함께 있던 '조박사'라는 별명을 가진 교사가 이의를 제기했다. 그녀는 "전도사님, 그것은 자기 합리화입니다."라고 말했는데, 이에 대해 "물론 합리화일 수 있지요. 하지만 그것은 내게 들린 하나님의 음성이었고, 그것을 알아듣고 행하는 것이 신앙입니다."라고 대답했다. 그러자 이해할 수 없다는 표정을 지으면서 더 이상 말을 이어가지는 않았다.

그 사람은 똑똑했기에 '조박사'라는 별명을 얻었다. 하지만 하나님의 음성을 들어본 적이 없었기에 영적인 사건에 대해 이해하지 못했고, 오히려 나를 비판했다. 지적으로 똑똑하다고 해서 영적인 영역을 알 수 있는 것은 아니다. 이에 나는 영적인 것은 영적인 사람만이 알아들을 수 있다는 교훈과 지적으로 똑똑한 사람은 영적인 것을 들으면 일단 들으려고 하지 않는다는 교훈을 얻었다.

조박사는 들어도 듣지 않으려 한 것은 분명한데, 하나님이 아예 들어도 깨닫지 못하고 멸망으로 인도하시려 한 경우인지는 분명하지 않다. 그러한 일이 그녀뿐만 아니라 우리에게도 일어나지 않기를 바랄 뿐이다. 아무튼 이런 경우든 저런 경우든 하나님의 음성을 듣고도 순종하지 않는 사람은 구원에 이르지 못한다.

나도 듣고 깨달은

하나님으로부터 들은 음성을 다른 사람에게 말할 때는 조심해야 한다. 이 순간 책을 통해 하나님으로부터 들은 음성에 대해 쓰는 것도 조심스럽다. 그럼에도 불구하고 이에 대해 이야기하는 이유는 하나님이 나에게 전하라고 명령하셨기 때문이다.

하나님은 나에게도 알아들으라고 음성을 들려주신 적이 있다. 아무리 소명을 받고 그분의 종으로서의 길을 걸었다고 하지만, 항상 순종하는 것은 아니었기에 하나님도 답답하셨던 것 같다. 그래서 나에게 음성을 들려주셨는데, 그래도 다행스러운 것은 내가 이를 알아들었다는 것이다.

이러한 일은 내가 1990년 박사과정에 지원해서 입학허가를 받았을 때 일어났다. 그때 입학허가를 내준 학교들은 드류대학교의 대학원과 덴버대학교-아이리프신학대학원이 공동으로 운영하는 박사과정이었다. 전자는 미국의 동부에 있었고, 후자는 중부에 있는 괜찮은 학교들이었지만, 서로 장단점을 가지고 있었기에 선택에 있어 고민스러웠다.

우선, 경제적인 지원이 관건이었다. 드류대학교는 장학금으로 등록금의 반 밖에 주지 않아 내가 나머지 반을 부담해야 했지만, 생활하는 데 있어 익숙한 곳이라 유리했다. 반면에 덴버대학교와 아이리프신학대학원은 등록금 전액과 생활비 일부를 제공하기에 경제적으로는 내게 유리했으나, 새로운 생활환경에 적응하여야 하는 부담감이 있었다. 더욱이 교수들의 성향을 모르기 때문에 나름대로 고민이 컸다.

하나님은 두 학교를 놓고 이리저리 생각하는 나의 인본주의적인 모습을 싫어하셨던 것 같다. 이에 깨달음을 주시려고 전혀 생각하지도 않았던 사건을 일으키셨다. 1990년 2월 25일 주일 우리 가족은 교회를 다녀왔는데, 두 돌을 막 지낸 아들이 아무런 이유 없이 심술을 부리기 시작했다. 부엌에 있는 살림도구를 집어 던지고, 집안에서 소리를 지르고, 크게 우는 등 이전에 하지 않았던 행동을 했다.

우리는 아들의 행동에 대해 여러 가지로 생각했다. 이는 당시 태어난 지 얼마 되지 않은 동생에게 빼앗긴 관심을 자기에게 돌리기 위한 것일 수도 있었지만, 아무리 살펴보아도 애정결핍에 관한 문제는 아니었다. 나와 아내는 아들을 타이르기도 하고 혼내 주기도 했지만, 전혀 진정되지 않았다. 그래서 우리는 신앙적인 경험을 바탕으로 아들에게 악한 영이 들어가 장난치고 있다고 결론을 내렸다.

악한 영이 장난을 칠 때 가장 좋은 치유방법은 기도다. 그래서 나와 아내는 아들을 붙잡아 무릎에 앉히고는 하나님께 기도하기 시작했는데, 갑자기 "아빠, 기도하지 마!"라는 소리가 들렸다. 말문이 트인 지 얼마 안 되는 아들이 그러한 말을 한 것에 우리는 놀랐지만, 그래도 악한 영이 괴롭힌다고 확신하고는 더 큰 소리로 기도했다.

하지만 아들의 저항도 만만치 않았다. 그래도 우리는 기도를 하지 말라며 소리를 지르고 발버둥을 치는 아들을 꼭 붙잡고 "예수 그리스도의 이름으로 명하노니, 악한 영아 내 아들에게서 나가라!"

라고 명령하며 소리 높여 기도했다. 사랑하는 아들이기에 간절한 마음으로 기도했다.

시간이 어느 정도 지나자 아들은 조용해졌다. 그리고는 아무 일도 없었다는 듯 평상시로 돌아왔는데, 그 순간 "이것이 바로 너의 모습이다!"라는 음성이 들려왔다. 아들이 우리에게 억지를 부리는 모습이 바로 내가 하나님께 억지를 부리는 것과 같다는 것이다. 두 학교에서 박사과정 입학허락을 받아 놓고 하나님의 뜻에 따라 결정하지 않고 나의 유익을 따라 계산하는 것을 지적하신 것이다.

이에 나는 바로 하나님의 뜻대로 결정하겠다고 기도했다. 박사과정진학에 있어 경제적인 유익을 따라 판단하지 않겠다고 아뢰었고, 하나님이 인도하시는 대로 가겠다고 약속했다. 그리고 내가 해야 할 나머지 행정적인 일을 처리했다. 그러면서 마음이 편해지는 것을 느낄 때, 하나님의 영이 역사하신다는 확신도 들었다.

이후 하나님은 모든 것을 순리대로 풀어가셨다. 그해 4월 나는 노회에서 목사안수를 받기 위해 귀국해야 했는데, 다시 미국으로 돌아올 수 있도록 서류를 마련해 준 학교는 아이리프신학대학원이었다. 드류대학교는 당시 화재의 여파로 인해 행정이 엉망이었는지 한국에 나가야 할 시기까지 입학허가서를 마련해 주지 않았다. 결국 하나님은 나를 자연스럽게 아이리프신학대학원으로 진학하게 하셨다. 이것이 하나님이 나뿐만 아니라 모든 사람에게 역사하시는 방법이다.

우리의 뜻과는 다른 하나님의 뜻

사람은 하나님이 역사하시는 모습을 제대로 판단하지 못할 때가 많다. 그래서 특수한 상황이든 평범한 상황이든 하나님이 들려주시는 음성을 제대로 듣지 못한 채 지나칠 때가 많다. 하나님은 우리가 생각하고 기대했던 대로 이루어 주시지는 않고 오히려 반대로 행하실 때가 많은데, 이는 원래 사람이 욕심을 따라 살기 때문이다.

이와 연관해, 고등학교 동기 한 사람에 대해 이야기를 해야 할 것 같다. 그는 모태신앙인으로 대학생 때 교회에서 적극적으로 활동하던 어느 날 "하나님의 뜻은 우리의 뜻과 정 반대방향에 있다."고 말했다. 나는 그가 그러한 말을 한 것으로 인해 깜짝 놀랐는데, 왜냐하면 당시 그러한 말을 할 정도의 지혜나 경험이 없었기 때문이다. 그래서 그는 항상 신앙적인 입장에서 존경의 대상이었다.

수십 년이 지나 얼마 전에 나는 그에게 그러한 이야기를 했다. 하지만 그는 자기가 그러한 말을 한 사실 조차 기억하지 못했고, 오히려 나에게 반문했다. 그렇다면 이는 당시에 스스로 깨닫고 한 말이 아니었다는 사실을 의미하기에 나는 신앙적인 면에서 씁쓸함을 느꼈다. 그가 지금 열심히 교회에 다니고는 있지만, 진정 하나님의 뜻에 따라 사는지 의심스러웠다.

들음에 따른 첫 직장

나는 시간이 흘러 신앙에 있어 성숙하면서 좀 더 하나님의 뜻에 순종할 수 있게 되었다. 한국에서 처음으로 직장을 가지게 될 때 하나님이 들려주시는 음성을 따라 결정했다. 하지만 그 과정도 그냥 쉽게 이루어진 것은 아니었다.

미국에서 신학박사학위를 마치고 1997년 6월 17일에 귀국했지만, 당시 나는 아무 것도 준비하지 않은 상태에 있었다. 미리 교수직에 대해 알아 봤어야 했는데, 그렇게 하지 않았기에 강사자리도 없었다. 교수채용공고를 보고 여기저기 지원하면서 육 개월을 보내다가 1998년으로 넘어가자 슬슬 걱정되기 시작했다.

나는 하나님께 물어보기 위해 금식기도를 하기로 결심했다. 그래서 1998년 1월 2일 새해 벽두에 이박삼일의 일정으로 경기도 오산리에 있는 금식기도원을 찾았다. 개인기도굴에 들어가기 전에 두툼한 양말 두 개를 신고, 오리털 외투를 입고, 장갑을 끼고, 성경을 들었는데, 마치 영적 전사와도 같았다. 신을 벗고 기도굴에 들어가 마루에 방석을 놓고 무릎을 꿇고 자리를 잡았을 때는 이미 사방이 캄캄해진 후였다. 이에 작은 촛불 하나 켜 놓고 하나님께 길을 알려 달라고 기도하기 시작했다.

하나님은 나의 앞길과 연관해 음성을 들려주셨다. 거기서 큰 소리보다는 작은 소리로 혹은 마음 속으로 기도했는데도 불구하고 기대했던 것보다 빨리 응답하셨다. 기도한 지 약 십오 분 내지 이십 분이 되었을 때, "염려하지 말라!"는 소리가 기도굴 안에서 울렸다. 나는 깜짝 놀라면서도 과연 이것이 하나님의 음성인지 의심했는데, 그럴 때 좋은 방법은 다시 기도하는 것이다.

나는 기도굴 밖으로 나와서 신선한 공기를 마신 후, 다시 들어가 기도하기 시작했다. 역시 기도한 지 약 십오 분 내지 이십 분이 흘렀을 때, "염려하지 말래두!"라는 소리가 들렸다. 같은 내용으로 두 번 들리자 나는 하나님의 변함없는 뜻으로 받아들였다. 왜냐하면 성경은 숫자 '둘'을 증인의 숫자로 제시하기 때문이다 (신 19:15). 다시 말하면, 하나님은 의심하는 나에게 확신을 주기 위해 두 번이나 들려주신 것이다.

나는 기도굴에서 나와 아내에게 전화를 걸었다. 내게 들린 하나님의 음성에 대해 이야기하고는 집으로 내려가야겠다고 말했다. 그러자 아내는 "이박삼일의 계획을 잡고 올라간 사람이 세 시간 만에 내려오면 되겠느냐?"며 나에게 쓴소리를 했다. 아내는 하나님의 음성이 자기에게 직접 들린 것이 아니어서 그런지 아니면 들어본 적이 없어서 그런지 나의 말을 이해하지 못했다.

하지만 나는 하나님이 분명하게 들려주신 사실에 대해서는 흔들림이 없었다. 그래서 아내에게 "내가 계속 기도를 한들 하나님이 다른 말씀을 하시고 계획을 바꾸시겠느냐?"고 말하자 조금 이해한 듯 "그러면 내려오라!"고 대답했다. 그래서 나는 하산하여 집으로 돌아왔고, 하나님이 약속을 이루시는 날이 하루 속히 오기를 기다렸다.

이후 하나님은 자신의 계획대로 나의 길을 열어주셨다. 하지만 모든 것이 순조롭게 이루어지는 것은 아니고, 중간에 위태로운 순간도 있었다. 그 해 일월 말에 영남지역의 신학대학교에서 나를 채용하느냐 마느냐 하는 문제로 옥신각신 하는 사이에 경인지역의 어느 전문대학에서 교목실장으로 초빙을 받은 것이다. 하지만 그 학교가 이사장의 전횡으로 인해 치부를 드러내는 바람에 나는 결정을 내리지 못하고 주저하면서 하나님의 인도하심을 기다렸다. 그러다가 개강을 보름 정도 남긴 상태에서 신학대학교의 신약학 교수로 채용되었다.

하나님은 나를 신학대학교의 교수로 만드시면서 엄청난 은혜를 베푸셨다. 당시 우리나라는 외화부채로 인해 부도가 나기 직전에 국제통화기금(IMF)에 기댈 수밖에 없는 상태였다. 국민들은 우리나라가 경제주권을 잃어버렸다고 통탄해 하는 데 그치지 않고, 직장을 잃어 좌절하기도 하고, 심지어는 자살하는 경우까지 있었다. 그때 하나님이 나에게 교수직을 허락하셨으니, 이 어찌 특별한 은혜가 아니라 할 수 있는가?

듣지 못한 사람은 비판하지 말아야

하나님이 들려주시는 음성은 매우 귀한 것이다. 그런데 사람들은 이를 알아듣지도 못하고 오히려 듣고 순종하는 사람을 비난하기도 한다. 그때 정말 좌절감을 느낄 수도 있지만, 하나님의 음성을 듣고 순종하는 사람이 당연히 겪어야 할 일이다.

나는 친구와 하나님의 음성에 대해 말한 적이 있다. 그때 그는 생소하게 느꼈는지 나에게 "너는 목사로서 교인들을 구원의 길로 인도하기 위해 그렇게 가르치면 안 돼!"라고 말했는데, 자기가 경험하지 못한 것에 대해 인정하고 싶지 않았던 것 같다. 이에 "나는 내가 구원을 받았는지 아직 잘 모르는데, 어떻게 다른 사람들을 구원에 이르게 할 수 있겠냐? 나도 구원을 받기 위해 하나님의 음성대로 살려고 노력할 뿐이다."라고 말했다.

나의 친구처럼 교회에 오래 다닌 사람은 자신이 배운 교리에 묶여 신앙의 본질을 보지 못할 때가 많다. 그들은 자신의 구원과 같은 개인적인 문제에 관심을 가지고 있지, 살아서 역사하시는 하나님이 음성을 통해 들려주시는 사명에 대해서는 별로 관심이 없는 것 같다. 이에 우리는 교리를 추종하던 자세에서 벗어나 살아 역사하시는 하나님의 음성을 듣는 영역을 바라볼 줄 알아야 한다.

듣지 못한 사람의 비판

나는 우연히 하나님의 음성을 듣는 문제와 연관해 어떤 사람이 평신도 선교사로 수고하는 분을 비판하는 글을 읽은 적이 있다. 그때 글의 제목 가운데 '고학력 박수무당'이라는 단어가 나의 시선을 끌었다. 상당한 호기심으로 그 글을 읽었다.

그 선교사는 서울대학교를 졸업하고 하버드대학교에서 역사학으로 박사학위를 받은 후, 낙후된 나라에서 가르치며 봉사하던 사람이었다. 반면에, 그를 비판한 사람은 보수파 신학대학원을 나온 목사였다. 두 사람은 서로 다른 분야에서 일하던 중이었고 서로 만났던 사이도 아닌 것 같았다.

내용을 읽어보니 선교사가 하나님의 음성을 언급한 것에 대해 목사가 비판한 것이다. 언젠가 그 선교사는 서울의 어느 대형교회에서 설교하기 위해 가면서 차안에서 기도하며 준비했는데, 그때 하나님이 제목과 내용을 바꾸라는 음성을 들려주셨기에 바꾸었다고 한다. 하나님이 하라는 대로 했더니 성령이 크게 역사하셔서 교인들에게 감동을 끼칠 수 있었다는 것이다.

그런데 글을 쓴 목사는 선교사가 그렇게 말한 것을 꼬투리 잡아 비판한 것이다. 하나님은 그런 일을 시키는 분이 아니고, 그러한 현상은 미신의 세계에서나 일어나는 것이라고 주장했다. 그러면서 하나님에 대한 자신의 이해와 신학을 장황하게 설명했다. 마지막으로 한국의 모든 교단에 그 선교사의 이단성을 알려야 한다고 주장했다. 그래서 '고학력 박수무당'이라는 표현을 사용한 것이다.

나는 그 목사의 글을 읽으면서 깊은 한숨을 내쉬었다. 그는 성경이 가르치는 본질 곧 하나님의 음성을 듣고 순종하는 것에 대해 알지 못한 채 자기가 배웠던 교리를 신봉하는 모습만 드러낸 것이다. 아마 예수께서 지금 우리와 함께 계셨다면, 그를 현대판 바리새인으로 비판하셨을 것이다. 이처럼 성경 안에 서술된 사건은 지금도 반복되어 일어나고 있다.

나는 그 선교사와 일말의 관계를 가지고 있지 않다. 그를 직접 만난 적은 없지만, 그의 책을 읽은 적은 있고 최근의 행적에 대해 실망했다는 믿을 만한 비판을 들어본 적도 있다. 그럼에도 불구하고 나는 그가 그러한 사역을 한다는 것이 훌륭하다고 생각한다.

나는 그 선교사를 '고학력 박수무당'이라고 비판한 목사에 대해서도 알지 못한다. 비록 그의 비판 가운데 일부는 다른 사람들로부터 동의를 얻을 수 있다 하더라도, 교리적인 접근에 따른 비판은 정말 실망스러운 것이었다. 그 목사는 그 선교사가 헌신하는 것의 백분의 일도 하지 못하면서 비판했다는 생각도 든다. 하나님의 음성을 들어보지도 못한 사람이 들은 사람에 대해 비판했다는 것은 사리에 맞지 않는다.

교회 안에는 하나님의 음성을 듣지 못한 사람이 많다. 그들은 자기 나름대로 신앙의 고착화 현상으로 인해 하나님의 음성을 듣고 전하는 사람의 말을 받아들이지 않는다. 교회에 오래 다니고 헌신을 한 사람들일수록 자기 나름대로 신앙관이 형성되어 다른 관점의 신앙을 받아들이지 않으려 한다. 오히려 그들은 하나님의 음성을 듣고 전하는 사람들을 정통에서 벗어난 이단 혹은 사이비라고 비판하면서 핍박하기도 한다.

귀를 닫은 사람들

교회에는 하나님의 음성에 대해 전혀 무지한 사람들이 많다. 그러한 사람들은 모르면 모른다고 하면서 가만히 있으면 문제가 되지 않는다. 그런데 그러한 사람들이 하나님의 이름으로 시비를 걸어올 때는 정말 말이 통하지 않고 힘들어진다. 귀를 막고 듣기를 거부하면서 달려들 때는 대책이 없다.

내가 아는 대부분의 교회들도 예외는 아니다. 역사가 오래 된 교회일수록 이러한 흐름은 보이지 않지만 존재한다. 이러한 분위기 속에서는 하나님의 음성을 따라 설교를 해도 별로 통하지 않을 때가 많아 담임목사가 힘들어 한다. 아무리 성령의 감동을 강조해도 그들 나름대로 바위처럼 굳어진 신앙관과 끈끈한 연줄로 맺어진 인간관계를 깨는 일은 쉽지 않다.

그러다가 악한 사람들은 자기들의 이해와 다르게 목사가 목회의 방향을 잡으면 공격한다. 그들은 지난 설교와 출간된 책을 샅샅이 뒤져 흠을 잡고, 이단사이비로 몰기도 한다. 이는 영적으로 하나님의 음성을 들어보지도 못하고, 듣고자 하지도 않고, 들어도 못들은 척하는 사람들의 모습이다. 하나님의 음성을 들어보지 못한 사람들이니 이에 대해 전혀 이해하지 못하고 달려드는 것은 당연할 것이다.

교회는 사람의 의도에 따라 움직여서는 안 된다. 하나님이 성령을 통해 움직이는 교회가 되어야 하고, 우리는 하나님의 음성을 듣고 순종하여야 한다. 들려주어도 듣지 않으려 하는 사람들과 함께 살아가지만, 그래도 그들을 설득한다든지 아니면 목숨을 다해 하나님의 음성에 순종하며 그들에게는 저항하여야 한다. 그렇지 않으면, 교회는 하나님의 음성을 들으려 하지도 않고 듣지도 않는 사람들로 인해 망할 것이다.

결론적으로 하나님의 음성을 전해 들어도 이해하지 못하는 사람들이 많다. 하나님의 음성을 들어보지 못한 사람은 오히려 하나님의 음성을 듣고 순종하는 사람을 핍박하곤 한다. 더 큰 문제는 하나님의 음성을 들어보지 못한 사람들이 교회를 장악하고 망하는 길로 간다는 사실이다. 우리는 하나님의 음성을 듣고 순종하는 사람으로 이러한 길로 가지 않도록 최선을 다해 노력하여야 할 것이다.

4. 신앙적 해석

하나님은 오늘도 모든 사람에게 음성을 들려주시지만, 그것을 제대로 알아듣고 순종하는 사람은 아주 적다. 성경은 이러한 사건들을 통해 오늘을 살아가는 우리에게 들으면 순종하라고 가르친다. 우리는 이를 통해 믿음 곧 신앙의 본질을 찾아가는 사람이 되어야 한다.

대부분의 사람들이 하나님의 음성을 알아듣지 못하는 이유는 특별한 사람에게만 들려지는 것으로 생각하기 때문이며, 들려도 그

것이 하나님의 음성이라고 생각하지 않거나 못하기 때문이다. 더욱이 자신이 원하는 방향과는 완전히 반대의 내용으로 들리기 때문이다. 이에 하나님의 음성은 영적으로 민감한 사람에게 들려지는데, 들은 사람은 이를 이루기 위해 묵묵히 순종하여야 한다.

오늘날 한국교회에는 새로운 개혁이 필요하다. 과거 마틴 루터 신부는 전승에 의지하면서 타락한 천주교를 향해 95개의 질문을 던지면서 본의 아니게 종교개혁을 일으켜 개신교를 탄생시켰다. 이에 개신교는 천주교의 전승보다는 성경을 바탕으로 한 가르침을 강조했으나, 오백 년이 지난 지금 개신교는 성경이 본질적으로 가르치는 것보다는 그동안 형성된 교리에 묶여 있다. 이로써 개신교는 성경이 하나님의 음성을 듣고 순종하는 것에 대해 가르친다는 사실을 잊어버리고 말았다. 이제는 살아계신 하나님이 오늘 우리에게 성령을 통해 주시는 음성을 듣고 순종하는 방향으로 개혁해 나가야 한다.

제3장 들음의 단계

예수께서 이르시되 들을 귀 있는 자는 들으라 하시니라
(마가복음 4:9)

들어가는 글

나는 앞에서 믿음은 하나님의 음성을 듣고 순종하는 삶 자체라고 규정했고, 하나님은 지금도 우리에게 음성을 들려주신다고 설명했다. 하지만 이를 듣는 사람이 있는가 하면, 듣지 않는 사람도 있고, 듣지 못하는 사람도 있다고 서술했다. 이는 하나님의 선택과 사람의 응답 사이에서 결정되는 문제다.

이번에는 하나님의 음성을 듣는 것과 연관해 세 단계를 제시하고자 한다. 대부분의 교인들은 하나님의 음성을 듣고자 하면서도 실제로는 듣지 않는다. 반면에 영적으로 지각과 자각이 있는 사람은 하나님의 음성을 듣고자 노력하기에, 들려주실 때 듣곤 한다. 이와는 달리 극히 일부 사람은 하나님이 일방적으로 들려주시기에 듣기도 하는데, 이는 할 수 없이 곧 '부득불' 듣는 경우다.

하나님의 음성을 듣는 것에 대한 책이 서점에 나와 있고 동영상이 유투브에 게시되어 있다. 하지만 그들은 대개 첫 두 단계에 대해 다루는데, 세 번째 단계에 대해서는 거의 언급하지 않는다. 이는 여기서 처음으로 다루어지는 것 같다.

1. 안 듣는 단계

성경은 모든 사람들이 하나님의 음성을 들어야 한다고 가르친다. 기도를 대화로 규정하면서 하나님과 사람 사이에 오고가는 소통을 강조하지만, 대부분의 사람들은 하나님께 자기의 말만 하고 그분이 말씀하려고 할 때 기도를 끝내고 만다. 그래서 하나님이 들려주시는 음성을 듣지 않기도 하고 듣지 못하기도 한다. 이는 하나님의 음성 듣기를 알게 모르게 거부하는 것인데, 이러한 사람들은 하나님이 자신들에게 음성을 들려주시지 않는다고 불평한다.

응답 받은 사람들

많은 교인들은 하나님의 응답을 기대하고 자기의 소원을 위해 간절히 기도한다. 이에 일부이기는 하지만 응답을 얻기도 한다. 그러는 가운데 하나님의 음성을 듣는 사람도 있다.

성경은 사람이 하나님께 간구한 후 응답을 받은 경우를 다루곤 한다. 예를 들면, 한나는 결혼 후 오랜 세월 자식을 낳지 못하자 하나님께 자식을 낳을 수 있게 해달라고 기도한 결과 아들을 얻었다(삼상 1:9—20). 이에 '하나님께 구했고, 그는 들으셨다'는 의미로 아들의 이름을 '사무엘'이라 정했다. 이는 한나와 하나님 사이에 소통이 이루어졌다는 사실을 의미한다.

예수 그리스도도 간절하게 기도하라고 제자들에게 가르치셨다.

누가복음은 과부의 기도를 통해 사람들이 간절하게 기도하면 하나님께서 들어주신다고 가르친다 (눅 18:1—8). 그런데 여기서 중요한 점은 과부가 탄원할 수 있었던 이유로 억울함이 제시되었다는 것이다. 이에 재판관이 올바른 판단으로 억울함을 풀어주었다는 것인데, 이때 등장하는 가치는 '정의'다.

과부의 기도에 대한 이야기는 하나님과의 관계에도 적용될 수 있다. 하나님은 사람들이 매달린다고 해서 무조건 들어주시는 분은 아니지만, 정의를 바탕으로 억울함을 풀고자 할 때는 들어주시는 분이다. 이처럼 정의의 하나님은 불의를 당한 사람에게 귀를 기울이면서 응답하시는 분이다. 이때 그 응답은 간구하는 사람에게 들린 하나님의 음성이라 할 수 있다.

이처럼 성경은 하나님이 사람들의 간절한 기도를 들으신다고 가르친다. 이에 우리는 하나님께 기도하여야 하고, 하나님은 우리에게 응답하신다. 이는 하나님과 사람 사이에 기본적으로 이루어지는 소통의 방법이다. 이때 그러한 응답은 하나님의 음성으로 여겨질 수도 있다.

응답도 때가 되어야

하나님께 간구한 내용이 이루어지는 것은 즐거운 일이다. 하지만 간구할 때마다 응답되는 것은 아니다. 나 역시 하나님께 간구했던 것이 이루어지기를 바랐지만, 이루어지지 않은 경우를 겪었다. 그때 나는 하나님이 나에게 귀를 기울이지 않는다고 생각했다.

나는 하나님으로부터 부름을 받은 이후, 가야 할 길에 대해 기도하곤 했다. 이에 미국에서 공부하고자 1983년에 자비유학을 시도했지만, 당시 주한미국대사관의 영사들은 한국의 신학생들에게 유학비자를 잘 내주지 않았다. 왜냐하면 그들이 공부하는 동안이나 마친 후에 미국에 눌러 앉는 경우가 너무 많았기 때문이다. 이로 인해 나는 여러 번 비자발급을 거절당해 결국 미국행을 포기했다.

지금 생각해 보면, 하나님이 유학을 허락하지 않았던 이유가 있었던 것 같다. 하나님의 음성을 듣고 순종하는 마음으로 목회자의 길을 걷기 시작했지만, 자세히 살펴보면 나는 그분의 뜻을 먼저 묻지 않고 내 마음대로 한 것이다. 이처럼 하나님은 내가 원한다고 해서 항상 들어주시는 분은 아니었다.

이후 나는 한국에서 목사과정을 마쳤다. 그러는 동안 하나님은 많은 것을 주셨는데, 미리 예비하신 아내와 결혼할 수 있게 하셨고 아들도 얻게 하셨다. 이에 더하여, 부모님의 경제적 사정도 많이 나아지게 하셨다. 그리고는 1988년 미국의 프린스턴신학대학원으로 유학을 떠날 수 있게 하셨는데, 학비 전액과 약간의 생활비가 포함된 장학금도 마련해 주셨다.

이와 연관해 나는 나중에 하나님의 뜻을 알게 되었다. 만약 1983년에 유학을 떠났다면, 아마 실패했을 것이다. 미국에서 유학생활을 해 보니, 경제적인 문제와 외로움 그리고 성적 등 이겨내야 할 문제들이 너무나도 많았다. 당시 나는 이를 홀로 감당하기에는 너무 부족했기에, 하나님은 오 년 동안 기다리게 하시면서 유학에 필요한 모든 것을 준비해 주셨다.

하나님은 사람보다 자신의 뜻에 따라 응답하신다. 나에게도 그러하셨기에 나는 신학박사학위를 취득할 수 있었다. 아무리 생각해 봐도 이는 전적으로 하나님이 자신의 계획대로 이루신 결과요, 기도에 대한 응답이요 들려주신 음성이었기에 나는 오직 하나님께 감사하고 영광을 돌린다.

하나님의 뜻에 맞추어

하나님은 자기의 뜻대로 응답하시는 분이다. 우리의 소원을 위한 간구와 하나님의 뜻에 의한 응답은 분명 구별되어야 하지만, 응답이 되었다면 이는 하나님의 뜻에 맞추어 기도한 결과라 생각할 수 있다. 그런데 응답을 받는 일이 기대만큼 자주 일어나지 않을 뿐만 아니라 음성을 함께 들려주시는 경우는 더더욱 적다.

우리는 하나님께 간구하되 그분의 뜻대로 이루어지기까지 기다려야 한다. 나의 지인들 가운데 한 분은 하나님의 뜻과 기준을 따라 기도하면서 오랜 시간 기다렸다. 특히 그의 아들이 신학대학원을 졸업하였으나 목사안수를 받지 않고 있을 때, 전적으로 하나님께 의지했다. 주변의 아는 목사들이 좋은 길로 인도해 주겠다고 제안했지만, 그는 모두 거절하고 오직 하나님이 길을 열어주시기를 기도했다.

물론 하나님이 사람을 통해 역사하신다는 사실을 그도 잘 알고 있었다. 하지만 자기가 아는 목사들에게 아들을 맡기기를 거부했다. 왜냐하면 그가 아버지의 후광으로 그 길을 가게 되었다는 부담감을 느끼게 되면 영적으로 자유로울 수 없다고 생각했기 때문이다. 그의 신앙적인 신조는 분명했는데, 이왕 부름을 받아 종이 되려면 하나님의 음성을 듣고 순종해야 한다는 것이다.

또한 그는 자기의 아들을 도와주겠다던 목사들을 별로 신뢰하지 않았다. 비록 그들이 많이 알려진 목사들이라 할지라도, 진정 하나님의 음성을 듣고 순종하는지에 대해서는 확신할 수 없었던 것이다. 그는 자기의 아들이 하나님의 음성을 듣고 순종하면서 목회하는 목사의 지도와 인도를 받기 원했다. 그래야 자기 아들도 그러한 목사가 될 수 있다고 생각했다.

그의 아들은 인간적인 관점에서 볼 때 목사로서 힘든 길을 걸어가고 있다. 그래도 나의 지인은 자신의 아들에게 하나님의 음성을 듣고 순종하면서 목회하라고 지금도 가르치고 있다. 이에 나도 언젠가 그에게 도움을 줄 수 있는 날이 오기를 바라고 있다.

계속되는 욕심의 기도

오늘도 대부분의 사람들이 자신들의 원하는 바를 위해 하나님께 기도한다. 하나님의 뜻보다는 자기의 욕심을 앞세워 기도하면서도 그나마 응답이 될 때까지 기다리지 못한다. 그래서 영적인 면에서 하나님의 음성을 듣지 못하는 신앙의 초보적인 단계에서 벗어나지 못한다. 이는 대부분의 교인들이 가는 길이다.

내가 젊은 시절부터 교회에서 알고 지내던 한 자매가 있었다. 그녀는 자기의 영력이 세기 때문에 하나님께 구하면 다 들어주신다고 자신하면서 고난 가운데 있던 나를 위해서 기도하겠다고 말했다. 그 말을 들었을 때, 나는 그녀의 지나친 자신감에 대해 걱정하지 않을 수 없었다. 그렇다고 해서 바로 그 자리에서 내 생각을 전할 수는 없었는데, 이를 받아들이지 않을 것이 뻔했기 때문이다.

몇 달 지나 그 자매를 다시 만났을 때, 나는 하나님의 성품에 대해 말해 주었다. 우리가 해 달라는 대로 다 해주신다면, 이는 우리가 하나님을 종으로 만드는 것이라고 말했다. 하나님은 우리에게 복을 주시기 위해 계시는 분이 아니라, 우리가 먼저 들으려고 귀를 기울여야 할 분이라고 알려주었다. 그러자 그녀는 나의 말을 받아들였다.

교회를 다니는 대부분의 사람들은 자기들이 잘 되기를 위해 기도한다. 자신의 건강을 위해서, 자녀의 학업을 위해서, 가족의 평안을 위해서, 혹은 사업의 번창을 위해서 등 별별 제목을 가지고 유익이 되는 방향으로 기도한다. 하지만 문제는 그들이 그러한 목적으로 기도하면서 하나님이 음성을 들려주시고 응답하실 때까지 기다리지 못한다는 것이다.

이제 우리는 자기중심적인 신앙에서 벗어나야 한다. 하나님을 자기에게 맞추고자 하는 자세가 아니라 자신을 하나님께 맞추는 모습으로 바뀌어야 한다. 이는 하나님이 사람을 원래 창조하신 모습으로 회복되는 것이다.

다른 종교와는 달라야

자기가 원하는 바를 일방적으로 구하는 기도는 세상의 다른 종교에서도 흔히 찾아볼 수 있다. 이를 위해 종교지도자는 별별 모양의 기도회를 만들어내는데, 천일기도, 사십구제, 천도제 등을 예로 들을 수 있다. 이러한 기도를 통해 감당하기 힘든 경제적인 요구를 하기도 한다.

일부 종교인은 기도를 열심히 하면 신이 소원을 더 잘 들어주실 것처럼 가르친다. 이는 신과 종교를 팔아 장사하는 것이지 결코 종교의 본질을 제대로 가르치는 것이 아니다. 물론 종교기관도 운영하기 위해 돈이 필요하지만, 그렇다고 해서 사람들의 심리를 이용해 돈을 거두는 방법은 옳지 않다. 세상의 모든 종교는 본질을 회복하는 방향으로 나아가야 한다.

성경은 다른 종교와 연관해 신을 괴롭히는 기도에 대해 언급하기도 한다. 예를 들면, 갈멜산에서 엘리야 선지자가 바알선지자들과 종교적 투쟁을 벌였던 사건이 있다. (왕상 18:25—29). 바알선지자들은 하늘에서 불을 내려달라고 하루 종일 기도하면서 소리를 지르기도 하고 자기의 몸을 학대하기도 했다. 그들은 그렇게 하면 바알이 감동해서 불을 내려줄 것으로 생각했지만, 아무런 소득이 없었다. 왜냐하면 당시의 관념으로 볼 때 바알은 불을 관장하는 신이 아니라 비를 관장하는 신이었기 때문이다.

이와 같은 맥락에서 예수 그리스도도 제자들에게 중언부언하지 말라고 단호하게 가르쳤다 (마 6:7). 같은 말을 계속하면 하나님이 귀찮아서라도 들어주실 것이라고 생각하지 말라는 것인데, 이는 당시 많은 사람들이 그러한 식으로 기도했다는 사실을 반영한다. 분명히 말하는데, 하나님은 사람들의 노력에 따라 움직이시는 분이 아니다.

오늘도 많은 교인들이 하나님의 이름으로 열심히 기도하면, 소원이 이루어질 것이라고 생각한다. 주변의 많은 사람들도 그렇게 기도하기 때문에 자신들이 잘못되거나 부족하다는 사실을 깨닫지 못할 뿐만 아니라 이를 '지극 정성'이라는 표현으로 미화하곤 한다. 하지만 문제는 하나님이 음성을 들려주시기 전에 기도를 마치는 것이다.

이제 기독인이 신앙의 본을 보여야 한다. 이는 다른 종교가 시행하는 바와 비교하지 아니하고 성경이 가르치는 바를 제대로 이행하는 것인데, 하나님의 음성을 듣고자 하는 것이다. 좀 더 구체적으로 말하면, 하나님이 들려주시는 음성에 순종하는 삶을 구현하는 것이다. 이로써 하나님과의 소통이 이루어져야 한다.

기다리다 들어야

나는 지금까지 사람들이 하나님께 기도를 통해 대화를 나누고자 하면서도 진정 대화를 나누지 못하는 모습을 지적했다. 이는 자기의 욕심을 따라 기도하다가 막상 하나님이 응답하시려고 하면 기도를 마치고 자리를 떠나기 때문에 일어난다. 나는 사람들이 비록 자기의 소욕에 따라 기도를 한다 하더라도 하나님이 응답하시는 것을 보고 들을 때까지 매달려야 한다고 권한다.

우리는 끝까지 기다려야 한다. 하나님이 음성을 통해 응답하시든, 어떤 결과를 통해 응답하시든 기다려야 한다. 대부분의 사람들은 그때까지 기다리지 못하고 일방적으로 하나님과의 대화를 끝내버리는데, 이는 하나님께 의지하는 모습이 아니다. 우리는 하나님과의 소통하는 데 있어 끝까지 기다리며 음성을 분명 들어야 한다.

결론적으로 대부분의 교인들은 대다수 사람들이 교회에서 행하는 것을 보편적으로 받아들인다. 자기의 소원을 하나님께 아뢰는 기도를 당연하게 생각하지만, 하나님이 음성을 통해 응답하려 할 때까지 기다리지 않는다. 결국 이는 듣지 않으려는 것인데, 우리는 이러한 자세에서 벗어나야 한다. 일방적인 대화가 아니라 쌍방의 대화가 이루어지는 기도가 되어야 한다.

2. 들으려는 단계

성경은 하나님의 음성을 듣고자 하는 자세에 대해 서술한다. 이는 자기의 욕구를 하나님께 먼저 말하지 않고 그분의 뜻을 알고자 하는 자세를 의미한다. 그러한 자세를 가진 사람은 하나님이 말씀하시는 것을 먼저 들으려고 하고 그분의 주도권을 인정하며 살아간다.

듣는 기도

성경은 하나님의 음성을 듣고자 하는 사람들에 대해 자주 서술한다. 모세는 대표적으로 듣는 기도를 하던 사람으로 항상 하나님의 뜻을 먼저 알고자 노력했다 (출 19:1—6). 그는 이스라엘 백성을 이끌고 시내광야에 이르러서는 산에 올라가 하나님으로부터 음성을 들은 후 해야 할 일을 전했다. 더욱이 그들이 하나님 앞에 죄를 지었을 때, 산에 올라가 하나님의 처분을 기다렸다 (32:30—35). 모세는 모든 일을 자기 마음대로 처리하지 않고 하나님이 음성을 통해 들려주시는 대로 처리했다.

예수 그리스도도 하나님의 뜻을 먼저 구하곤 했다. 겟세마네동산에서 죽음을 앞두고 하나님의 뜻을 알고자 하는 가운데, 자기의 원대로 되지 말고 하나님의 뜻대로 이루어지기를 기도했다 (막 14:32—42). 죽음의 잔을 마시는 것이 하나님의 뜻인 것을 확인하고는 사람들을 위한 대속물로 죽는 길을 걸었다. 이는 십자가에서 모든 사람들의 죄를 짊어지고 죽는 것이었다.

하나님을 믿는 사람들은 모세와 예수 그리스도가 그리했던 것처럼 그분의 뜻을 먼저 알고 행해야 한다. 이는 하나님의 주권을 인정하는 것으로 자기가 먼저 자기의 뜻을 주장하지 않고 들려주시는 음성에 순종하는 것이다. 이를 위해서는 마음과 영의 귀를 열고 조용히 듣고자 하여야 하며, 들릴 때 순종하여야 한다.

영적으로 성숙한 사람들은 듣고자 하는 기도를 한다. 이는 하나님과 영적인 주파수를 맞추고 듣고자 하기에 들을 가능성이 높다. 하나님의 권위를 인정하면서 음성을 듣고자 할 때 들을 수 있다면, 그 사람은 영적으로 상당한 수준에 있는 것이다.

듣는 기도의 실천

나는 오늘도 교인들에게 듣는 기도를 강조한다. 듣는 기도는 자기의 생각이나 기원을 먼저 말하지 않는다는 점에서 묵상기도와 다르다. 이는 마음을 열고 하나님이 들려주실 때 듣는 것을 주로 하는데, 전적으로 하나님의 주도권을 인정하여야 가능한 기도다. 그러므로 집중하면서 기도하여야 한다. 듣는 기도는 생각보다 어렵기에 적은 수의 사람들만 하게 되고 또 그 가운데서도 적은 수의 사람만이 하나님의 음성을 듣게 된다.

나는 기도할 때 가능한 한 하나님의 음성을 먼저 듣고자 한다. 그래서 "하나님, 당신의 종이 여기에 있나이다. 오늘 제가 하여야 할 일을 말씀하여 주소서!"라는 말로 시작하고, 하나님이 말씀하시기를 기다린다. 그리고 하나님의 음성이 들릴 때, "아멘, 그대로 순종하겠습니다."라고 답변하면서 기도를 마친다. 그 이상 오래 기도할 것도 없다.

듣는 기도에 대한 조언을 받아들인 성도가 있었다. 당시 그녀는 아들의 결혼과 연관해 기도하던 중이었는데, 이는 부모와 아들 사이에 의견의 차이가 있었다는 것을 의미한다. 그녀의 아들은 서울의 명문대학교 경제학과를 졸업하고 산업은행에 다니고 있는, 소위 많은 사람들이 선망하는, 꿈의 직장인이었다. 그러니 부모는 며느리에 대해 나름대로 높은 기대치를 가지고 있었다.

하지만 그 아들에게는 사귀는 아가씨가 있었다. 그는 고등학생일 때부터 알고 사귀던 여자와 결혼하고자 했지만, 부모의 반대를 알고 있었기에 고민했다. 여의치 않으면, 부모가 죽을 때까지 기다렸다가 결혼할 생각도 하고 있었다. 그러니 부모 특히 어머니에게는 고민거리가 아닐 수 없었다.

교회에서 기도하던 부인집사는 나와 상담하게 되었다. 그래서 나는 부모의 바람도 중요하지만 하나님의 뜻을 먼저 물어보는 기도를 하라고 조언했다. 그러자 그녀는 그렇게 몇 주간 동안 기도한 후, 다시 나를 찾았다. 아들이 원하는 아가씨에 대해 마음이 누그러지면서 좋은 점도 발견하게 되었다고 말하면서 "그러한 마음도 하나님이 주시는 것일까요?"라고 물었다. 그래서 "하나님이 주시는 것입니다."라고 조심스럽게 말했다.

이후 그 아들은 사귀던 아가씨와 결혼했다. 나는 그의 부모가 하나님의 음성을 듣고 순종하여 좋은 결과를 맺었다고 믿는다. 이후 그들을 만나 아들과 며느리에 대해 묻자 행복하게 산다고 대답했다. 나는 그들이 나의 조언을 듣고 하나님이 주신 마음에 따라 행한 것에 대해 감사했다.

듣는 기도의 강연

모든 교인은 하나님의 음성을 들으려는 자세를 가져야 한다고 나는 어디서든 강조한다. 예를 들면, 친구가 장로로 있는 교회에서 제직회수련회를 위한 강연을 한 적이 있는데, 그 교회에는 신학대학원 동기가 담임목사로 있었다. 그곳에서도 듣는 기도 곧 하나님의 음성을 들으려는 기도에 대해 강연했는데, 많은 교인들이 신선한 충격을 받았다고 말했다.

그때만 해도 나는 교인들이 왜 그러한 말을 하는지 몰랐다. 하지만 나중에 친구와 식사하는 도중 교회의 상황에 대해 들으면서 이해할 수 있었는데, 담임목사는 당시 하루에 두 시간 이상은 기도해야 한다고 교인들을 독려하던 중이었다. 그런데 나는 짧더라도 하나님의 음성을 듣는 기도를 강조하니 교인들에게는 신선한 충격으로 다가온 것이다.

나는 결국 동기목사의 목회방향에 제동을 거는 꼴이 되었지만, 후회하지 않았다. 왜냐하면 교인들을 신앙적인 면에서 바른 길로 인도했기 때문이다. 목회자는 자신이 먼저 하나님의 음성을 들어야 할 뿐만 아니라 교인들을 올바른 신앙으로 인도해야 한다.

교리보다 듣기부터

대부분의 목회자들은 하나님의 말씀을 강조한다. 하지만 믿음의 선배들이 들었던 방법 그대로 오늘도 모든 교인들이 하나님의 음성을 듣고 순종해야 한다는 것을 가르치지 않는다. 이에 나는 한국 교회가 하나님의 음성을 듣고 순종하는 방향으로 개혁되어야 한다고 강하게 주창한다.

안타깝게도 오늘날 많은 교인들이 교리를 먼저 배우는 바람에 기독교 신앙의 본질인 '하나님의 음성 듣기'에 대해서는 잘 알지 못한 채 다람쥐가 쳇바퀴 돌 듯 교회를 다닌다. 물론 교리가 틀렸다는 것은 아니지만, 이는 지적으로나 영적으로 수준이 높은 사람들이 성경을 요약하여 만든 것이다.

더 안타까운 현실은 교회에 처음 나온 사람들은 교리를 들어도 이해하지 못한다는 것이다. 그러한 상태에서 무조건 믿으라고 가르치기에 그들은 거부반응을 보이면서 교회를 떠나든지 아니면 그냥 받아들이는 척 하면서 교회를 다니든지 한다. 이러한 사람이 우리 주변에는 너무나도 많아 안타깝다.

언젠가 나는 책과 연관해 전화를 받았다. 그는 나의 책을 읽으면서 신약신학적인 면에서 큰 감동을 받았다고 말했다. 자세히 들어보니, 그는 중학교 때 성당을 다니면서 신부에게 공관복음서의 내용이 서로 다른 것에 대해 물었다가 "무조건 믿으라!"는 말을 듣고 떠난 사람이었다. 그러다가 대학교를 다니면서 기독교를 알려면 바울신학을 알아야 한다는 조언을 듣고 그때부터 여러 책들을 읽다가 내 책을 접하게 되었다. 그런데 읽고는 감동이 되어 자기를 제자로 삼아달라고 했다.

교리와 믿음 사이에서

사실 교리를 잘 아는 것과 믿음을 가지는 것은 다르다. 교리와 믿음 사이의 관계를 다음과 같이 비유할 수 있다. 친척 가운데 두 살짜리 손녀를 가진 사람이 있는데, 그 아이는 엄마와 이모에게 노래를 배워 잘 불렀다. 특히 "조개껍질 묶어, 그녀의 목에 걸고 …"라는 가사로 시작되는 노래를 잘 불렀다. 이러한 모습을 보고 여러 친척들이 그 아이의 음악성뿐만 아니라 암기력을 칭찬하곤 했다.

하지만 그 아이가 정말 노래를 잘 부르는 것일까? 나는 그렇게 생각하지 않는다. 왜냐하면 그 노래에 담긴 정서를 알고 부르는 것이 아니었기 때문이다. 그 아이는 같은 또래 아이에 비해 노래를 잘하는 것일 수는 있어도, 가사가 주는 의미를 알지 못할 뿐만 아니라 정서도 담아내지 못한다. 이를 담아내려면 조개껍질을 묶어 사랑하는 여인의 목에 걸어보아야 한다.

대부분의 교인들은 두 살짜리 아이와 비슷하다. 노래의 뜻도 모르면서 불렀지만 칭찬을 받는 것과 마찬가지로 믿음을 제대로 알지도 못하면서 교리를 잘 안다는 이유로 신앙이 좋은 것처럼 칭찬을 받는 것일 뿐이다. 이는 신앙과 연관해 첫 단추를 잘못 끼는 것이다.

이제 교리와 믿음 사이의 관계가 정리되어야 한다. 교회에 처음 나온 사람에게 교리를 가르치는 것은 지식적으로 전하는 것으로 성경을 통해 영적으로 느껴지는 믿음 곧 신앙의 본질을 전하지는 못한다. 이제 교회에서는 지식적인 교리보다는 성령의 역사로 하나님의 음성을 듣고 순종하는 믿음을 먼저 가르쳐야 한다.

목회자는 교인들을 하나님의 음성을 듣고 순종하는 삶으로 인도해야 한다. 그러는 가운데 믿음 곧 신앙의 본질을 경험하고 확인하게 해야 한다. 그렇지 못한다면, 교인들은 믿음의 본질을 알지 못한 채 평생 무의미하게 교회를 다닐 것이다. 목회자와 교사는 이성적인 접근에서 영적인 접근으로 방향을 바꾸어야 한다.

들을 때 주의할 점

하나님의 음성을 듣고 순종할 때 주의할 점이 있다. 이는 들려지지 않는데 들으려고 집착해서는 안 된다는 것이다. 잘못하면, 잡신으로부터 엉뚱한 음성을 들을 수 있기에 기다릴 줄 알아야 한다. 이는 백 번이면 백 번 조심해야 할 문제다.

들려지지 않을 때는 그냥 기다려야 한다. 너무 강박관념을 가지고 들으려고 해서는 안 되고, 성령의 인도를 바라며 느긋한 마음으로 기다려야 한다. 참고 기다리며 하나님을 향한 마음을 유지하는 것이 너무 들으려다가 자아의 소리와 혼동할 수도 있다. 더욱이 덤비다가 잡신의 음성을 듣는 것보다 낫다. 이는 누가 대신해 줄 수 없기에 스스로 감당해야 한다.

결론적으로 하나님은 모든 사람에게 음성을 들려주신다. 그렇다고 모두 듣는 것은 아니지만, 그래도 들으려고 준비하는 사람이 들을 확률이 높다. 하나님도 우리가 들을 준비가 되어 있기를 바라고, 그러한 사람에게 들을 기회를 주신다. 이러한 단계에 이르는 것만으로도 어느 정도 믿음을 쌓은 것이다.

3. 들려지는 단계

성경은 하나님이 일방적으로 음성을 들려주시는 경우에 대해 서술한다. 이는 듣고자 하지 않았는데도 들려지는 경우다. 성경은 사람이 하나님의 음성을 들으려 하는 경우보다 하나님이 들려주시는 경우를 더 많이 서술한다.

들려지는 음성 듣기

성경은 하나님의 음성을 일방적으로 들은 사람들에 대해 서술한다. 그들 가운데 선지자들은 대개 하나님의 음성을 '부득불' 곧 할 수 없이 들은 사람들이었다. 이에 맡겨진 일을 할 수밖에 없던 사람들이었다.

아모스는 자신이 말하는 것처럼 선지자도 선지자의 아들도 아니었지만 강권적으로 부름을 받았다. 그는 남왕국 유다에서 양을 치는 목자요 뽕나무를 재배하는 농군이었는데, 하나님의 음성을 듣고 북왕국 이스라엘에 가서 멸망을 선포했다 (암 7:10—17). 이처럼 선지자는 하나님이 음성을 일방적으로 들려주시면서 목숨을 잃을 수도 있는 상황에 보내실 때는 위험을 무릅쓰고라도 순종하여야 한다.

하나님은 자기의 종을 책임지신다. 하나님의 음성을 듣고 그대로 행한 아모스는 북왕국에서 목숨이 위태로워지는 지경까지 이르렀지만, 무사히 집으로 돌아올 수 있었다. 이처럼 하나님은 자신의 음성을 듣고 '부득불' 일하게 된 사람을 보호하시는데, 그렇지 않으면 아무도 순종하지 않을 것이다.

하나님은 음성을 들려주시면서 신분을 바꾸시기도 한다. 예를 들면, 이사야 선지자는 왕에게 자문하던 궁중선지자에서 백성에게 외치는 대중선지자로 바뀌었다. 이로써 그는 직업적인 선지자에서 백성들을 위해 부름을 받은 선택된 선지자가 되었다. 그 역시 하나님의 음성이 강권적으로 들려졌기에 '부득불' 일했던 사람이었다.

반대의 경우로 요나 선지자를 들 수 있다. 그는 자신이 원하지 않았는데, 갑자기 하나님으로부터 니느웨로 가서 멸망을 선포하라는 음성을 들었다. 하지만 이를 어기고 반대방향인 다시스로 가다가 풍랑을 만나 바다에 던져졌고 큰 물고기에 먹혀 결국 니느웨로 옮겨져 할 수 없이 멸망을 선포했다.

물론 요나서는 소설과도 같은 이야기이다. 요나를 삼키고 이동시킬만한 물고기가 실제로 있었느냐 없었느냐 따지는 것은 요나서를 제대로 이해하지 못하는 사람들이 하는 탁상공론이다. 요나서는 하나님이 먼저 음성을 통해 사명을 주실 때 당사자가 거부해도 강권적으로 이루게 하신다는 가르침을 전한다.

이처럼 구약성경에 언급된 선지자는 하나님이 일방적으로 들려주시는 음성을 듣고 일하는 사람이었다. 그러한 사람은 자기가 하기 싫어도 들은 내용을 전하여야 했고, 그러는 동안 많은 어려움을 당하고 심지어는 목숨이 위태롭게 되기도 했다. 그럼에도 불구하고 하나님이 주신 사명을 감당해야 했다.

신약성경 역시 하나님의 음성을 듣고 일하기 시작한 사람들에 대해 전한다. 예수가 하나님의 음성을 듣고 가르친 것을 반영하는 구절이 있다. '진실로 내가 너희에게 이르노니'라는 구절은 단순히 예수의 가르침을 강조하기 위해 쓰인 것은 아니다 (막 3:28; 8:12; 9:1 등 참조). 여기서 '진실로'라는 단어는 히브리어로 '아멘'이라는 말로 하나님께 기도하고 마칠 때 사용된 단어다. 이에 성경학자들은 예수가 하나님으로부터 들은 내용에 대해 "진실로 그러합니다."라고 대답한 후, 들은 내용을 그대로 전하셨다고 해석한다.

선지자의 직분을 이어갈 제자들을 부르실 때도 들려지는 개념이 반영되어 있다. 예수는 기도를 한 후 갈릴리 호수가에서 고기를 잡던 베드로와 안드레를 일방적으로 부르셨고, 배에서 그물을 깁던 요한과 야고보도 부르셨다. 나중에는 세리 마태(레위)도 일방적으로 부르셨다. 이러한 서술은 하나님이 음성을 들려주시면서 선지자를 부르신 것과 같이 예수도 "나를 따르라!"는 음성을 들려주시면서 부른 사실을 보여준다. 예수가 하나님을 닮아 행했다는 메시지를 전한다.

사도 바울은 하나님의 음성을 따라 살 수밖에 없었다. 그는 신앙의 본질을 알고 있었기에, 자신이 하나님의 종으로 부름을 받은 것을 은혜로 받아 들였고 '부득불' 곧 '할 수 없이' 했다고 고백했다(고전 9:16). 이처럼 하나님의 선택에 의한 부름은 은혜로써 바울로 하여금 목숨을 다할 때까지 최선을 다해 사명을 감당하게 했다. 그보다 더 철저하게 하나님의 음성을 따라 산 사람은 없을 것이다.

하나님의 음성은 비단 성경에 기록된 사람들에게만 들린 것은 아니다. 사도 바울 이후 약 이천 년 동안 기독교가 형성되면서 많은 사람들에게도 들렸다. 그렇기에 그들은 목에 칼이 들어오고 손과 발이 비틀리는 고문을 당해도 하나님에 대한 믿음을 버리지 않고 순교하기도 했다. 이처럼 하나님의 음성은 들린 사람들에게 영적으로 엄청난 힘을 부여하곤 했다.

들려질 때 들어야

하나님은 오늘도 우리에게 성경에 기록된 것과 같은 방법으로 역사하신다. 간절하게 매달리는 사람들에게 응답하시기도 하고, 하나님의 뜻을 알고자 하는 사람에게 음성을 들려주시기도 하며, 별로 관심이 없는 사람에게 일방적으로 들려주시기도 한다. 오늘도 하나님의 선택을 받아 일방적으로 음성을 듣고 일하게 된 사람은 선지자라 할 수 있다.

하나님은 나에게도 일방적으로 음성을 들려주셨다. 영남지역의 신학대학교에서 신약학 교수로 일하던 2001년 2월 11일 갑자기 "너, 목회 나갈 준비 해!"라고 명령하셨다. 이는 나를 향한 명령이었는데, 그때 나는 집에서 다가올 새 학기를 위한 강의를 준비하고 있었지 기도를 하거나 어떤 종교활동도 하고 있지 않았다. 이처럼 듣는 사람의 입장에서 보면, 하나님은 뜬금없이 음성을 들려주시는 분인 것이 분명하다.

목회는 내가 원하는 길이 아니었다. 나는 하나님의 부르심을 받아 할 수 없이 목사가 되기는 했지만, 목회하기 싫어 공부하고 교수가 된 사람이다. 학생들을 가르치면서 만족하고 지내던 때, 하나님은 가장 원치 않았던 길로 인도하셨다. 기적과도 같이 교수가 되게 하시고는 약 삼 년 정도 일을 했으니 이제 하나님이 원하시는 일을 하라는 것 같았다. 하나님은 어찌하든지 간에 자신이 원하시는 쪽으로 나를 이끄셨다.

이에 나는 아내와 의논하고 부모님을 찾아가 상의했다. 그러자 부모님은 "하나님이 하라고 하시면 해야지!"라고 단호하게 말하시기에 우리는 하나님의 뜻은 물론이요 부모의 조언에 따르기로 결정했다. 앞으로 어떤 삶이 전개될 지 알 수 없었지만, 우리는 모든 것을 하나님께 맡기고 그 길을 걷기로 했다.

하나님은 자신이 원하시는 대로 우리를 이끄셨다. 약 사십 일이 지나 대구경북지역의 어머니교회라고 자부하는 곳에서 나를 담임목사로 청빙했는데, 나는 전화를 받을 때부터 이미 마음에 결정하고 있었다. 교수직에서 목회직으로 나가라는 음성을 들려주신 대로 하나님은 자신의 시간표에 맞추어 진행시킨 것이다.

많은 사람들이 내가 더 좋은 자리를 탐하여 간 것으로 말하곤 했고, 지금도 그렇게 생각하는 사람들이 있다. 하지만 나는 그렇게 생각하지 않았고, 오직 하나님이 가라고 해서 '부득불' 갔을 뿐이다. 내가 원하지 않는 길이었지만, 하나님이 명령하신 대로 갔을 뿐이다. 만약 그대로 행하지 않았다면, 나는 억지로 끌려가 목회를 해야 할 것 같아서 순종했을 뿐이다.

성경은 나에게 하나님이 역사하시는 방법을 가르치는 교본이다. 나는 하나님이 자신의 사역자들에게 행하셨던 것과 같이 나름대로 목적과 뜻을 가지고 나에게도 그러하신다고 믿었고 지금도 그러하다. 만약 내가 하나님의 뜻을 거역했다면, 현대판 요나 선지자가 되었을 것이다.

꼭 들어야 할 목회자

목회자가 하나님의 음성을 따라 목회한다는 것은 생각처럼 쉬운 일은 아니다. 사리사욕을 채우려는 사람이 교회 안에서 막강한 영향력을 끼치고 있을 때는 정말 힘들다. 목회자들은 그러한 사람들을 대하기에는 사회적으로 경험이 부족하기에 곤경에 빠지곤 한다.

대부분의 목회자들이 교회에 부임하게 되면 밀월기간을 어느 정도 가지게 된다. 그 동안에는 교회에서 오랜 세월 기득권을 가지고 있던 사람들도 자중하지만, 어느 정도 목사에 대해 파악하게 되면 약점을 파고들기 시작하면서 자신들이 누리고자 하는 혜택을 철저하게 추구하게 된다. 하지만 이를 모르는 상태에서 목사는 번번이 무릎을 꿇곤 한다.

내가 어려운 상황을 헤쳐 나갈 수 있었던 유일한 방법은 하나님의 음성을 들었다는 확신뿐이었다. 이는 하나님이 그 교회에 가라고 명령하셨다는 사실을 기억하는 것이었다. 모든 교인들이 나를 자기들의 말을 듣지 않고 고집만 피우는 '독종'이라고 비판해도, 사람들에 의해 세워진 목사가 아니라 하나님이 세운 종이라는 정체성으로 흔들리지 않았다. 이처럼 하나님의 음성은 어느 누구도 넘볼 수 없는 영적인 무기가 되었다.

결론적으로 목회는 신정주의적인 관점에서 접근되어야 한다. 교회는 절대로 민주주의가 될 수 없는데, 이는 하나님이 주인이시고 우리는 신민이기 때문이다. 하나님은 목회자든 평신도든 진정 자신이 들려준 음성을 듣고 순종하는 사람을 통해 교회를 움직여 나가신다. 이에 대해 우리가 왈가불가해서는 안 된다. 교회는 신정주의적인 원칙 아래 운영되어야 한다.

4. 음성을 들은 동역자들

하나님은 합력하여 선을 이루시는 분이다. 이는 자신의 뜻을 이루기 위해 여러 사람들을 통해 일을 하신다는 것을 의미한다. 이에 같은 목적을 위해 사람들을 부르신다면, 그들은 서로에게 동역자가 된다.

음성을 들은 동역자
하나님은 나에게 동역자를 보내주셨다. 나이가 비슷한 연배의 사람들뿐만 아니라 지긋한 분에게도 음성을 들려주시면서 준비하셨다. 그들은 사실 교회에서 나를 대적한 세력과 어울렸던 사람들이었지만, 하나님의 음성을 들으면서 바로 선 사람들이다. 이러한 변화는 하나님이 역사하시고 계셨다는 증거요, 나를 사랑하셨다는 표현이었다.

우선, 하나님은 준비단계로 내 연배의 성도에게 소생하는 경험을 하게 하셨다. 그는 지난 2004년 6월 1일 갑작스럽게 뇌출혈로 쓰러져 병원에 실려 갔고, 긴급하게 수술을 받아야 했다. 나는 그 소식을 듣자마자 병원으로 달려갔다. 그때 그는 침대에 실려 막 수술실로 들어가던 중이었는데, 나는 그 침대를 좇아가며 치유를 위해 기도했다. 그러자 무의식 가운데 있는 것처럼 보였는데도 그는 눈물을 흘리며 "아멘!"이라는 말로 무의식적으로 반응했다.

하나님은 더 놀라운 일을 준비하셨다. 집도의가 의사로서는 하기 힘들게 "당신을 살린 것은 내가 아니라, 당신이 믿는 하나님입니다."라고 말한 것이다. 그만큼 어렵고 힘든 수술이 진행되었고, 그는 의사가 보기에도 기적적으로 회복된 것이다. 이 말에 충격을 받은 그는 자신의 삶을 뒤돌아보며 잘못된 신앙에 대해 회개했고, 자신이 나아가야 할 방향에 대해 생각했다.

하나님은 이후 그를 구체적으로 인도하셨다. 내가 교회에서 악한 세력으로부터 공격을 당하던 2004년 9월 어느 날 "내가 이때를 위해 너를 살렸다."라는 음성을 들었다. 이에 그는 하나님이 들려주신 음성의 의미를 깊이 생각했고, 뜻을 같이 하는 사람들을 모아 교회를 바로 세우기 위해 악한 세력에 맞서기 시작했다. 저들의 입장에서 보면, 그는 배신자가 된 것이다.

음성을 들은 다른 동역자

교인들 가운데 하나님으로부터 일방적으로 음성을 들은 사람도 있었다. 그는 내가 교회에 담임목사로 부임할 때부터 나를 멀리했던 사람이다. 나중에 들어보니 내가 그에게 자존심을 상하게 한 모양인데, 나는 전혀 기억하지 못하는 일이었다. 그래서 내가 악한 세력으로 인해 어려운 상황 가운데 있어도 강 건너 불을 구경하듯 수수방관하고 있었다. 오히려 저들의 일부와 어울리면서 작전을 짜주곤 했었다.

그런데 그때 하나님이 그에게 음성을 들려주셨다. 예배를 마치면서 찬양대가 송영을 하는 가운데 교인들과 인사를 나누기 위해 중앙통로를 거쳐 예배실의 밖으로 나오고 있던 나를 그는 물끄러미 바라보고 있었는데, 하나님이 "저 목사를 도우라!"는 음성을 들려주신 것이다. 이에 "저 목사가 나를 싫어하는데, 내가 왜 돕습니까?"라고 반문했지만, 하나님은 더 이상 답변하지 않으셨다.

그는 나름대로 기도하면서 하나님이 들려주신 음성을 실천할 기회를 찾았다. 그러다가 2004년 11월 중순경 나를 만나게 되었는데, "왜 이 교회에 오셨습니까?"라는 질문을 여러 번 던졌다. 그때마다 나는 2001년 2월 11일에 있었던 사건을 언급하면서 "하나님의 음성을 듣고 오게 되었습니다."라고 대답했다. 이에 대해 설교를 통해 몇 번 언급한 바 있지만, 그는 목사가 의례 하는 말로 들었던 것이다.

그는 한 가지를 더 확인했다. 과연 나의 아내가 사모로서 남편인 목사가 당할 어려움을 견디어 낼 수 있겠느냐는 문제였는데, 그는 나의 아내와 많은 이야기를 나누면서 성품을 시험하기도 했다. 마침내 자기 나름대로 확신이 들었는지 나를 돕기 시작했고, 나중에 내가 부족하다고 느낄 때마다 나의 아내 때문에 돕게 되었다고 말하곤 했다.

이처럼 하나님은 교회를 바로 세우기 위하여 나에게 영적인 동역자를 보내주셨다. 이는 전적으로 하나님이 하신 일이지 내가 한 것은 아니었다. 어쨌든 우리들의 공통점은 단지 하나님의 음성을 일방적으로 듣고 순종했다는 것뿐이었다.

음성을 들은 또 다른 동역자

하나님은 교회 밖에서도 동역자를 보내주셨다. 한 번은 부경지역의 신학대학교에서 강의하던 가운데 한 학생을 만났다. 사실 그녀는 학점을 취득하기 위해 내 강의를 들었을 뿐인데, 수업 가운데 제시되는 신학적인 주제와 해석을 듣고 나의 신학에 매료되었다.

그녀는 하나님의 음성에 대해 이야기하곤 했는데, 알고 보니 복음성가가수로 활동하다가 약간 정상적이지 않은 교회에 기반을 둔 것으로 인해 문제를 겪고는 그곳을 나와 독립적으로 활동하고 있었다. 그러는 가운데 영적으로 엄청난 시련을 당하면서도 하나님이 보여주시는 환상을 통해 힘을 얻곤 했다.

그녀는 자신의 영적인 경험을 다음과 같이 글로 적어 나에게 보내주기도 했다.

저의 인생 가운데 큰 추수를 했다고 생각하던 어느 해 1월 어느 날 저는 병의 기운을 느꼈습니다. 손이 미세하게 떨렸고 다리의 근육에 힘을 주지 못하여 철퍼덕 주저앉았습니다. 얼굴의 근육을 움직일 수 없었고 결국은 앉고 서는 것조차 혼자의 힘으로 할 수 없었습니다. 지금까지 익숙한 방법으로 그분께 나아갔지만 저는 어떤 이유도 응답도 듣지 못했습니다. 큰 충격과 눈물과 비통함 가운데 처음 4개월간 여러 병원을 전전하며 병명을 찾지 못하고 있다가 불치의 병인 파킨슨병으로 진단을 받았습니다. 또 다른 고통은 바로 메니에르였는데, 눕건 서건 지속적인 구역질, 구토, 어지러움으로 일상을 전혀 살 수 없었습니다. 더 고통스러운 것은 왼쪽 귀의 이명으로 잠을 전혀 자지 못하는 것이었습니다. 저는 입원실에 밀랍인형처럼 누워서 '하나님이 나를 버리셨구나. 차라리 나를 죽이고 데려가 달라'고 맘속으로 고함을 치기도 했습니다. 하지만 완전히 꼼짝을 못할 때가 되어서는 "주님 저를 불쌍히 여겨주세요. 주님 저를 불쌍히 여겨주세요"라고 주님을 부르는 것 말고는 아무것도 할 것이 없었습니다. 제일 큰 고통은 몸이 아프고 힘든 것보다 주님이 나를 버리셨다는 소외감과 단절감이었습니다. 이제 저는 어떤 노력도 할 수가 없었습니다. 저의 온몸은 빈 껍데기로 힘을 누군가 빼버리고 몸속의 물, 피가 다 빠져나간 것 같았습니다. 사랑하는 사람들을 향해 웃을 수도 없었습니다. 왜냐하면 얼굴 근육을 전혀 움직일 수 없었기 때문입니다. "이제 나는 끝났구나"하는 생각들이 저를 괴롭히기도 했습니다. 하지만 하나님은 수 개월 뒤 9월 말이 될 무렵 제게 다가오셨습니다. 어느 날 새벽 3시경 병실문이 열리고 친히 저를 찾아오셨습니다. 엘리사가 엘리야에게 갑절의 기름부음을 구한 말씀을 하시고 "너는 내게 어려운 것을 구하라! 네가 갑절의 기름부음이 아니면 갈 수 없는 길을 가라!"는 말씀을 하셨습니다. 평생 느껴보지 못한 차원의 하나님의 요구를 부담감으로 느꼈습니다. 저를 찾아오신 그분은 제 팔에 수혈을 해주었습니다. 동시에 제 침상은 하늘을 향해 쏜 살 같이 올라갔고 속사람과 겉사람이 다투는 음성들을 느꼈습니다. 두려워서 저는 계속 울고 있었는데, 환호소리와 함께 "감사하고 기뻐하라!"는 큰 음성이 저의 온 존재를 때리는 것 같았습니다. 그러다 한 순간 제 침상이 하늘 어느 곳에서 멈췄는데, 시야를 한 가득 채운 *Highway*라는 글씨가 제 눈에 보였

습니다. 그러면서 동시에 치유에 대한 응답을 받았습니다. 저
는 그 때 처음으로 전 존재를 드리는 기도를 했습니다: "주님
제 안전지대를 떠나겠습니다. 모든 것을 다 잃고 모든 것을 다
써서라도 하나님 더 사랑하길 원합니다. 저를 지금보다 더 사
용해 주세요. 저를 바쳐드립니다. 저를 받아주세요." 하나님
께 서원의 기도를 드리고 잠이 들었습니다. 거짓말처럼 그 다
음날부터 저는 힘을 얻었고 조금씩 근육에 힘을 주게 되었고
움직이게 되었습니다. 그리고 3일 뒤 씻은 듯이 나았습니다.

감사하게도 하나님의 음성을 들은 후, 그녀는 의사의 허락을 받아 퇴원했다. 아무튼 그녀는 영적으로 환상을 보고 육적으로 치유를 받은 후 이성적으로 신학을 공부하면서 나름 보람차게 생활하고 있었다. 더욱이 나의 강의를 듣고 책을 읽고는 신약성서신학에 대해 눈을 떴기에 기뻐했다. 이로써 그녀는 이성적이고 영적인 면에서 균형이 잡힌 신앙을 가지게 되었고, 고난 가운데 있던 나에게 큰 보람을 느끼게 했다.

이러한 방법을 통해 하나님은 내가 힘든 상황을 이겨나갈 수 있게 하셨다. 오늘도 자신이 선택한 사람에게 음성을 들려주시면서 서로 힘을 합칠 수 있게 만드신다. 이러한 일을 일반화할 수는 없지만, 하나님은 특별한 목적을 위하여 은밀하게 행하신다. 그렇기에 하나님의 음성을 들은 사람들은 공동의 목표를 향해 나아가는 동역자가 된다. 한 겹의 줄보다 두 겹이 낫고, 세 겹의 줄을 끊기 힘든 것과도 같이 하나님의 음성을 듣는 사람들은 서로 힘을 합쳐 일하게 된다.

지지자들

교인들은 교리적인 생각과 신앙적인 습관에서 벗어나야 진정한 믿음 곧 신앙의 본질에 이를 수 있다. 가르쳐도 이를 받아들이지 않는다면 강요할 수 없지만, 그러한 사람들은 하나님의 음성을 들을 가능성을 잃어버리고 생명의 길로 가기 힘들게 된다. 하지만 조금이라도 동조하고자 하는 사람을 만날 때는 그래도 반갑다.

나는 하나님의 음성을 듣는 것과 연관해 독특한 대화를 나눈다. 주변의 여러 교인들이 "목사님, 기도를 많이 하십시요! 그러면 하나님께서도 힘을 주실 것입니다."라고 말하면, "알겠습니다. 감사합니다. 하지만 저는 기도하지 않습니다."라고 말한다. 그러면 사람들은 의아한 표정으로 바라보는데, 그럴 때마다 나는 다음과 같이 말한다.

나 자신을 위해 하나님께 간구할 것이 하나도 없습니다. 이미 모든 것을 알고 계시는 하나님이 해 주시기 때문입니다. 그런데 하나님은 내게 감당하기 힘들고 싫어하는 것을 하라는 음성을 들려주십니다. 그래서 나는 하나님이 먼저 음성을 통

해 말씀해주시기 때문에 간구하는 기도를 하지 않습니다. 다만 음성이 들리는 대로 그 일에 순종할 뿐입니다.

아마도 이러한 대답을 하는 사람은 거의 없을 것이다. 왜냐하면 하나님으로부터 들려지는 기도를 하는 사람이 거의 없기 때문이다. 하지만 나는 성경의 가르침과 영적인 경험을 바탕으로 그러한 생활을 하고자 노력한다.

나는 위의 내용을 지인들에게 이야기한 적이 있다. 그러자 그 가운데 한 사람이 무협지에 비유하면서 "소림사의 고수에게 하수가 감히 근접할 수 없는 것과 같이 신앙에서도 그러한 단계에 이르셨군요."라고 말했다. 이에 대해 "꼭 그렇지는 않습니다. 이는 자기의 노력에 의해 되는 것이 아니라, 하나님의 선택에 의해 되는 것입니다."라고 말했다.

그러자 그는 자기도 하나님의 음성을 딱 한 번 들었다고 말했다. 고등학생일 때 어떤 일로 인해 교회를 떠나고자 했는데, 그때 "교회를 떠나지 말라!"는 음성을 들었다는 것이다. 그래서 자기는 교회가 흔들려도 그 음성 하나 가슴에 간직하고 교회에 나온다고 말했다. 이에 그의 아내도 동조했다.

이에 대해 나는 "언젠가 하나님이 그 답을 알려주실 것입니다. 하나님이 분명 당신을 쓰실 때가 있을 것입니다."라고 격려했다. 그러자 그는 "아멘!"하면서 나의 조언을 받아들였다. 이처럼 보통 교인들이 습관적으로 배우는 가르침이나 교리를 떠나 자신만이 들은 음성에 따라 살아가는 것은 중요하다. 그러한 점에서 그는 나의 지지자가 되었다고 할 수 있다.

듣지 않는 사람들의 홀로서기

반면에 하나님의 음성을 듣지 못한 사람들은 홀로 서게 된다. 그들은 서로 자기의 욕심을 따라 살기에 힘을 합치는 것 같다가도 흩어지는데, 이는 궁극적으로 합칠 수 있는 공통분모를 가지지 못하기 때문이다. 오로지 자기 자신만의 유익을 추구하기에 조금만 삐끗해도 모래성처럼 무너진다. 이러한 사람들이 많으면 많을수록, 교회는 영적으로 죽을 수밖에 없다.

나는 교회 밖에서도 하나님의 음성을 거부하는 사람을 만나곤 한다. 예를 들면, 작은 사업체를 운영하는 사장의 부인이 있는데, 모태신앙인 남편과 결혼을 하면서 교회에 다니기 시작한 사람이다. 신앙의 맛을 알기 시작하면서 영적으로 갈구했지만, 별로 갈급하지 않은 남편으로 인해 항상 불만에 차 있었다.

그러던 가운데 교회 안에서 목회자와 평신도 사이에 싸움이 일어나고 서로 갈라서게 되자, 그녀는 번민했고 결국 남편과 함께 교회를 떠나 여기저기 다녔다. 그러다가 성경을 좀 알고자 하는 욕심에 남편 몰래 신천지에 발을 들여놓게 되었다. 나중에 남편에게 발각이 되면서 심한 갈등의 관계로 들어갔다.

그러한 때 그녀는 나를 만나 여러 가지 질문을 했고, 나는 꼼꼼하게 대답해 주었다. 그녀에게 이러한 것들을 알아도 구원과는 별로 상관이 없다고 말하자 도저히 이해할 수 없다고 말했다. 이에 나는 하나님의 음성을 듣고 순종하는 것이 믿음 곧 신앙의 본질이라고 알려주었다.

이에 더하여, 성경은 바로 들음과 순종의 원칙을 가르치는 책이라고 여러 가지로 설명해 주었다. 그녀는 하나님의 음성을 듣는 것에 대해 질문했고, 나는 듣는 방법에 대해 설명해 주었다. 하지만 하나님이 먼저 들려주시지 않으면 들을 수 없다는 것도 알려주었다. 그래도 그녀는 이를 이해하지 못했던 것 같다.

내가 진솔하게 신앙에 대해 전했음에도 불구하고, 그녀는 신천지에서 벗어나지 못했다. 남편이 걱정하며 나에게 상담을 하기에 좀 더 대화를 나누려고 했지만, 나를 만나려 하지도 않았다. 나도 더 이상 그녀를 만날 기회도 없었지만, 내가 만나야 할 이유나 필요도 없었다. 소수종파의 사람들은 자기들이 배운 것 이외에는 듣지 않으려는 자세를 보이곤 한다.

하나님의 음성을 듣지 않는 사람은 어디에 있든지 똑같다. 교회에 있든지 신천지에 있든지 하나님의 음성을 듣지 못하거나 들으려 하지 않으면, 성경이 진정 가르치는 믿음 곧 신앙의 본질을 알지 못한다. 자기의 집착과 고집만이 자랄 뿐이다. 결국 하나님이 주시는 구원에 이르지 못한다.

결론적으로 들려지는 기도의 단계에 이른 사람은 신앙을 다르게 접근한다. 그러한 사람은 자기의 소원을 위해 기도하지 않고, 하나님의 음성이 들려지기를 위해 기도한다. 더 나아가, 하나님이 들려주실 때 들으면 이에 순종하며 끝까지 노력한다. 이러한 사람은 하나님의 선택을 받은 믿음의 소유자라 할 수 있다.

5. 동역자의 성품

하나님은 음성을 들려주시고 사명을 주실 때 나름대로 기준을 가지고 계시는 것 같다. 선택된 사람들의 성품을 살펴보면 어느 정도 공유되는 부분이 있는데, 이는 하나님의 사명을 받은 후에는 강직해지는 것이다.

들으면 강직해지는

성경을 바탕으로 볼 때, 하나님은 강직한 사람을 선호하시는 것 같다. 모든 경우가 그렇지는 않겠지만, 그래도 강직한 사람이 하나님의 음성을 더 잘 듣는 것 같다. 아니면 하나님의 음성을 듣게 되면 강직해지는 것 같다. 어느 것이 더 먼저라고 말하기 힘들지만, 그래도 강직한 사람은 하나님의 음성을 듣고 끝까지 순종한다.

예레미야 선지자가 그러했다. 그는 하나님이 시키는 대로 나라의 멸망을 예언했다가 많은 고초를 당하고 죽음의 문턱까지 가기도 했지만, 하나님이 들려주신 음성을 끝까지 전했다. 이러한 점에서 예레미야 선지자는 하나님의 일을 하는 데 있어 꾸준하고 강직한 사람이었다.

또한 사도 바울도 대표적으로 강직한 사람이었다. 그는 하나님의 뜻과 연관해 의견을 달리할 때는 예루살렘의 사도들과 싸우기도 했다 (갈 2:11—14; 고후 11:12—30). 자신이 개척한 이방교회에 율법준수와 할례시행 등 유대주의 가르침을 전하는 사람들이 왔다는 소식을 듣고 그는 이를 물리치기 위해 신학적인 투쟁을 벌였다. 그들에게 저주를 선언하기도 했고 (고전 16:22; 갈 1:8—9), 거짓 사도요 속이는 일꾼이요 그리스도의 사도로 가장하는 사람이요 광명의 천사처럼 가장하는 사탄의 일꾼이라고 비판하기도 했다 (고후 11:13—15). 이는 바울의 성격을 단적으로 보여주는 본문들로 자신이 전한 복음과 대치되는 것에 대해서는 절대 물러서지 않을 뿐만 아니라 오히려 공격하는 모습을 보여주었다.

이러한 예들을 볼 때, 하나님은 강직한 성품의 사람을 선택하셔서 음성을 들려주시는 것 같다. 아니면 하나님의 음성을 듣고 순종하다보면 강직해질 수밖에 없는 것 같다. 전자에 비하여 후자가 더 옳은 것 같은데, 아무튼 하나님의 음성을 들은 사람은 순교의 각오로 끝까지 강직하게 살아간다. 하나님 앞에서 받을 심판을 생각하면, 자신이 받은 사명을 강직한 자세로 행하지 않을 수 없다.

나는 강직한 성격을 가진 사람은 아니었지만, 하나님의 음성을 들은 후로는 강직해졌다. 나의 동역자들도 강직한 모습을 보여주면서 하나님의 일에 전념했다. 하나님은 이러한 사람들을 모아 일을 하신다고 할 수도 있고, 하나님의 일을 하다보면 강직해질 수밖에 없다고 할 수도 있다. 아무튼 하나님의 음성을 듣고 종말에 있을 심판을 생각하면 강직해지지 않을 수 없다.

원만한 사람은 듣기 힘든

하나님은 원만한 성격의 소유자를 별로 좋아하지 않으시는 것 같다. 요한계시록의 표현을 빌리면, 뜨겁지도 아니하고 차갑지도 아니하여 미지근한 사람을 의미한다 (계 3:16). 모든 사람들에게 잘 어울리는 사람은 하나님을 가까이 하기 힘들다.

원만한 사람들은 대개 믿음의 가치에 따라 살지 않고 자기의 유익에 따라 살 가능성이 많다. 다른 사람들과 원만하게 살고자 하는데, 하나님의 일까지 병행하게 되면 맞지 않는 일이 많이 일어날 수 있어 감당하지 못한다. 하나님의 음성을 들으면, 사람들과 공유하는 어떤 유익에 지장을 주기 때문에 그렇다. 이러한 점에서 사람이 사람을 보는 관점은 하나님이 보시는 기준과는 다른 것 같다.

하나님을 위한 신앙적인 강직성과 사람의 탐욕을 위한 원만성은 서로 어우러질 수 없다. 모든 사람들과 부딪히지 않으면서 자기를 보존하고자 하는 사람은 하나님의 신앙적인 가치와 부딪힐 수밖에 없다. 모든 사람은 성격에 있어 장단점을 가지고 있지만, 하나님의 일은 끝까지 일관성이 있게 감당하는 강직한 사람에게 합당한 것 같다. 대부분 원만한 성격의 소유자와 이야기를 나누면, 하나님의 음성을 듣고 끝까지 순종했다는 소리를 거의 들어보지 못했다.

내가 교회에서 악한 세력과 싸울 때 옆에서 열심히 도와주었던 사람이 있었다. 그런데 어느 날 보니 그는 더 이상 열심을 내지 않았고, 오히려 악한 세력과 어울리기 시작했다. 나중에 본심을 파악해 보니 그는 장로가 되고자 하는 마음으로 자기에게 유리한 쪽을 찾았던 것이다.

그는 교인들로부터 평가를 받고 싶다고 말했다. 그래서 나는 "왜 하나님으로부터 평가를 받으려고 하지 않느냐?"고 말하기도 했다. 하나님은 인본주의적인 사람을 싫어하실 뿐만 아니라, 상식적인 교인들도 그러한 사람을 싫어한다. 이는 원만한 성격의 소유자가 일반적으로 당하는 결말로 결코 구원에 이르지 못한다.

나중에 그 사람이 나를 찾아와 자신의 문제를 해결하기 위해 도움을 청했을 때, 나는 별로 확신이 없었다. 그래서 하나님이 그를 보내셨는지 살펴보았지만, 그는 그러한 것에 대해 생소하다는 반응을 드러냈다. 그는 자신의 문제를 해결하는 데만 관심을 가지고 있었지 하나님의 뜻을 추구하지 않았다. 이에 나는 하나님께 여쭈어보고 결정하겠다고 말했지만, 더 이상 관심조차 가지지 않았다.

원만한 성격의 소유자는 사람들과의 관계를 중요하게 생각하기 때문에 하나님과의 관계를 미처 생각하지 못할 때가 많다. 그래서 하나님의 음성이 들려지지 않는다. 아니, 들려도 듣지 않는다. 더 나가서 들어도 못 들은 척한다. 어느 누구에게 조금이라도 누를 끼쳐 관계가 끊어질 것을 두려워하기에 그러한 사람은 하나님이 들려주시는 사명을 강직하게 감당하지 못한다. 그러한 사람은 결국 종말에 가서 하나님으로부터 버림을 받게 될 것이다.

적은 수의 사람만이 듣는

하나님은 적은 수의 사람을 통해 일하신다. 모세 옆에는 아론과 훌이 있었고, 그들이 죽은 후에는 여호수아와 갈렙이 함께 했다. 사사였던 기드온도 하나님이 가르쳐주신 방법을 따라 사람들을 시험한 후 적은 숫자의 사람만을 데리고 전쟁에 나가 승리했다.

예수 그리스도도 마찬가지였다. 중요한 순간에 꼭 세 명의 제자만 데리고 가셨는데, 그들은 베드로와 요한과 야고보였다. 변화산에 오르실 때 그들만을 데리고 가셨을 뿐만 아니라 겟세마네동산에서 마지막으로 기도하실 때도 그랬다. 열두 제자들 가운데 오직 세 사람만 선택해 깊고 신비한 사건에 동참하게 하셨는데, 이는 물론 역사적이기보다는 신앙고백적인 서술이다.

사실 하나님의 음성이 들려지는 단계에 이른 사람의 주변에는 사람들이 별로 모이지 않는다. 이에 대해 나를 도운 성도와 이야기를 나눈 적이 있는데, 그는 하나님이 큰 교회 안에서도 몇 명의 사람만을 움직여 일을 하신다고 말했다. 그는 하나님이 그렇게 역사하시는 것을 보면서 더 경외감을 가지고 영광을 돌리게 된다고 말했다.

오늘도 하나님은 중요한 일을 하는 데 있어 적은 수의 사람만을 사용하신다. 문제는 우리가 여기에 포함되느냐 포함되지 못하느냐 하는 것이다. 이는 하나님의 구원을 얻느냐 얻지 못하느냐는 문제와 직결되어 있다. 이 역시 사람이 결정할 문제가 아니라 하나님이 하실 것이기 때문에 우리는 겸손하게 그분의 판단을 기다려야 한다.

나의 동역자에 대해 정말 조심스럽게 생각해 보았다. 우선, 나의 아내는 동심일체다. 이에 더하여, 나를 돕던 성도와 나와 비슷한 연배의 두 사람이 떠오른다. 하나님이 그들을 어떻게 평가하시는지 모르지만, 나는 그들을 그분이 보내주신 동역자로 여긴다. 이와 연관해 내가 하나님의 판단을 잘 살폈길 바랄 뿐이다.

많은 사람들이 함께 일을 하게 되면 나중에 꼭 문제가 생긴다. 이는 일을 성취한 후 자신들의 공을 드러내면서 논공행상을 하기에 그들을 달래거나 꾸짖기 바빠지고 정작 하나님은 뒷전으로 밀려나게 된다. 그래서 그러한 사람들은 서로 싸우며 자중지란에 빠지곤 한다. 하나님보다 자기 자신의 공과를 더욱 드러내는 데 열심인 사람들은 결국 동역자가 될 수 없다.

결론적으로 하나님의 음성이 들려지는 단계에 이른 사람은 극히 드물다. 우리는 하나님이 들려주셔야 들을 수 있지 듣고자 한다고 해서 들을 수 있는 것은 아니다. 다시 한 번 말하지만, 주도권은 하나님께 있지 우리에게 있는 것이 아니다. 아무튼 하나님의 음성이 들려지는 단계에 이른다는 것은 하나님에 의해 선택된 백성이라 할 것이다.

6. 신앙적 해석

우리는 자신의 노력과 하나님의 주도권 사이에서 번민하면서 살아간다. 신앙생활의 초기에는 자신의 욕심에 따라 하나님께 기도하며 자기의 소원을 들어달라고 매달리지만, 이러한 사람은 하나님의 음성을 거의 듣지 못한다. 오히려 하나님의 음성을 들으려 하지도 않는다. 그러다가 좀 더 영적인 깊이가 더해지면 하나님의 음성을 들으려고 노력하는데, 이러한 사람은 하나님의 음성을 듣게 될 가능성이 있다. 이와는 상관없이 하나님이 일방적으로 들려주시는 음성을 듣는 단계에 이르는 사람도 있는데, 이는 선지자의 수준에 이른 것이라 할 수 있다.

물론 위에서 제시된 세 단계의 순서가 정해진 것도 아니요, 사람의 생각과 기대대로 되는 것도 아니다. 오직 하나님이 선택하실 때 가능한 일이다. 하나님의 음성을 듣고 순종하는 믿음은 한 단계 한 단계 성장하는 것도 아니다. 물론 그러한 단계를 거치는 사람들도 있지만, '부득불' 높은 단계에 이르는 사람도 있다. 이처럼 하나님은 자신의 방법대로 강권적으로 사람을 선택하셔서 음성을 들려주시기도 한다.

불확실성 가운데 하나님의 음성에 대한 확신을 가지고 순종하는 사람이야 말로 진정 믿음의 사람이다. 이것이 바로 오늘 한국교회가 추구하여야 할 개혁의 방향인데, 개혁은 멀리 있는 것이 아니라 바로 우리 가까이에 있다. 우리는 이를 위해 지금부터라도 수고하여야 한다.

제4장 들음의 길

주께서 선지자를 통해 말씀하신 바
애굽으로부터 내 아들을 불렀다함을 이루려 하심이라
(마태복음 2:15)

들어가는 글

앞의 장에서는 하나님이 사람에게 음성을 들려주시고 사람은 들은 대로 순종하여야 한다고 서술하면서 이것이 바로 믿음 곧 신앙의 본질이라고 설명했다. 이러한 과정 가운데 하나님의 음성을 듣지 않으려는 사람이 있는가 하면, 들으려는 사람도 있고, 들려지는 경우도 있다고 서술했다. 하나님과 소통하면서 믿게 된다는 점 역시 강조했다.

이번 장에서 나는 하나님이 음성을 들려주시는 방법에 대해 서술하고자 한다. 하나님은 자신의 종들에게 다양한 길을 통해 말씀하셨던 것과 같이 오늘도 우리에게 다양한 방법으로 들려주신다. 우선, 성경을 통해서 들려주시고, 직접적으로 들려주시기도 하며, 다른 사람을 통해 알려주시기도 한다. 이에 더하여, 꿈과 환상 그리고 자연을 통해서도 말씀하신다. 많은 경우는 아니지만, 그저 지나쳐 버릴 수 있는 사소한 사건 혹은 현상을 통해 음성을 들려주시기도 한다. 이에 우리는 하나님이 어떤 방법으로 들려주실 지 주의하고 귀를 기울여야 한다.

1. 성경을 통해

성경은 하나님이 음성을 들려주시는 가장 중요한 통로다. 성경을 읽을 때 우리가 하나님의 음성을 듣지 못한다면, 이는 그냥 인쇄물에 지나지 않는다. 하지만 어느 본문을 읽을 때 하나님의 말씀으로 들린다면, 그 사람에게는 살아계신 하나님의 음성을 들려주는 매개체가 된다.

들어야 복음을

성경을 읽을 때, 우리는 성령을 통해 하나님의 음성을 들어야 한다. 하지만 이는 말처럼 쉬운 일이 아닌데, 우리의 의지대로 되는 일이 아니라 하나님이 하시는 일이기 때문이다. 성경을 수백 번 읽은 사람도 하나님의 음성을 듣지 못했다면, 그것은 역사책이나 문학책에 지나지 않게 된다. 하지만 성경을 통해 하나님의 음성을 듣는다면, 그 사람은 성령 안에서 하나님과 대화하게 된다.

누가복음은 엠마오로 내려가던 두 제자의 이야기를 싣고 있다(눅 24:13—36). 그들은 부활하신 예수가 나타나 성경에 대해서 설명할 당시에는 별로 깨달은 바가 없었지만, 날이 저물어 어느 마을에 머물면서 식사할 때 그들의 눈이 밝아져 예수를 알아보게 되었다. 그때 제자들은 생소한 경험을 했는데, 예수가 그들에게 성경을 풀어 주실 때 마음이 뜨겁게 된 것을 깨달은 것이다. 이로써 제자들은 예수를 통해 성경 안에서 하나님의 음성을 들었다.

사도 바울도 성경을 하나님의 음성을 듣는 중요한 통로로 생각했다. 그래서 모든 성경은 하나님의 감동으로 쓰였다고 고백했다 (딤후 3:16). 여기서 모든 성경은 구약성경을 의미하는데, 당시에는 아직 신약성경이 형성되지 않았기 때문이다. 이처럼 바울도 성경을 하나님의 음성을 듣는 통로로 제시했다.

성경은 지금도 많은 사람들에게 읽히고 있다. 성경을 읽으면서 하나님의 음성을 듣는 사람이 있는가 하면, 듣지 못하는 사람들이 더 많다. 그럼에도 불구하고, 우리는 성령이 인도할 때 성경 안에서 하나님의 음성을 들어야 한다.

춤춘 성경의 글자들

나의 아버지는 성경을 읽으면서 하나님의 음성을 듣곤 했다. 특히 어려웠던 시기인 1972년 매일 새벽마다 뒷동산에 올라가 기도하며 성경을 읽을 때, 하나님의 음성을 듣곤 했다. 성경 속의 활자들이 마치 춤을 추듯 움직이며 자기들을 꺼내어 외쳐달라고 했다. 이러한 신비한 경험을 하면서 이전에 알지 못했던 하나님의 음성을 듣게 되었다.

나의 아버지는 하나님의 음성을 들을 때마다 수첩에 꼬박꼬박 적었다. 그러다가 조용할 때 이를 설교로 만들었고 말씀을 전할 기회가 되면 이를 사용했는데, 그때마다 영력이 넘치는 설교가 되어 교인들에게 감동을 주었다. 이로써 성령이 역사하시는 설교를 마치 생수를 퍼마시게 하듯 전했다.

이러한 경험은 계속 이어졌다. 나의 아버지는 목회를 하면서 팔월 한 달 휴가를 내서 기도원에 들어가 성경을 읽었다. 그러면서 다음 해 설교를 준비하곤 했는데, 그 설교를 전할 때마다 교인들에게 감동을 주곤 했다. 이에 은퇴하신 후에도 많은 교인들이 그의 설교를 그리워했는데, 이는 그가 성령 안에서 성경을 통해 들은 하나님의 음성을 전했기 때문이다.

계속 듣고 깨닫기

나도 하나님이 주시는 감동으로 성경을 읽곤 한다. 지난 1987년 교역학석사 과정에서 졸업논문을 준비하는 가운데, 마태복음에 서술된 예수 그리스도의 처형사건이 시험사건과 본질적으로 같은 메시지를 전한다는 사실에 눈을 떴다 (마 4:1—11; 27:32—54). 이들은 서로 다른 사건이지만, 본질적으로 같은 내용을 전하는 것이다.

시험사건과 처형사건은 세 가지의 시험을 공통적으로 담고 있다. 첫째는 입을 통해 먹는 것에 대한 경제적인 시험이고, 둘째는 눈을 통해 하나님의 구원을 보여주는 가시적인 시험이고, 셋째는 다스림에 대한 권력적인 시험이다. 이 두 사건들은 동전의 양면과도 같은데, 성령이 나에게 이러한 공통점을 보여주신 것이다.

더 놀라운 사실은 예수의 사건들이 아담과 하와가 에덴동산에서 당한 시험과 맥을 같이 한다는 것이다. 선악과를 보며 느낀 세 가지의 유혹 곧 보암직하고, 먹음직하며, 지혜롭게 할 만큼 탐스러웠다는 내용과 일맥상통 한다 (창 3:6). 결국 나는 마태복음저자가 예수 그리스도를 에덴동산에서 실패한 아담의 본성을 회복시키는 분으로 서술했다고 해석했다.

나는 마태복음을 읽는 동안 성령의 조명 아래 이러한 연관성을 깨달았다. 이는 결코 이성적으로 알게 된 것이 아니라, 하나님이 성령을 통해 알려주신 것이다. 그때 성경은 나에게 하나님의 음성을 듣게 하는 매개체가 되었다. 이러한 깨달음은 이후 신학박사학위를 위한 논문을 쓸 때도 결정적인 역할을 했다.

하나님은 항상 나에게 영감을 주셔서 새로운 것을 깨닫게 하셨다. 성경을 읽을 때마다 남들이 보지 못한 것을 보게 하셨는데, 성경의 활자들이 자기들을 밖으로 꺼내 전해달라고 나의 아버지에게 외쳤던 것처럼 새롭게 해석해 달라고 외친 것이다. 이는 하나님이 나에게 들려주시는 음성이요 말씀이었다. 이처럼 성경은 하나님의 음성을 들려주는 매개체가 된다.

듣기에 눈 뜬 초신자

평신도 성경을 통해 하나님의 음성을 들어야 한다. 왜냐하면 성경은 모든 사람에게 하나님이 음성을 들려주시는 통로이기 때문이다. 성령은 우리가 성경을 자주 읽는 가운데 하나님의 음성을 들려주실 수도 있고 처음 읽는 가운데 들려주실 수도 있는데, 이와 연관해 일관된 원칙은 없다.

내가 대학생일 때 서울의 명문대학교에 다니던 선배 한 사람이 있었다. 그녀는 당시 대학생을 대상으로 전도하던 단체에서 성경을 공부하다가 "진리를 알지니 진리가 너희를 자유롭게 하리라."는 구절을 하나님의 말씀으로 들었다 (요 8:32). 이전에 겪지 못한 영적인 기쁨을 가지면서 그녀는 그 말씀을 바탕으로 신앙을 세워 나갔다.

그 말씀은 자유의 선포가 되었다. 그녀는 자신을 억누르고 있던 과거의 두려움으로부터 자유를 얻으면서 인생을 바꾸기 시작했다. 그동안 자신이 추구했던 가치관을 버리고 하나님이 성경을 통해 가르쳐주시는 바를 따라 인생의 목표를 세웠다. 자신이 원하던 삶이 아니라, 하나님이 원하시는 삶으로 바뀌었다. 이러한 점에서 성경은 그녀에게 하나님의 음성을 듣게 하는 매개체가 되었다.

듣고 움직인 비기독인

성경은 다른 종교에 몸을 담고 있던 사람에게도 하나님의 음성을 들려주기도 한다. 이는 물론 우연한 사건처럼 일어나지만, 하나님 안에서 필연적으로 일어나는 것이다. 아무튼 이러한 방법을 통해서 하나님의 음성을 들으면, 그 사람은 영적으로 복을 받은 것이다.

불교에 몸을 담고 있다가 하나님의 음성을 들은 사람이 있다. 그는 내가 신학대학교에서 강의를 할 때 만난 사람인데, 당시 오십 살이 넘은 학생이었다. 어느 날 저녁식사를 하면서 개인적인 이야기를 나누게 되었는데, 그는 자신이 회심하게 된 과정에 대해 말했다.

그는 지난 1980년대 시국사태와 연관되어 수배를 받으며 도피 생활을 했다. 그러면서도 남부럽지 않은 삶을 살았을 만큼 영리한 사람이었다. 그러다가 병에 걸려 병원에 입원하게 되었는데, 기드온선교회가 배포한 성경이 서랍에 들어있는 것을 보고는 무료함을 달래려고 꺼내 읽기 시작했다. 별 생각 없이 읽어 나갔다.

그런데 로마서를 읽다가 그는 충격을 받았다. 사람의 죄를 지적하면서 율법으로는 용서를 받을 수 없고 오직 그리스도의 믿음으로 의에 이를 수 있다는 내용에 눈길이 꽂힌 것이다. 그는 불경을 비롯해 힌두교의 경전까지 읽었지만, 이러한 교훈을 다른 종교의 경전에서 읽어본 적이 없었다. 로마서가 그에게 하나님의 음성으로 다가오면서 영적으로 죄인이라는 사실을 받아들이게 했다.

그는 상대적으로 늦게 하나님의 음성을 들었지만, 어느 누구보다도 믿음과 연관해 더 많은 은혜를 받았다. 그는 하나님을 믿게 된 것에 대해 감사했고, 나는 그를 만나게 된 것에 대해 감사했다. 이로써 나는 다시 한 번 성경이 하나님의 음성을 들려주시는 매개체가 된 사실을 확인했다.

누구에게나 열린 성경

성경은 세계에서 가장 많이 인쇄된 책이지만, 가장 많이 읽혔는 지는 분명하지 않다. 그럼에도 불구하고 사람들이 가장 손쉽게 접할 수 있는 책이라는 사실은 분명하다. 이는 많은 사람에게 하나님의 음성을 들을 수 있는 기회가 열려있다는 것을 의미한다.

하나님은 오늘도 사람들에게 성경을 통해 음성을 들려주신다. 하지만 읽을 때마다 하나님의 음성을 듣는 것은 아니고, 듣고자 한다고 해서 들리는 것도 아니다. 그럼에도 불구하고 성경을 읽다가 하나님이 음성을 들려주신다면, 그 사람은 듣고 순종하여야 한다.

결론적으로 우리는 성경을 통해 하나님의 음성을 들어야 한다. 성령이 새로운 것을 알려줄 때 듣고 깨닫는 사람은 성경을 통해 하나님의 음성을 듣는 사람이다. 하지만 이를 듣는 것은 생각보다 자주 일어나지 않는다. 그럼에도 불구하고 그 음성을 듣는다면, 그 사람은 영적으로 하나님과 소통하는 사람이다.

2. 직접적으로

성경은 하나님이 직접적으로 말씀하시기도 한다고 가르친다. 이는 너무나도 많은 사건을 통해 확인되는데, 하나님은 오늘도 똑같은 방법으로 음성을 들려주신다. 이에 우리는 하나님이 음성을 들려주시는 순간을 향해 귀를 열고 들으려 해야 한다.

사역자에게 직접 들린

성경은 하나님이 자신의 사역자들에게 직접 음성을 들려주신 것에 대해 기록한다. 하나님은 사무엘에게 음성을 직접 들려주시되, 이스라엘의 왕으로 세웠던 사울을 폐하라고 명령하시기도 했다 (삼상 15:10—23). 이를 전하는 것은 목숨을 잃을 수도 있는 어려운 임무였지만, 그래도 하나님이 시키신 것이기에 그대로 순종하며 이행했다. 이처럼 하나님의 음성을 들은 사람은 어떤 경우라도 최선을 다해 감당하여야 한다.

마가복음은 하나님이 예수에게 공생애를 시작하면서 직접 음성을 들려주신 것으로 서술한다 (막 1:10—11). 그가 세례를 받고 물에서 뭍으로 올라올 때, 하나님은 하늘을 가르시면서 비둘기 같은 성령을 내려 보내셨고 "너는 내 사랑하는 아들이라. 내가 너를 기뻐하노라."는 음성을 들려주셨다. 이에 예수는 하나님의 아들이라는 신분과 영적인 힘을 얻고 하나님의 나라를 전파하기 시작하셨다.

하나님은 오늘도 자신의 종에게 직접적으로 말씀하시기도 한다. 이는 들은 사람만이 알기에, 들어보지 못한 사람은 아무리 이야기해 주어도 이해하지 못한다. 왜냐하면 하나님으로부터 직접 음성을 들었다는 것을 객관적으로 증명할 방법이 없기 때문이다. 아무튼 하나님의 음성을 직접 들은 사람은 누구보다도 확신을 가지고 받은 사명을 수행하여야 한다.

나에게도 직접 들린

하나님은 나에게도 음성을 직접 들려주셨다. 지난 2004년 2월 중순 충청도에 있는 영성수련원에서 침묵의 기도를 하는 가운데 그러한 일이 일어났다. 금요일 점심에 테라스에 앉아 아름다운 경치를 바라보면서 식사기도를 하고 첫 술을 뜨려는 순간, "내가 너를 크게 쓰리라!"는 소리가 들렸다. 나는 누가 나에게 이야기를 하는 줄 알고 둘러보았지만, 아무도 말을 하지 않았다. 하나님이 내게 직접 사람의 목소리로 들려주신 것이다.

나는 직접 귀에 외치는 목소리를 듣고는 선지자를 이해하게 되었다. 이전에는 선지자들이 사용한 "여호와께서 말씀하시되"라는 구절을 이해하지 못했었는데, 이 사건 이후로는 선지자가 직접 하나님의 음성을 들었을 것이라 믿게 되었다. 하지만 하나님은 더 이상 이러한 방법으로 내게 음성을 들려주시지는 않으셨다.

하나님은 악한 세력과 투쟁하던 나에게 음성을 들려주시기도 했다. 내가 총회재판국에서 담임목사직에 대해 시무해임을 당한 후, 지방법원에 제소하여 법정다툼을 벌이던 2007년 3월의 일이었다. 하나님은 "아직 안 끝났으니 기다려라!"는 음성을 마음에 잔잔하게 들려주셨다. 언제까지 기다리라고 자세하게 알려주시지 않았지만, 나는 이에 순종했다.

이처럼 하나님은 여러 번 직접 음성을 들려주셨다. 귀에 대고 직접 들려주시는 방법은 단 한 번밖에 없었지만, 머리에 새로운 생각이 떠오르게 하거나 내면의 소리로 들려주셨다. 이는 하나님이 내게 맡겨주신 일을 계속 할 수 있도록 힘을 불어넣기 위함이었다.

나의 동역자에게도 직접 들린

하나님은 동역자에게도 음성을 들려주셨다. 그들 가운데 한 분은 내가 교회에서 한창 악한 세력과 싸우고 있을 때, 산에서 기도하다가 "이 싸움은 내 싸움이다."라는 음성을 들었다. 그래서 그는 최종적으로 하나님이 이기실 것을 확신했고, 자기는 하나님보다 앞서 나가지 않으려 노력했다.

하지만 그는 이러한 음성을 들은 것에 대해 조심했다. 자기의 생각이 하나님의 음성으로 잘못 인식된 것은 아닐까 생각하기도 했지만, 분명하게 들린 것을 확인하고는 철저히 순종하고자 했다. 그래서 나에게 자기가 하나님보다 앞서는 일이 있거든, 지적해 달라고 부탁하기도 했다. 이러한 점에서 나는 그가 하나님의 음성을 들었다는 것을 인정했다.

사실 우리는 하나님의 일을 한다고 하면서도 앞서 나갈 때가 많다. 이는 하나님의 뜻을 저버리고 자기 주관대로 일을 처리하는 경우인데, 부지불식간에 자주 일어난다. 왜냐하면 사람은 정신적인 영역과 영적인 영역을 구별하지 못할 때가 많기 때문이다. 이러한 점에서 우리는 돌다리도 두드리고 건너는 마음으로 확인하고 또 확인하여야 한다.

음성 듣기의 세 단계

그렇다면 하나님은 어떤 방법으로 사람에게 음성을 들려주실까? 성경의 서술과 나의 경험을 바탕으로 볼 때, 하나님은 세 가지의 방법으로 음성을 들려주시는 것 같다. 이러한 방법들은 이미 앞에서 설명했기에 다시 다룰 필요가 없겠지만, 그래도 단계별로 정리해 보면 다음과 같다.

첫째, 가장 많이 들려주시는 방법은 갑자기 새로운 생각이 떠오르게 하는 것이다. 이는 자기가 전혀 생각하지 못했던 방향 혹은 자기가 원했던 것과는 완전히 반대의 방향에서 일어난다. 이러한 생각은 하나님이 주시는 음성일 가능성이 많지만, 대부분의 사람들은 그냥 망상으로 생각하고 지나치곤 한다. 그래서 가장 낮은 단계에서 하나님의 음성을 들을 수 있는 기회를 놓치곤 한다.

예를 들면, 내가 청년일 때 어느 겨울 추운 밤 교회에서 일을 마치고 골목길을 걷다가 술에 취해 쓰러져 있는 사람을 보았다. 나는 그냥 지나치려고 했는데, 그 순간 내 머리 속에 도와야 한다는 생각이 갑자기 떠올랐다. 이에 나는 평소와는 달리 그러한 생각으로 인해 잠시 고민하게 되었다.

나는 주저하다가 그 사람을 도와야 하겠다는 생각으로 잠시 살펴보았다. 그리고 혼자 감당할 수 없어 파출소에 신고했는데, 경찰관들이 와서 그를 부축해서 데리고 갔다. 이러한 모습을 보고 있던 어느 중년의 사람이 "요즈음 이런 젊은이를 보기 힘든데, 참 좋은 일을 하네."라고 말했다. 아마 그를 거기에 그냥 두었으면, 그는 얼어 죽었을 지도 모른다.

지나고 나서 생각해 보면, 나도 내 생각대로 행동한 것이 아니었다. 무엇인가 영적인 존재가 그러한 일을 하게 한 것이다. 지금 영적으로 어느 정도 성숙된 단계에서 생각해 보면, 이는 하나님이 들려주신 음성이었다. 하나님은 나를 자신의 종으로 삼으시면서 아주 쉬운 일부터 시키는 음성을 들려주신 것이다.

우리는 전혀 생각하지 않았던 일을 하나님이 선한 방향에서 시키실 때 회피하지 말아야 한다. 더욱이 이러한 상황이 반복될 때는 잘 판단해야 하는데, 이는 하나님이 시키시는 일일 수도 있기 때문이다. 이에 조금은 힘들겠지만 그러한 일을 하다보면, 경험이 쌓이게 되고 하나님이 들려주신 음성이었다는 것을 알게 된다.

둘째, 마음에 음성을 들려주시는 방법이다. 이는 첫 번째 방법보다는 좀 더 분명하게 듣는 방법으로 갑자기 마음 깊은 곳에서 내면의 소리로 들리는 것이다. 이 역시 우리가 이전에 생각하지 않았던 내용을 주로 담고 있어 깜짝 놀랄 때가 많다.

그런데 대부분의 사람들은 내면의 소리를 무시하곤 한다. 잠시 헛소리를 들었다고 생각하기도 하지만, 이를 주의 깊게 듣고 순종하면 그것이 하나님의 음성이었다는 것을 알게 된다. 심리학자들이 말하는 자아의 소리와 비슷할 수 있지만, 이는 전적으로 영적인 영역에서 일어나는 것이기에 구별되어야 한다.

대표적인 예로 엘리야 선지자를 들 수 있다 (왕상 19:10—12). 하나님은 그를 굴 밖에 서게 한 후 강한 바람으로 산을 가르고 바위를 부수었지만, 그 가운데 말씀하시지는 않았다. 이후 지진 가운데서도 말씀하시지 않았고, 불 가운데서도 말씀하시지 않았다. 그런 다음에 '세미한 소리'가 들렸다고 하는데, 여기서 '세미한 소리'로 번역된 히브리어 단어는 원래 소리가 없는 가운데 들리는 소리를 의미한다. 다시 말하면, 하나님이 내면의 소리로 들려주신 음성이었다.

하나님은 우리의 영을 통해 음성을 들려주시곤 한다. 나도 이러한 방법으로 주로 들었고, 나의 동역자도 이러한 방법으로 들었다. 이는 분명하게 들릴 때도 있지만, 그냥 지나치기 쉬울 정도로 약하게 들릴 때도 있다. 과연 그것이 하나님의 음성이었는지 다시 한 번 곰곰이 생각해 보아야 할 정도일 경우가 많다. 이를 듣고 순종하면 할수록, 하나님의 음성을 더욱 자주 듣게 된다.

셋째, 하나님이 귀에 직접 소리로 들려주시는 방법이다. 이는 가장 높은 차원의 방법으로 거의 일어나지 않지만, 가장 확실하면서도 분명하게 인식할 수 있는 방법이다. 신비한 체험이라 할 수 있는데, 이러한 방법으로 음성을 듣는다면 그는 선지자의 반열에 이른 사람이라 할 수 있다.

이러한 경우는 성경에 자주 나타난다. 사무엘은 성막에서 엘리 제사장의 몸종으로 일하다가 잠을 자던 중 하나님이 부르는 음성을 들었다. 자기가 전혀 생각하거나 기대하지도 않았는데, 일방적으로 들린 것이다 (삼상 3:1―14). 더 놀라운 경우는 바울이 된 사울이 다메섹에 있던 예수의 제자들을 잡으러 가다가 하늘로부터 음성을 들은 것이다 (행 9:1―9). 이처럼 성경은 듣고 싶어서 들은 것이 아니라 하늘에서 일방적으로 들리는 음성에 대해 자주 언급한다.

하나님은 나에게도 딱 한 번 귀에다 음성을 들려주셨다. 앞에서 서술한 바와 같이 너무나도 생생하게 들려 스스로 놀랄 정도였다. 이러한 방법으로 하나님의 음성을 듣거나 들은 사람은 별로 없을 것이다. 하지만 그렇게 들었을 때, 영적인 희열이 밀물과도 같이 몰려왔다. 이는 진정 하나님의 종에게만 허락된 음성이었다.

나는 위에서 듣기 쉬운 경우에서 힘든 경우로 세 가지의 방법을 소개했다. 하지만 항상 순서대로 들리는 것은 아니기에 우리는 하나님이 들려주시는 방법에 맡기고 듣고자 해야 한다. 어떤 사람은 두 번째 방법으로 먼저 들을 수도 있고, 가장 어려운 세 번째 방법으로 먼저 들을 수도 있다. 그럼에도 불구하고 나는 위에서 제시된 순서대로 듣는 것이 가장 일반적이라고 말하고 싶다.

결론적으로 분명한 사실은 하나님이 오늘도 모든 사람에게 음성을 직접 들려주신다는 것이다. 하지만 대부분의 사람들은 하나님이 자신들에게는 음성을 들려주시지 않고 또한 들을 수 없다고 미리 포기하곤 한다. 하나님이 자기에게는 음성을 들려주시지 않는다고 불평하기도 하지만, 분명 오늘도 모든 사람에게 음성이 직접 들려질 수 있다는 사실을 부인할 수는 없다.

3. 제삼자를 통해

하나님은 제삼자를 통해 음성을 들려주시기도 한다. 이는 성경에서 대개 선지자를 통해 이루어졌는데, 이때 개인보다는 공동체와 연관해 전해지곤 했다. 그리고 오늘도 이러한 방법을 통해 우리에게 들려주시기도 한다. 이에 우리는 하나님이 다른 사람을 통해 음성을 들려주시는지도 살펴야 한다.

선지자를 통한

성경은 하나님이 선지자를 통해 왕에게 음성을 들려주시기도 했다고 서술한다. 이 경우 선지자는 하나님으로부터 음성을 직접 듣는 사람이 되고, 왕은 제삼자를 통해 하나님의 음성을 듣는 사람이 된다. 이 경우 왕은 나라의 대표자이기에 공동체에게 음성이 들려지는 것으로 보아야 한다.

하나님은 죄를 지은 다윗에게 나단 선지자를 보내어 자신의 뜻을 전하셨다 (삼하 12:7—25). 하나님으로부터 음성을 들은 나단은 다윗 왕에게 나아가 밧세바와 간음한 것을 지적하고, 그들 사이에서 낳은 아들이 죽을 것이라고 전했다. 아무리 하나님의 명령이지만, 선지자가 왕에게 나아가 직언하는 것은 쉬운 일이 아니었다. 그럼에도 불구하고 그는 하나님이 전하라고 하셨기에 전했다.

하나님이 제삼자를 통해 음성을 전하실 때는 대개 경고의 말씀일 경우가 많다. 이는 당사자가 제대로 행동하지 않는 것을 지적하는 내용이 대부분이다. 이러한 점에서 듣기 거북할 수 있지만, 하나님이 당사자를 바로 세우시고자 한다는 점에서는 복된 일이다.

나의 아내를 통한

하나님은 나에게도 제삼자를 통해 음성을 들려주셨다. 먼저, 아내를 통해 음성을 들려주셨는데, 그녀는 처음으로 하나님의 음성을 듣고 전한 것이다. 이는 지난 2005년 10월 초 내가 어느 증경노회장으로부터 교회를 떠나라는 권고를 받은 후에 일어났다.

그는 나를 공격한 악한 세력과 노회에서 최소한 십여 년 이상 교류하면서 서로 정치적인 이익을 나누었던 사람이었다. 그렇기에 그들의 요청을 물리치지 못했던 것 같다. 이에 더하여, 그는 내가 자기의 요청을 들어주지 않은 것으로 인해 앙심을 품고 있었던 모양이다. 나는 교회를 맡아 목회한 지 얼마 되지 않았기에, 그 목사와 별로 친분이 없었다.

나는 그 목사와 이야기를 나누다가 마지막에는 정말 실망하고 말았다. 그는 신앙적이고 영적인 충고를 듣고 싶다는 나에게 "돈을 받고 떠나는 것이 영적이고 신앙적이다."라고 말했다. 그리고 그것이 명분도 살리고 실리도 얻는 길이라고 강조했다. 그러한 말은 나에게 엄청난 충격으로 다가 왔는데, 그가 정말 목사인지 의심할 정도였다. 나는 목사로서 그러한 말을 듣는다는 것이 너무 가슴 아팠다.

집으로 돌아온 나는 하나님이 나를 버리신 것 같아 아내 앞에서 울었다. 정말 어머니가 돌아가셨을 때보다 더 서럽게 울었다. 그러자 옆에서 위로하던 아내가 갑자기 "교회를 깨끗이 청소하기 위해 하나님이 우리를 보내셨습니다."라고 말했다. 깜짝 놀라 아내에게 "당신의 말이냐?"라고 묻자 자신이 한 말이 아니라고 대답했다.

하나님은 아내를 통해 나에게 말씀하신 것이다. 이를 깨닫는 데는 별로 시간이 걸리지 않았고, 나의 아내도 하나님의 음성을 처음으로 들었다는 것을 알게 되었다. 이로 인해 나와 아내는 하나님이 우리에게 하신 약속을 이루실 것이라 믿었다. 이후 아내는 내가 힘들어 할 때마다, 나를 붙잡아 주곤 했다. 이에 우리는 서로 의지하며 하나님이 들려주신 음성에 순종했다.

다른 사람을 통한

하나님은 나의 아내에게도 다른 사람을 통해 음성을 들려주셨다. 지난 2006년 5월경 여러 교역자부인들이 악기부를 만들어 활동했는데, 나의 아내도 그들과 함께 클라리넷을 불면서 작지만 아름다운 모임을 만들어가고 있었다. 실력이 별로 좋지는 않았지만, 그래도 열심히 연습하며 즐겁게 연주했다.

그러던 중 기독교계통의 어느 복지회관에 초청을 받아 연주하게 되었다. 모임 가운데 강사로 온 여목사의 설교가 끝난 후, 악기부가 찬조출연을 했다. 예배와 행사가 끝난 후 점심식사가 제공되었는데, 거기서 나의 아내는 그 목사와 처음으로 인사를 나누었다.

그때 하나님은 그 목사를 통해 음성을 들려주셨다. 그녀는 나의 아내와 악수를 하면서 "굉장히 큰 아픔을 겪고 계시는군요. 사무실 안으로 들어가 잠시 기도해 드리고 싶습니다."라고 제안했다. 당시 그 목사는 나와 아내에 대해 전혀 알지 못했고, 나의 아내도 그 목사에 대해 순서지에 소개된 것 이상으로는 알지 못했다.

기도 가운데 그 목사는 나의 아내에게 예언했다. "끝까지 견디면 승리할 것이며, 남편이 크게 쓰일 것입니다."라고 말하자 나의 아내는 "아멘!"으로 응답했다. 그리고 더 이상 별다른 대화 없이 헤어졌는데, 나의 아내는 지금도 그 목사가 누구인지 알지 못한다. 오직 그녀가 해준 예언을 하나님이 들려주신 음성으로 기억할 뿐이다.

나의 아내는 집에 와서 그 날 있었던 일에 대해 이야기했다. 나는 들으면서 하나님이 주시는 영적 감동을 느꼈는데, 내가 2004년 2

월 20일 영성수련원에서 들은 하나님의 음성과 맥을 같이 했기 때문이다. 같은 내용으로 두 번 들려주셨다는 점에서 나는 이를 하나님의 증거로 여겼다.

하나님은 영적인 사람들을 통해 힘을 주신다. 서로 알지 못하는 사이라 할지라도 영적으로 하나님의 일을 하는 사람들이기 때문에 서로 통하게 하신다. 이러한 점에서 우리는 외롭지 않았고, 하나님이 보내주신 군사로 인해 힘을 얻었다. 이는 하나님의 음성을 듣고 순종하는 사람만이 경험할 수 있는 기쁨이다.

하나님은 지금도 다른 사람을 통해 당사자에게 음성을 들려주시곤 한다. 가까운 가족을 통해서 전달하실 뿐만 아니라 멀었던 사람을 통해서 전해주시기도 한다. 중요한 것은 하나님의 음성을 나 홀로 독점하고자 하는 자세를 버려야 한다는 것이다. 제삼자를 통해 들려주신다 하더라도 겸손한 마음으로 받아들여야 한다.

성도를 통한

하나님은 평신도를 통해 목회자에게 자신의 뜻을 전하시기도 한다. 이와 연관해 나는 어린 아이를 통해 시작되어 그의 엄마로 이어진 기도 가운데 하나님의 음성을 전해 받기도 했다.

지난 2003년 교회의 성탄절 행사에서 아기 천사 역할을 했던 세 살짜리 아이가 있었다. 천사의 역할을 너무 귀엽게 감당했기에 나는 행사가 끝난 후 칭찬해 주었다. 이로 인해 그때 교회를 다니지 않던 아빠가 기분이 좋아져 나오기 시작했다. 결혼 이후 아내의 권유도 따르지 않았던 그가 딸로 인해 교회에 나오기 시작한 것이다. 그러면서 나와 가까워져 신앙에 대해 여러 가지 중요한 가르침을 전해 주었다.

그 아빠는 신앙의 본질을 금방 깨닫는 사람이었다. 배운 것을 그대로 실행했는데, 당시 자기가 하던 일이 기독교의 윤리에 위배된다고 생각해 사업을 접기도 했다. 하지만 그의 신앙생활이 처음부터 순탄했던 것은 아니었다. 왜냐하면 그는 얼마 되지 않아 교회에서 싸움이 일어나자 나를 돕는 편에 섰다가 악한 세력으로부터 공격을 당했기 때문이다. 하지만 자기가 옳다고 생각하는 편에 섰기에 그들의 공격에 굴하지 않았다.

그러다가 그들은 2006년에 사업을 찾아 경기도 안산으로 이사했다. 한동안 그곳에서 경제적으로 어려움을 겪었지만, 그래도 신앙생활을 열심히 했다. 지난 2009년 어느 날 아홉 살이 된 그 아이가 엄마에게 나를 위해 기도하자고 말하더라는 것이다. 그 말에 놀란 엄마는 그동안 영적으로 무관심했던 것을 깨닫고는 함께 기도했다.

하나님은 기도하던 아이의 엄마에게 음성을 들려주셨다. "내가 한 약속은 지킨다." 그녀는 이러한 음성을 듣고는 놀라 얼마 후 설을 맞이해 대구에 왔다가 나에게 이러한 사실을 알려주었다. 그러면서 나에게 어떤 어려움이 있더라도 하나님의 약속을 믿고 끝까지 견디라고 격려했다.

하나님은 이렇게 평신도를 통해 나에게 음성을 들려주시기도 했다. 나는 하나님이 어린 아이와 엄마를 통해 주신 음성을 지금도 간직하고 있는데, 그 어느 누가 전해준 중보기도보다 더 귀한 것이었다. 이처럼 하나님은 공간적으로는 멀리 떨어져 있지만 영적으로 함께 하는 사람을 통해서도 음성을 전해주시기도 했다.

나도 다른 사람에게 전한

나도 다른 사람에게 하나님의 음성을 전해준 적이 있다. 대구지방법정에서 시무해임무효확인소송을 진행하는 동안 사택과 연관해 명도소송이 진행되고 있었다. 나는 당시 악한 세력에 맞서는 의미로 사택을 비워주지 않고 끝까지 사수하고자 했다. 물론 사회의 법으로는 안 될 일이지만, 하나님의 법으로는 아직 끝나지 않았다는 것을 보여주고자 했다.

지난 2008년 6월 5일 교회에서 악한 세력의 행동대원 역할을 하던 사람이 만나자고 했다. 그래서 나는 법적으로 대응할 몇 가지를 준비하고 있었는데, 하나님이 그와 연관된 음성을 내게 들려주셨다. 이는 그에게 전하라는 의미였기에, 나는 들려주어야 하는 책임을 떠안았다.

나는 그를 만나 조심스럽게 "하나님이 당신에게 전하시는 말씀이 있는데 들어보겠습니까?"라고 물었다. 그러자 그는 "듣겠습니다.”고 대답하기에 “네가 상식적인 수준에서 선과 악의 기준을 버렸기에 나도 너를 버렸다.”는 하나님의 음성을 전해주었다. 하지만 그는 이를 받아들이지 않았고, 오히려 나에게 고집이 너무 강하다고 비판했다.

하나님의 음성을 들어보지 못한 사람은 전하는 이를 전혀 인정하지 않는다. 나는 그의 반응을 이미 예상했기에 별로 실망하지 않았다. 단지 하나님이 전하라 하는 것을 전했을 뿐이고, 나에게는 하나님과의 관계가 더 중요했을 뿐이다. 그 사람이 듣지 않으면, 그 자신이 대가를 받고 책임지면 된다.

나는 그 사람이 악한 일에 연루된 이유를 알고 있었다. 교회에서 금전적인 문제로 악한 세력의 주도자 격인 사람과 얽힌 것이다. 그래서 그는 발목이 잡혀 꼼짝을 할 수 없었다. 한 번 장로직에 대한 사임서를 냈지만, 그마저 마음대로 되지 않았다. 영적으로 볼 때, 그 사람은 참으로 불쌍했다.

목회지망생에게 전한

나는 목회자가 되고자 하는 사람들에게 하나님의 음성을 듣는 것에 대해 조언하기도 했다. 물론 이를 받아들이는 사람은 별로 없는데, 이미 그들은 자기들 나름대로 결정하고 다른 사람의 말을 참고로만 여기기 때문이다. 그럼에도 불구하고 나는 전할 수밖에 없었고, 듣지 않는 사람만 안 됐을 뿐이다.

내가 목회를 할 때, 목사가 되고자 하는 청년이 있었다. 그는 주중에 시간만 나면 교회의 부속실에서 설교를 연습하곤 했는데, 물어보니 영락교회의 한경직 목사와 같이 큰 목사가 되고 싶다고 말했다. 이에 "그러한 목회자는 자기가 되고 싶다고 되는 것이 아니니 하나님께 물어보면서 결정하라."고 조언했지만, 그는 별로 귀를 기울이지 않았다.

나는 그가 개인적인 욕심에 따라 목사가 되고자 하는 것으로 판단했기에 되지 않기를 원했다. 하지만 그는 나중에 신학대학원에 입학했고, 목사가 되는 과정을 밟았다. 그 후 그에 대한 소식을 듣지 못했지만, 별로 목회다운 목회를 하지 못하고 있을 가능성이 크다. 왜냐하면 하나님의 음성을 듣고 시작한 것이 아니었기 때문이다.

제삼자는 조심해야

교회 안에서 어떤 사람은 하나님의 음성을 듣지도 못했으면서 하나님의 음성에 대해 함부로 언급하기도 한다. 더 나아가 조직에서 권세를 부릴 수 있는 자리에 있으면서 하나님의 뜻에 따라 판단한다고 거드름을 피우기도 한다. 이는 영적으로 위험한 일이다.

나는 그러한 일을 총회재판국에서 경험했다. 그때만 해도 경험이 부족했던 관계로 재판국의 성향을 알지 못했는데, 그들은 고소된 사람을 무조건 죄인으로 취급하는 경향이 있었다. 그래도 재판국원들은 하나님의 뜻에 맞게 일을 할 것이라고 기대했었지만, 이것이 무너지는 데는 얼마 걸리지 않았다.

그 당시 나는 하나님의 음성에 대한 확신이 지나쳤는지 몰라도 재판국원들 앞에서 당당했다. 그래서 교회의 문제와 연관해 "나는 하나님의 음성을 따라 행하고 있습니다."고 말했다. 그러자 어느 재판국원이 "당신만 하나님의 음성을 듣느냐? 우리도 듣는다."라고 말하면서 꾸짖었다. 그때 내가 경솔하게 말을 했다는 생각이 들었지만, 저 사람이 하나님의 음성을 듣지도 못했으면서 함부로 말한다는 생각도 들었다.

결국 재판국원들은 자기들의 입장에 따라 결정했다. 그들은 교회의 악한 세력으로부터 부탁을 받은 정치꾼의 사주를 받아 나를 회유하려 했지만, 나는 타협하지 않았다. 오직 하나님으로부터 들었던 음성을 따라 꿋꿋하게 버텨나갔고, 들려주신 대로 이끌어 가실 것이라 믿었다. 이에 대해 나는 조금도 의심하지 않았고, 재판국원들에 대한 신뢰도 버리지 않으려고 했다.

하지만 결과는 나에게 치명적이었다. 긴 싸움 끝에 나는 2006년 11월 2일 담임목사직에서 시무해임을 당했다. 나는 오히려 면직시키라고 버티었지만, 그들은 결국 자기들의 체면을 세우면서 그렇게 판결했다. 그럼에도 나는 실망하지 않았는데, 이는 하나님이 들려주신 대로 언젠가 이루어질 것이라고 확신했기 때문이었다.

그 사건은 하나님의 음성을 들은 제삼자도 당사자와 같은 길을 걸어야 한다는 교훈을 남겼다. 하지만 그렇게 하는 사람들은 별로 없다는 사실도 알게 되었다. 앞에서 언급한 총회재판국원들이 나의 재판과 연관해 하나님의 음성을 들었다면, 그들은 나의 손을 들어주어야 했다. 하지만 하나님의 음성을 듣지도 못했으면서도 들은 것처럼 속이는 사람들이었다.

결론적으로 하나님은 지금도 자신의 종을 통해 사람에게 뜻을 전하신다. 물론 그것을 전하는 사람이 진정 하나님의 음성을 듣고 전하는 것인지 판단하는 것은 듣는 사람의 몫이다. 이를 객관적으로 증명할 수 있는 길은 없지만, 성령이 이를 깨닫게 한다. 하나님이 전하는 음성임에도 불구하고 이를 알아듣지 못한다면, 책임은 듣는 사람에게 돌아간다.

4. 꿈을 통해

하나님은 꿈을 통해 음성을 들려주시고 자신의 뜻을 전하시기도 한다. 물론 성경은 꿈을 직업적으로 해석하거나 악한 영으로 해석하는 것에 대해서는 금지한다. 하지만 하나님이 꿈을 통해서 음성을 들려주시는 것은 분명하며, 이는 하나님과 사람 사이에 교통하는 방법들 가운데 하나다.

꿈의 조상 요셉

성경에서 꿈과 연관해 가장 먼저 살펴볼 사람은 요셉이다 (창 37장). 그는 어린 시절 볏단과, 해와 달 그리고 별에 대한 꿈으로 인해 형들로부터 미움을 받고 애굽으로 팔려갔다. 하지만 감옥에서 바로의 떡을 맡았던 사람과 술을 맡았던 사람의 꿈을 해석하면서 바로의 꿈을 해석할 수 있는 기회를 얻었다. 꿈을 해석해 준 결과 요셉은 애굽의 총리가 되었다.

요셉은 꿈과 연관해 표본과도 같은 사람이다. 그는 하나님이 꿈을 통해 주신 약속을 믿었고, 그것이 이루어지기까지 최선을 다해 정직하고 성실하게 살았다. 약 십삼 년 동안 기다린 끝에 하나님이 꿈을 통해 보여주시고 들려주신 것을 이루었다. 이러한 이야기는 하나님이 꿈을 통해 자신의 뜻을 알리시기도 한다고 가르친다.

꿈에 대해 가장 강하게 가르치는 책은 다니엘서일 것이다 (단 2장). 어린 시절 바벨론에 포로로 끌려와 고위관료가 된 다니엘은 어느 날 느브갓네살 왕이 꿈을 꾸었으나 내용을 잊어버리고는 해석을 내놓으라고 명령하자 위기에 처했다. 이에 다니엘은 왕에게 잠시 시간을 줄 것을 요청하고 하나님께 기도한 결과, 꿈을 밝혀냈을 뿐만 아니라 해석도 내놓았다. 이에 느브갓네살 왕은 그에게 많은 재물을 주며 바벨론을 다스리는 자리에 앉혔다.

다니엘의 이야기는 요셉을 본으로 삼아 만들어졌을 가능성이 높다. 요셉과 다니엘의 이야기들 사이에는 공통점이 나타나는데, 꿈과 해석요청 그리고 높은 자리의 보상 등이다. 이는 후대의 사람이 이전의 전승을 사용하면서 발전시킨 모습을 반영한다. 이로써 다니엘서는 꿈이 하나님의 뜻을 전하는 수단이었다고 전한다.

이어 예수의 잉태에 대한 꿈을 살펴볼 필요가 있다 (마 1:18—25). 요셉은 자기와 약혼한 마리아가 아이를 배자 조용히 파혼하려 했지만, 하나님은 꿈에 사자를 보내 요셉에게 성령에 의해 잉태된 사실을 알려주셨을 뿐만 아니라 아이의 이름을 '예수'로 부르라고 명령하시기도 했다. 이후 요셉은 두 번 더 꿈을 통해 하나님의 음성을 들었는데, 이처럼 예수 역시 탄생 때부터 꿈과 밀접하게 연관되어 있다 (2:13, 19).

비평적인 성경학자들은 이러한 이야기 역시 창세기에 나오는 요셉을 배경으로 작성되었다고 주장한다. 이는 여러 가지 요소들이 공통적으로 나타나기 때문인데, 꿈과 요셉이라는 이름 그리고 아버지가 야곱이라는 사실 이외에도 성적인 정결과 출애굽이행 등을 제시할 수 있다. 예수의 아버지 요셉은 창세기의 요셉과도 같이 꿈을 통해 하나님의 음성을 듣고 일한 사람이었다.

이상의 서술을 볼 때, 요셉은 꿈과 연관해 표본이 되었다. 가장 중요한 점은 하나님이 꿈을 통해 자신의 뜻을 알려주신다는 사실을 알고 우리도 꿈과 연관해 전승을 이어가야 한다는 것이다. 성경에 기록된 꿈이 사실이냐 아니냐 하는 문제가 중요한 것이 아니라, 꿈의 역할 자체가 중요하다.

꿈을 통한 계시

하나님은 나에게도 결정적인 순간에 꿈을 통해 계시하셨다. 꼭 필요한 때 꿈을 통해 내가 가야 할 길을 보여주셨는데, 이로 인해 위험한 순간을 넘기고 마침내 신학박사학위를 취득할 수 있었다.

지난 1989년 봄 나는 미국의 프린스턴신학대학원에서 신약석사 과정 두 번째 학기를 보내고 있었다. 당시 나는 '예수의 비유'라는 과목을 수강했고, '포도원 농군의 비유'를 연구해서 발표하는 과제를 받았다 (마 20:1—16). 이를 준비하기 위해 바쁘던 3월 중순 어느 날 밤 하나님은 꿈을 꾸게 하셨다.

꿈속에서 보니 칠판에 비유의 본문이 펼쳐지고 이에 대한 강의가 진행되었다. 꿈속에서 강의하던 분은 비유 가운데 세 시, 여섯 시, 아홉 시에 고용된 품꾼들은 후대에 첨가된 것이라고 말했다. 그리고 "논리적인 문제를 깊이 생각하라!"고 부언하면서 나의 꿈은 끝났다.

잠에서 깨어난 나는 너무 생생했던 꿈으로 인해 흥분했다. 하지만 꿈에서 본 것이 확실한 지 확인하기 위해 바로 도서관에 가서 이전의 학자들의 해석을 살펴보았다. 그런데 놀랍게도 그러한 해석을 한 학자가 아무도 없었다. 세계적인 학자도 이에 대해 아무런 언급을 하지 않은 것을 볼 때, 내가 최초로 발견한 것이다. 아니, 하나님이 나에게 계시로 가르쳐주신 것이다.

나는 자료를 모으고 다시 한 번 '포도원 농군의 비유'에 대해 깊이 생각하는 가운데 논리적인 문제점을 발견했다. 우선, 주인이 마지막에 온 농군부터 시작하여 처음에 온 자들에 이르기까지 임금을 지불하라고 말한 점인데, 여기에는 중간에 불려온 세 무리의 농군들은 언급되지 않았다. 둘째, 주인이 이른 아침에 불려와 일한 농군들에게 한 데나리온을 나누어주자 그들이 불평한 점인데, 하루종일 뜨거운 햇빛 아래 일한 자신들을 오직 한 시간만 일한 농군들과 똑같이 취급했다는 것이다. 여기에도 중간에 불려온 세 무리의 농군들은 언급되지 않았다. 셋째, 숫자 '삼'과 그의 배수는 마태복음이 마가복음에서 차용한 것이지만 그래도 선호하는 것이다. 위의 세 가지 사항은 마태복음저자가 세 무리에 대한 서술을 전승에 첨가해 비유를 발전시켰다는 사실을 보여준다.

이후 정해진 시간이 되어 나는 교수와 학생들 앞에서 준비한 것을 발표했다. 꿈에서 들은 내용과 논리적인 비약을 수업에서 발표하자 교수는 무척 놀라면서 눈이 휘둥그레졌다. 그는 속으로 "아니, 동양에서 온 저 녀석이 어찌 이러한 것을 알았지?"하고 말했을 것이다. 당시 교수의 표정은 그만큼 내가 놀라운 것을 발표했다는 사실을 보여주었다.

하나님은 이 사건을 통해 나에게 자신감을 심어주셨다. 이로 인해 나는 미국인들 앞에서 더 이상 주눅 들지 않았고 열등감도 사라졌다. 그들이 나보다 더 잘하는 것은 영어뿐이라고 생각하게 되었는데, 그야 자기들 언어이니까 잘 할 뿐이다. 이후 나는 내가 깨달

은 것을 발표하기 시작하면서 다른 학자들의 것을 살펴보는 시간
을 줄이고 나의 견해를 더욱 발전시킬 수 있었다.

꿈의 후손 '요셉'

나는 창의적인 면에서 인정을 받았다. 이에 프린스턴신학대학
원에서 신약학석사과정을 마친 후, 드류대학교에 잠시 머물고는
아이리프신학대학원과 덴버대학교 종교학부가 공동으로 운영하
는 신학박사과정에 진학할 수 있었다. 그리고 거기서도 내가 깨달
은 것을 발표하면서 모든 과정을 성공적으로 마칠 수 있었다. 그리
고 마침내 하나님은 나에게 신학박사학위(Ph.D.)를 허락하셨다.

나는 이러한 사건을 통해 두 가지를 배웠다. 하나는 하나님이 꿈
을 통해서 계시하신다는 사실이고, 다른 하나는 그렇다 하더라도
당사자가 해야 할 일이 있다는 사실이다. 이는 내가 하나님과 지
속적인 연관성 속에서 간구하고 응답받아야 한다는 사실을 의미한
다. 영적인 면에서도 공짜는 일절 없다.

나의 이름은 '나요섭'이다. 우리 할아버지가 항렬인 '섭(燮)'자에
'요(堯)'자를 붙여주었다. 물론 목사였던 우리 할아버지는 성경의
요셉을 생각하고 내 이름을 지었던 것 같은데, 만약 그랬다면 창세
기의 '요셉'과도 같이 꿈을 통해 하나님의 계시를 받은 오늘의 '요
섭'이다. 이에 요셉이 누렸던 것들을 나도 누릴 것이라고 믿는다.

나의 아내가 꾼 꿈

하나님은 나의 아내에게도 꿈을 주셨다. 이는 내가 악한 세력의 공격에 대항해 교회에서 극한 싸움을 하고 총회재판국에 의해 시무해임을 당한 직후의 일이다.

당시 영남지역의 신학대학교 총장이었던 사람이 악한 세력과 결탁하고는 내가 시무했던 교회의 담임목사가 되고자 했다. 그래서 그는 그들에게 잘 보이려고 나를 이단사이비로 모함하고, 정치적으로 죽이기 위해 무진 애를 썼다. 그러던 어느 날 하나님은 나의 아내에게 꿈을 꾸게 하셨다.

꿈에 나의 아내가 밖에 나갔다가 집에 돌아왔다. 그런데 총장목사의 부인이 집안을 차지하고 있기에 나가라고 정중하게 말했다. 그러자 그녀는 사무실에서 담당직원이 열쇠를 주었기에 자기가 들어왔다고 대답하면서 이미 자기의 짐을 가져다 놓았다고 말했다. 그래서 나의 아내가 집안을 살펴보니 우리의 살림 위에 그 사람의 살림이 조금씩 포개져 있었다. 그래도 나가줄 것을 요구한 후 꿈이 끝났다.

하나님은 그 꿈을 곧 이루어주셨다. 이는 꿈을 꾼 지 한 달이 조금 지난 성탄절에 이루어졌는데, 예배 후에 진행된 공동의회에서 총장목사에 대한 위임목사청빙건이 부결된 것이다. 그를 지지하던 악한 세력은 교인들의 마음을 얻으려고 동영상을 비롯해 온갖 매체를 동원했지만, 하나님은 그들의 바람과는 정반대의 결과를 주셨다. 이는 어느 누구도 예상하지 못했던 일이었다.

하나님은 사람이 계획을 해도 자신의 뜻대로 이루시는 분이다. 이에 교인들의 마음을 움직여 악한 궤계를 막으신 것인데, 총장목사와 악한 세력에게는 수치스러운 일이 아닐 수 없었다. 그 목사는 하나님 앞에서 눈물을 흘리며 회개하여야 했지만, 그렇게 하지 않았다. 이후 총장직을 이어가면서 심낭경색으로 인해 심장이식수술을 받았지만 결국엔 숨을 거두었다.

이러한 사건을 통해 나와 아내는 다시 한 번 하나님을 신뢰하게 되었다. 이는 하나님이 꿈을 통해서 우리에게 음성을 들려주시고, 자신의 뜻을 나타내신다는 사실을 확인하게 했다. 비록 내가 정치적 음모로 인해 당시에 담임목사직에서 시무해임을 당했지만, 우리는 하나님이 결국에는 회복시키신다는 약속을 지키실 것이라고 믿었다.

동역자가 꾼 꿈

하나님은 나의 동역자도 꿈을 꾸게 하셨다. 특히 그들 가운데 한 분이 꾼 꿈은 몇 년 후에 이루어지기도 했는데, 이로 인해 나는 꿈에 대해 더 확신하게 되었다.

우선, 그 꿈과 연관해 배경을 먼저 살펴보자. 교회에서 악한 세력의 앞잡이였던 집사 한 사람이 있었는데, 의료인으로서 자기 삶에 나름대로 최선을 다한 사람이었다. 하지만 자기가 목사보다 더 나은 신앙을 가졌다며 영적인 잘못을 저지르고 있었기에, 대단히 불편한 관계를 만들곤 했다. 이러한 점에서 그는 영적으로 교만의 극치를 달리고 있었다.

그러던 가운데 나의 동역자는 2006년 어느 날 꿈을 꾸었다. 꿈에 그 의료인이 1950—70년대에 미군이 쓰던 짐차에 선물을 싣고는 그를 찾아와서 "나는 교회를 떠날 것인데, 짐차에 실은 선물을 나요섭 목사에게 전해주세요."라고 말했다. 그리고 선물을 내리고는 차를 몰고 떠나면서 그 꿈은 끝났다.

잠에서 깨어난 동역자는 기도한 후 나에게 꿈에 대해 말해주었다. 그런데 그 꿈이 2013년에 일부 이루어졌는데, 꿈에 나타났던 의료인이 여러 번 장로투표에서 떨어지자 소리 소문 없이 교회를 떠난 것이다. 그의 흔적을 찾으려고 여러 사람에게 물어보았지만, 알 수 없었다. 이러한 일이 일어나자 나의 동역자는 하나님이 미리 보여주셨던 꿈이 일부 이루어졌다고 말했다.

하지만 그 의료인이 나에게 전해주길 바라던 선물에 대한 궁금증은 남아 있다. 하나님은 그것이 무엇인지에 대해서 일절 알려주시지 않았고, 나도 아직 그것의 정체를 알지 못한다. 아무튼 나는 선물의 내용이 밝혀질 때까지 그 꿈을 잊지 않을 것이다. 이러한 점에서 그 꿈은 일부 이루어졌지만, 아직도 진행 중이다.

계속되는 꿈들

하나님은 꿈을 통해 나와 아내 그리고 동역자에게 악한 세력에 대한 승리를 미리 알려주셨다. 물론 그 시간을 구체적으로 알려주시지는 않았기에 오래 기다려야 했지만, 그래도 하나님을 신뢰하면서 기다릴 수 있게 해 주셨다. 이에 우리는 어떤 고난이 와도 끝까지 견디며 영적인 싸움을 감당했다.

하나님은 나에게 지속적으로 꿈을 꾸게 하셨다. 이는 당시 일어났던 일에 대해 자신의 뜻을 보여주시는 것으로서 의미가 있는 것들이었다. 물론 이들을 여기서 다 공개할 수는 없기에 나중에 책으로 묶어서 낼 것이라는 정도만 밝히는데, 이 역시 이루어져야 의미가 있게 된다. 이로써 나는 오늘의 꿈쟁이 '요셉'으로 살아간다.

결론적으로 꿈은 조심스럽게 접근되어야 한다. 오늘도 많은 사람들이 꿈을 꾸지만, 그 가운데 하나님이 주시는 것을 구별할 줄 알아야 한다. 특히 꿈은 이루어진 다음에 하나님의 뜻이었다는 사실이 밝혀지기에 조심스럽게 접근되어야 한다. 그러면서 우리는 그것이 이루어지기까지 최선을 다하여야 한다.

5. 환상을 통해

성경은 하나님이 환상을 통해서도 음성을 들려주신다고 서술한다. 꿈은 잠을 자는 동안에 보이는 것인 반면, 환상은 깨어 기도하는 가운데 보이는 영적인 현상이다. 꿈과 같이 환상도 주로 상징적으로 나타나면서 하나님의 음성을 전하기도 한다. 이 역시 하나님이 자신의 종과 교통하는 방법들 가운데 하나다.

사역자에게 보인 환상

환상과 연관해 가장 많이 언급되는 사람은 아마도 에스겔 선지자일 것이다. 그는 하나님의 보좌를 둘러싼 네 종류의 생물에 대한 환상을 보았고 (겔 1장), 특히 골짜기에서 마른 뼈들이 서로 연결되면서 살이 붙고 생기가 들어가 다시 살아나는 환상을 보았다 (37장). 더 나아가서 그는 환상 가운데 회복될 성전을 보기도 했다 (47장). 이들은 바벨론포로기 때 하나님이 에스겔 선지자에게 보여주신 것으로 이스라엘의 회복을 알려 주시곤 했다.

꿈과 환상이 함께 어우러진 선지자는 다니엘이다. 다니엘서는 전반부에 꿈에 대해서 언급한 후 (단 1—6장), 후반부에서는 환상에 대해 서술한다 (7—12장). 특히 하늘에 있는 '인자 같은 이'에 대한 환상은 예수와 연관해 신학적으로 중요하다 (7:13—14). 이는 늦은 시기에 쓰인 것으로 시간이 지나면서 환상은 주로 선지자가 하나님의 음성을 듣는 방법으로 대두되었다.

사도 바울도 자신이 경험한 환상을 소개했다 (고후 12:1—4). 그는 자기가 몸 안에 있었는지 없었는지 알지 못하는 상태에서 셋째 하늘에 올라갔다. 거기에 낙원 곧 에덴동산이 있었는데, 그는 알 수 없는 음성을 들었다. 여기서 중요한 것은 바울이 환상 가운데 하늘의 음성을 들었다는 주장이다.

사도 베드로 역시 환상과 연관되어 나타난다. 욥바에서 기도하는 가운데 하늘로부터 내려오는 보자기에 대한 환상을 보았는데, 그 안에는 정한 동물과 부정한 동물이 함께 있었다 (행 10:9—22). 하늘에서 그것들을 잡아먹으라는 음성이 들리면서 "하나님께서 깨끗하게 하신 것을 네가 속되다 하지 말라!"는 꾸지람을 들었다. 이러한 환상이 세 번이나 반복되었다는 사실이 중요한데, 이는 완전수로 하나님이 꼭 이루시겠다는 뜻이다.

하나님이 보여주신 환상은 곧 이루어졌다. 베드로가 이방인 백부장 고넬료의 초청을 받자 그때 이방인들을 받아들이라는 하나님의 뜻으로 이해했다. 그래서 고넬료와 가족들에게 복음을 전하며 세례를 베풀었고, 이에 대해 나중에 예루살렘교회에서 변증했다. 이처럼 환상은 하나님이 자신의 종에게 말씀하시는 유용한 수단이었다.

성경은 오늘 우리를 향한 표본을 제시한다. 하나님은 오늘도 성경에 서술된 그대로 우리에게 환상을 보여주시면서 음성을 들려주시기도 한다. 그래서 하나님이 환상을 통해 말씀하실 때, 우리는 그 음성을 조심스럽게 들어야 한다. 영적인 눈을 뜨고 보여주실 때 놓치지 말아야 한다.

나에게도 환상이

하나님은 나에게도 교회에서 악한 세력에게 공격을 당할 때 환상을 보여주셨다. 이전에 나는 환상을 거의 보지 못했고 이에 대해 별로 관심을 가지지 않았지만, 하나님은 절박한 상황에 있던 나에게 환상을 통해 계시하셨다. 이에 나는 힘을 얻어 힘겨운 투쟁을 감당할 수 있었다.

지난 2005년 8월 중순 하나님은 산에서 기도하던 나에게 환상을 보여주셨다. 이는 깊은 산의 골짜기에 큰 바위 사이에 있는 폭포에 관한 것이었는데, 엄청난 물을 계곡 사이로 쏟아내며 굉음을 내고 있었다. 참으로 아름다운 광경이었고, 지금도 눈에 선하다. 아주 간단한 환상이었지만, 당시 상황과 연관시켜 볼 때 나름대로 의미가 있었다.

환상을 본 후 나는 여러 가지로 생각했다. "저기에 저런 폭포가 생길 수 있을까?"하고 생각하면서도 당시 내게 다가오고 있던 엄청난 시련을 뚫고 나가야 하겠다는 다짐도 했다. 이를 통해 하나님은 내가 가야 할 방향을 보여주셨기에 어려운 시기를 견디었고 하나님의 뜻에 순종할 수 있었다. 이처럼 환상은 하나님이 자신의 뜻을 알리는 방법으로 사용된다.

동역자에게도 환상이

그 즈음 나의 동역자 한 분 역시 환상을 보았다. 이는 내가 본 것과 비슷한 시기에 비슷한 내용으로 보였다는 점에서 의미가 있다. 다시 말하면, 하나님은 두 사람에게 거의 비슷한 시기에 보여주시면서 확신을 주신 것이다.

그가 환상 가운데 보니, 내가 교회에서 설교하는데 강단에서 물이 쏟아져 내려오고 있었다. 하지만 안타깝게도 예배실의 한 쪽으로만 흘러내렸는데, 그 자리에는 흰 옷을 입은 교인들이 앉아 있었다. 물이 점점 차오르면서 그들의 무릎을 지나 가슴까지 닿더니 머리를 넘어버려 그들이 물에 빠지게 되었다. 반면에 다른 쪽에 많은 사람들이 검은 옷을 입고 있었는데, 그것을 보고도 가만히 있었다. 사람들이 물속에 빠져 죽어가고 있었는데도 안타까워하지도 않았다. 그런데 물이 조금씩 줄더니 흰 옷을 입은 사람들의 머리가 물 밖으로 나오기 시작했고, 그들의 얼굴에는 환한 미소가 넘쳤다.

나의 동역자는 나에게 자기가 본 환상을 전해주었다. 이는 나와 연관해 하나님이 뜻을 알려주시는 것이었기에, 그의 허락을 받아 2005년 9월 어느 주일에 설교하면서 인용했다. 그랬더니 몇 사람들이 내게 다가와 교인들 사이에 편을 가른다고 항의했는데, 대단히 불안했던 것 같다. 하지만 나는 하나님이 전하라 하신 것이기에 전하지 않을 수 없었다.

아무튼 십여 년 이상 흐른 지금 뒤돌아보면, 환상은 그대로 이루어졌다. 악한 세력에 속했던 사람들 가운데 여러 사람들이 암에 걸리거나, 거룩한 산에 오르다가 심장마비로 죽거나, 자기의 자식을 먼저 떠나보내거나 했다. 그래서 영적으로 눈을 뜬 성도들은 하나님의 뜻에 거스른 사람들이 나에 대해 반대하는 어깨띠를 두르기만 해도 징계를 당했다고 말했다.

하나님의 징벌에 대해 사람들은 서로 다르게 반응했다. 악한 세력을 따르던 교인들 가운데 그래도 양심이 있는 사람들은 하나님이 징계의 채찍을 드시는 것을 보고는 교회를 떠나거나, 잘못했다고 회개하기도 했다. 하지만 대부분의 사람들은 그렇게 하지 않았는데, 출애굽기에 나오는 바로처럼 더욱 강퍅해졌다.

이러한 모습을 보면서 나는 한 가지 사실을 깨달았다. 이는 사람이 회개하여야 할 때 회개하지 않고 오히려 자기를 더 합리화시킨다는 것이다. 내가 전하는 하나님의 경고를 듣고 악한 길에서 돌아서기만 했어도 그러한 징벌을 당하지 않았을 것인데, 사람의 말로 듣고 좋지 않은 결말을 당한 것이다.

제자에게도 환상이

하나님은 오늘도 사람들에게 환상을 통해 음성을 들려주신다. 특히 내가 고난을 당하고 있던 2006년 어느 날 신학대학원 제자인 목사는 자기가 본 환상을 내게 전해주었다.

그녀가 본 환상 가운데 나는 일본군과도 같은 사람들에게 붙잡혔는데, 밧줄에 묶여 있었다. 그리고 장총 앞에서 무릎이 꿇린 상태에 있었지만, 얼굴은 평온해 보였다. 오히려 나에게 총을 겨누고 있던 사람들이 화난 모습이었고, 안절부절 하며 우왕좌왕했다.

그녀는 자기가 본 환상을 전해주면서 "교수님, 무슨 일이 있습니까?"라고 물었다. 그녀가 본 환상은 당시 나의 모습 그대로 보여주는 것이었지만, 나는 "너무 걱정하지 말라."고 말했다. 그러자 그녀는 "정말로 걱정하지 않아도 됩니까?"라고 되물었다. 이렇게 하나님은 다른 사람에게 환상을 보여주시면서 나를 격려하셨다.

이후에도 그녀는 몇 번에 걸쳐 환상에 대해 전하곤 했다. 내가 무엇인가 가득 찬 부대자루를 짊어지고 계단을 올라가 옥상에서 아래로 던지는 환상이라든지, 당시 교회에서 나를 어렵게 했던 사람이 강대의 벽에 껌처럼 눌러 붙는 환상 등을 전해주곤 했다. 나는 그녀와 영적인 교제를 통해 힘을 얻곤 했다.

하나님은 자신의 종에게 환상을 보여주시곤 한다. 이러한 일이 자주 일어나지는 않지만, 우리는 하나님이 환상을 보여주실 때 그 뜻을 알아차려야 한다. 특히 절박한 상황 속에서 보이는 환상에 대해서는 간과하지 말아야 하는데, 이는 의미심장한 뜻을 담고 있기 때문이다. 영적인 사람은 영적인 일을 확실하게 알아야 한다.

원로목사에게도 환상이

하나님은 죽음을 앞둔 사람에게도 환상을 통해 무엇인가 깨닫게 하신다. 이와 연관해, 어느 원로목사는 평생 목회를 하면서 교회를 부흥시켰고 설교집도 많이 출간했다. 그는 설교를 잘한다는 평과 함께 카리스마가 넘친다는 말을 듣곤 했다. 하지만 은퇴 후 중한 병으로 인해 입원하게 되었는데, 그때 환상을 보았다.

환상 가운데 원로목사는 하늘나라의 문에 이르렀다. 그때 예수 그리스도가 그에게 누구인지 묻자 자기는 어느 교회에서 목회를 했고 교인들로부터 존경을 받는 목사라고 말했다. 이에 더하여, 하나님의 말씀인 성경을 바탕으로 설교집도 많이 냈다고 강조했다. 그러자 예수 그리스도는 그에게 "나는 너를 모른다."라고 대답하셨는데, 깜짝 놀란 목사는 "그래도 하늘나라에 들어갈 수 있게 해 주십시오."라고 부탁했다. 이에 "그렇게 할 수는 없다!"라는 답변만 들었다. 그래서 그는 예수 그리스도 앞에서 큰 소리로 하염없이 울었다.

환상에서 깨어난 원로목사는 자기가 죽은 후에 있을 일에 대해 깊이 생각했다. 그러면서 눈물을 흘리며 회개했고, 자신의 남은 삶을 신앙 안에서 정리하기 시작했다. 그는 교회를 예수 그리스도의 피로 사신 곳이라고 설교하면서도 자기 마음대로 행했었다고 고백했다. 성령의 인도에 대해 가르치면서도 자신은 한 번도 성령을 따라 목회한 적이 없다고 후회했다.

환상을 본 원로목사는 그래도 영적인 환상으로 인해 조금이나마 정리하고 세상을 떠났다. 자신이 마무리해야 할 것을 최대한 정리하고자 했지만, 너무 늦은 감이 없지 않았다. 자기가 잘못한 일을 완전히 해결하지 못한 채 눈을 감아 조금은 씁쓸해 했다. 더욱이 자기의 인간적인 모습을 기념하는 흔적을 지우지 못하고 생을 마감해 아쉬워했다.

그가 온전한 삶을 살지 못했지만, 그래도 편안하게 숨을 거둘 수 있었던 이유는 환상을 통해 자신의 영적인 상태를 정확하게 알았기 때문이다. 이처럼 환상은 하나님이 그 사람에게 부족한 것을 알려주는 수단이 되기도 한다. 물론 환상이 모든 사람에게 해당하는 진리를 보여주는 것은 아니다.

나는 원로목사의 환상에 대한 이야기를 들으면서 책임감을 가지게 되었다. 그러면서 한 가지 문제를 제기했는데, 이는 그동안 원로목사의 설교를 듣고 신앙생활을 한 성도들이 불쌍하다는 것이었다. 그들은 그가 목회하는 동안 전했던 설교를 들으면서 잘못된 신앙생활을 했는데, 이에 대해서는 누가 책임져야 하느냐고 물었다. 그러면서 이러한 목사는 되지 말아야겠다고 다짐했다.

누구에게나 환상이

환상은 일반화될 수는 없지만, 하나님은 이를 개인 당사자에게 부족했던 부분을 채워주기 위해 사용하신다. 환상은 하나님이 당사자에게 단 한 번 사용하는 방법일 수도 있다. 이에 환상으로 본 것을 일반화시키기보다는 자기를 향한 하나님의 뜻으로 알고 거기에 맞추어 살아야 한다.

하나님은 청소년이었던 나의 친구에게도 환상을 보여주셨다. 우리는 고등학교 삼학년 시절인 1975년에 학교에서 실시하는 마라톤대회에 참석했다. 원래 토요일에 하기로 되어 있었는데, 비가 오는 바람에 하루 미루어져 일요일에 실시되었다. 우리는 모두 교회에 나가고 있었기 때문에 마라톤대회에 참석해야하나 말아야하나 고민하다가 체육점수가 연계되어 있기에 참석했다.

그런데 문제는 마라톤을 달리던 가운데 발생했다. 달리던 도중 나는 물을 한 모금 마신 것으로 인해 위경련을 일으키고 심한 통증으로 고생했다. 이에 중간에 쉬었다가 다시 뛴 결과 별로 좋지 않은 성적을 거두었다. 당시 나의 친구는 중간에 쓰러져 응급구역에 실려 왔는데, 그때 십자가의 모양으로 빛이 비추는 것을 보았다. 이에 십자가에 달리신 예수가 나타난 것으로 믿고 지금까지 자기를 위한 환상으로 간직하고 있다.

환상은 신비한 현상이지만, 주관적인 해석으로 인해 위험요소를 가지고 있다. 특히 영적으로 덜 성숙한 상태에서 환상은 호기심만 불어넣고 마무리를 짓지 못하게 할 때도 있다. 이에 환상을 보았을 때는 영적으로 성숙한 사람과 영적인 상담을 통해 조심스럽게 접근하여야 한다.

결론적으로 하나님은 오늘도 환상을 통해 자신의 음성을 들려주시고 뜻을 보여주신다. 하지만 환상 역시 상징적으로 보이기에 그것이 이루어진 다음에 비로소 의미가 확인된다. 그렇기 때문에 우

리는 성령의 인도 아래 이를 영적으로 다루어야 하며 쉽게 객관화
시켜서는 안 된다.

6. 자연현상을 통해

하나님은 자신이 창조한 자연을 통해 음성을 들려주시기도 한다.
이는 잘 드러나지 않는 사건이기에 주의 깊게 살펴야 한다. 물론 이
러한 사건 역시 주관적인 것이기에 영적인 관점에서 접근해야 한
다. 하지만 이러한 음성을 들을 수 있다면, 이는 하나님과 높은 수
준에서 교통하는 것이라 할 수 있다.

자연을 통한 계시

성경은 하나님이 자연을 통해 말씀하실 수도 있다고 전한다. 이
를 위해 기드온의 양털사건을 제시할 수 있는데, 이스라엘의 사사
(판관)로 부름을 받을 때 하나님께 증거를 요구한 가운데 나타난다
(삿 6:36—40).

우선, 양털 한 뭉치를 타작마당에 두고는 이슬이 양털에만 묻고
주변 땅에는 묻지 않게 해 달라고 요구했다. 그렇게 되면, 하나님
의 응답으로 알고 자기에게 맡겨주시는 일을 하겠다고 약속했다.
그 일이 이루어지자 다음날 기드온은 완전히 반대의 경우를 요구

했는데, 양털만 뽀송뽀송하고 주변 땅에는 이슬이 묻게 해 달라는 것이었다. 하나님이 이에 대해 응답하시면서 그에게 자신의 뜻을 알리셨다.

시편기자는 하나님이 자연을 통해 음성을 전하신다고 서술했다. 하늘이 하나님의 영광을 선포하고, 궁창이 그의 손으로 하신 일을 나타낸다고 노래했다 (시 19:1). 이어서 날은 날에게 말하고 밤은 밤에게 지식을 전하니 언어가 없고 말씀도 없으며 들리는 소리도 없으나 하나님의 소리가 온 땅에 통하고 그의 말씀이 세상 끝까지 이른다고 서술했다. 이처럼 하나님은 자신이 창조하신 자연을 통해 음성을 전하시는 분이다.

사도 바울도 하나님이 만물을 통해 드러내신다고 가르쳤다. 이는 하나님의 능력과 신성이 자연에 심겨져 있다는 서술 가운데 나타난다 (롬 1:20). 이를 뒷받침하듯 바울은 아덴에서 자연의 현상 가운데 하나님을 더듬어 발견할 수 있으니 다른 신을 섬기는 일을 그치라고 설교하기도 했다 (행 17:22—27). 이처럼 바울은 자연을 통해 하나님이 자신을 드러내신다고 가르쳤다.

하나님은 오늘도 자기의 종에게 자연을 통해 말씀하신다. 이는 자연의 현상을 통해 자신의 뜻을 알려주시는 것이다. 물론 사람이 직접 들을 수 있게 음성으로 들려주시기도 하겠지만, 자연의 현상을 통해 간접적으로 들려주신다.

나에게도 자연의 계시가

나도 자연의 현상 가운데 하나님의 음성을 들은 적이 있다. 지난 1977년 여름 대학생선교회(CCC)가 주최하는 천막수련회에 참석했는데, 거기서 하나님이 자연을 통해 들려주시는 음성을 들었다. 물론 이는 간접적으로 들린 음성이었다.

수련회는 충청북도 영동군 심천면에 있는 모래섬에서 열렸다. 그곳에는 미루나무가 심겨져 있고 옆에는 금강 자락이 흐르는 아름다운 곳이었다. 지금도 기차를 타고 그 옆을 지나면 나는 추억에 사로잡히곤 할 정도로 좋은 곳이었다.

여름방학을 맞아 전국에서 천여 명의 대학생들이 그곳으로 모여들었다. 어떤 모임인지 모르고 온 사람들도 있었는데, 당시 김준곤 목사를 비롯한 여러 강사들이 목소리 높여 전하는 설교에 귀를 기울였다. 뜨겁게 내리 쬐는 햇볕 아래 모두 땀을 흘렸지만, 그들의 영적인 열정을 막지는 못했다. 우렁차게 노래하는 매미소리보다 더 큰 하늘의 소리를 듣고자 모두 경청했다.

그런데 일정 가운데 하나님이 싫어하시는 것 하나가 있었다. 이는 목요일 저녁에 안보영화를 상영하는 것이었는데, 아무리 생각해도 영적인 수련회와는 맞지 않았다. 나도 이에 대해 탐탁하지 않게 여기고 있었지만, 이에 대해 문제를 제기하지는 못했다.

그 날 그때 그보다 더 아름다울 수 없을 정도의 노을이 붉게 물들었다. 그런데 서쪽 하늘에 번개와 천둥이 치면서 빗줄기가 아주 빠르고 강하게 몰려왔다. 나는 평생 그처럼 굵은 비를 맞아 본 적이 없을 정도였다. 그러자 담당자는 비닐로 영사기를 뒤집어 씌워 상영을 계속하다가 어쩔 수 없이 중단했다.

수련회를 주최했던 대학생선교회는 그날 영화를 상영할 수밖에 없었을 것이다. 그곳에서 수련회를 개최하면서 군청과 군부대의 지원을 받았기에, 그들의 요구로 안보영화를 상영했을 것이다. 하지만 수련회를 주관하시던 하나님은 이러한 일을 싫어하셨기에 안보영화를 상영하지 못하게 소나기를 보내신 것이다. 이처럼 하나님은 자신이 창조한 자연을 사용하신다.

이러한 일을 보면서 나는 하나님의 음성을 들었다. 이는 하나님이 자연을 통해 "싫다." 또는 "안된다."라는 음성을 들려주신 것이다. 그러면서 하나님은 대학생선교회 측이나, 관공서나, 군부대 어느 누구도 안보영화의 중단사태에 대해 책임을 지지 않게 만드셨는데, 정말 합력하여 선을 이루시는 하나님이라는 사실을 보여주었다.

나는 자연의 현상을 통해 정말 세미한 음성을 들려주시는 하나님을 만났다고 감히 말한다. 물론 이는 내가 그러한 현상이 일어날 수밖에 없었던 상황과 연관해 해석한 것이지만, 하나님은 간접적으로 나에게 음성을 들려주신 것이다.

준비된 사람에게는 자연의 계시가

어느 영성가는 자연을 통해 들은 하나님의 음성에 대해 간증한 적이 있다. 그는 어느 날 산에서 기도하다가 아름다운 일몰을 보았는데, 그때 "이것이 바로 부활이다."라는 음성이 들려왔다. 이에 그는 일몰이 죽음이요, 다음 날의 일출이 새 생명의 부활이라고 이해했다. 그래서 자기가 매일매일 하나님 안에서 죽고 다시 산다는 사실을 깨달았다고 말했다.

물론 이러한 이해는 개인적이고 주관적이다. 하지만 영적인 차원에서 이 역시 하나님이 들려주시는 음성이 되는데, 이러한 방법을 통해 자신의 뜻을 전달하시기도 한다. 물론 이러한 깨달음을 얻기 위해서는 나름대로 성령의 인도 아래 오랜 세월의 영적인 수련이 필요하다.

우리는 자연의 현상을 영적인 관점에서 보아야 한다. 하나님은 자신이 창조하신 만물을 통해 다양하게 역사하시는데, 이를 알아듣는 사람은 하나님과 더 밀접하게 소통하게 된다. 이로써 자연에 대한 애착을 통해 사랑하며 아끼는 마음도 가지면서 우리의 삶의 환경도 개선시킬 수 있다.

결론적으로 하나님은 자연의 현상을 통해 음성을 들려주시기도 한다. 하지만 이는 흔히 일어나는 일은 아니기에 나름대로 성숙한 영성을 갖추어야 알아들을 수 있다. 다시 말하면, 성령으로 인도되어야 들을 수 있다는 것이다.

7. 동물을 통해

하나님은 동물을 통해 음성을 들려주시기도 한다. 물론 이러한 현상이 거의 일어나지 않지만, 하나님은 사람의 미련함과 부족함을 깨닫게 하기 위해 동물을 사용하시기도 한다. 이에 우리는 세상의 미물을 통해서도 하나님의 음성을 들으려고 귀를 열어야 한다.

발람에게 말하던 나귀

성경은 하나님이 짐승을 통해서도 음성을 전하셨다고 서술한다. 이는 이스라엘 백성이 광야에서 방황하던 때 있었던 것으로 기록되어 있다. 이러한 일은 거의 일어나지 않지만, 가능성은 있기에 귀를 기울여야 한다.

하나님은 나귀를 통해 발람 선지자에게 말씀하셨다. 이는 이스라엘 백성이 모압의 영토를 지나가게 되자 발락 왕이 발람 선지자에게 복채를 주면서 그들을 저주해 달라고 부탁하는 가운데 일어났다. 그는 이를 실행하기 위해 가다가 자신이 탄 나귀가 하나님의 사자를 보고 굴복하면서 전하는 말을 들었다 (민 22:30). 여기서 나귀는 하나님의 음성을 전하는 매개체가 되었다.

이러한 일은 우리의 삶 가운데 거의 일어나지 않는다. 어쩌면 우화와 같은 이야기일 수도 있지만, 하나님이 미천한 동물을 통해서도 말씀하실 수 있다는 메세지를 전한다. 이에 우리도 하나님이 세상의 미물을 통해 언제 어디서 어떻게 음성을 들려주실 지 귀를 기울여야 한다.

수녀에게 말하던 새들

내가 아는 성공회의 수녀 한 분은 새를 통해 하나님의 음성을 듣기도 했다. 어느 날 그녀는 상당히 편치 않은 일을 겪고 밤에 잠을 잘 수 없었다. 그런데 다음 날 아침 자기의 방 창문 밖에서 참새 몇 마리가 시끄럽게 지저귀는 소리를 들었다.

이로 인해 짜증을 내던 그때, 수녀는 "네가 이렇게 싸웠구나!"라는 음성을 마음으로 들었다. 하나님 앞에서 "내가 잘했다. 네가 못했다."고 소리 높여 싸우는 자신의 모습을 발견한 것이다. 이에 수녀는 하나님 앞에 무릎을 꿇고 회개하지 않을 수 없었다.

물론 이는 수녀의 개인적이고 주관적인 이해에 따른 것이다. 하지만 자신을 향한 가르침으로 들렸다면, 이는 하나님이 들려주시는 음성이 된다. 이처럼 우리는 자연의 미물을 통해서 들려지는 소리를 성령의 인도아래 하나님의 음성으로 들을 수 있어야 한다.

결론적으로 하나님은 살아있는 동물을 통해 오늘도 우리에게 음성을 들려주실 수 있다. 물론 이러한 현상은 거의 일어나지 않기에 객관화할 수는 없다. 이는 당사자가 주관적이고 영적인 관점에서 이해하는 것이다. 아무튼 우리는 하나님이 동물을 통해서도 역사하실 수 있다는 사실에 귀와 눈을 열어야 한다.

8. 매체를 통해

하나님은 가능한 한 모든 방법을 통해 말씀하신다. 심지어 사람이 만들어낸 매체를 통해서도 음성을 들려주신다. 이러한 방법을 통해 하나님의 음성을 듣는다면, 이는 정말 영적으로 특별한 사건일 것이다.

지팡이와 돌들을 통한 계시

성경은 사실 사람이 만든 매체를 통해 하나님이 직접 말씀하시는 것에 대해 서술하지는 않는다. 하지만 생명이 없는 물질을 통해 자신의 뜻을 나타내시는 것으로 전하기는 한다. 중요한 것은 모든 물체가 하나님에 의해 창조된 것이기에 뜻을 전하시는 수단이 될 수 있다는 것이다.

하나님은 물체를 통해 자신의 뜻을 드러내시기도 한다. 우선, 대제사장 아론의 지팡이에 싹이 나게 함으로써 자신의 뜻을 드러내셨다 (민 17장). 또한 예수 그리스도는 사람들이 침묵하면, 돌들이 소리를 지를 것이라고 말씀하시기도 했다 (눅 19:40). 그 매체들 자체가 하나님의 음성을 직접 전한 것은 아니었지만, 그래도 가능성에 대해서 열어 놓았다.

하나님은 오늘도 다양한 매체를 통해 말씀하신다. 이는 오늘날 사람들이 서로 소통할 수 있는 방법이 다양해짐에 따라 일어날 수 있는 현상이다. 하나님도 사람들이 소통하는 방법을 사용하여 자신의 음성을 들려주시기도 하는 것이다. 이러한 점에서 소통 자체가 중요하다는 사실이 드러난다.

나를 향한 영상물의 계시

하나님은 나에게 영상물을 통해 계시하시기도 했다. 이는 우리가 매일 대하는 전자매체인 텔레비전에서 상영되는 영화를 통해서 일어났다. 이처럼 하나님은 우리가 생각하는 것 이상으로 다양한 방법으로 음성을 들려주신다.

지난 2010년 1월 16일 나는 '어거스트 러쉬(August Rush)'라는 영화를 시청하고 있었다. 그 영화는 음악적인 재능을 바탕으로 만났다가 하룻밤의 사랑을 나누고 본의 아니게 헤어지게 된 남자와 여자를 등장시킨다. 그리고 그들 사이에서 태어났으나 외할아버지에 의해 버려졌던 아이 어거스트 러쉬(Fredy Highmore 역)를 주인공으로 등장시킨다. 아무튼 그 영화는 아이가 커서 음악을 통해 뉴욕에서 부모를 다시 만나게 된다는 내용으로 구성되어 있다.

나는 영화를 보면서 기독교의 삼위일체신앙이 바탕에 흐르고 있다는 것을 느꼈다. 그런데 영화 가운데 한 장면이 나에게 영적으로 다가왔다. 버려졌던 아이가 시골의 고아원을 탈출하여 뉴욕으로 무작정 왔다가 앵벌이를 시키던 사람 위저드(Robin Williams 역)의 손아귀에 들어간 것이다. 하지만 그는 그 아이의 천재적인 음악성을 알아보고 의미 있는 대화를 통해 음악에 대해 가르쳤다.

"음악은 사랑을 전하는 하나님의 말씀이지. 살아서 숨을 쉬는 세상의 모든 생명체를 하나로 묶어주지. 저 넓은 우주엔 심오한 소리들이 존재해. 자연의 섭리와 물리학 법칙의 지배를 받지. 하모니, 에너지, 파장 그걸 못 깨우치면 들을 수가 없어."

"제가 듣는 소리는 어디서 올까요?"
"우리를 둘러싼 모든 것들에서 듣지. 하지만 모두가 듣진 못해. 안 보이지만 느끼는 거지."
"모든 사람이 다 듣는 게 아니예요?"
"오직 선택된 사람만!"

이러한 대화를 듣는 순간 하나님은 나에게 "너는 누구의 말을 듣느냐?"는 음성을 들려주셨다. 그 순간 눈물을 왈칵 흘리며 "하나님의 음성을 듣습니다."라고 대답했다. 그러면서 나 역시 하나님께 선택된 사람이라는 확신을 가졌다.

나는 이렇게 텔레비전에서 상영된 영화를 통해 하나님과 감격적인 대화를 나누었다. 이처럼 하나님은 현대인이 소통하는 매체를 통해 음성을 들려주시기도 한다. 이에 우리는 항상 하나님이 세상에 존재하는 매체를 통해 음성을 들려주실 가능성에 대해 준비하여야 한다.

사람을 살린 종소리의 계시

하나님은 생활공간 안에 있는 매체를 통해서도 음성을 들려주신다. 이는 신앙이 없는 사람에게도 일어날 수 있는데, 쉽게 알아들을 수 있도록 사용하신다. 그러므로 우리는 생활공간에서 만나는 매체도 마음의 문을 열고 대하여야 한다.

나의 지인 한 사람도 주변의 물체를 통해 하나님의 음성을 들었다. 그는 다리를 많이 저는 장애를 가지고 있었는데, 정말 괴롭고 힘든 시절을 보내고 있었다. 더욱이 어린 시절 또래의 아이들에게 당한 놀림과 멸시는 참기 어려웠는데, 중학생 때도 이러한 모습은 별로 변하지 않았다.

그는 더 살고 싶은 생각도 없어 마당에 있는 우물에 빠져 죽으려고 했다. 그래서 우물벽에 몸을 기대고 내려다 보던 바로 그때 자기의 이름을 부르는 소리가 들렸다. 그래서 뒤를 돌아보니 아무도 없었고 오직 교회의 종소리만 들렸다. 그것이 자기를 부르는 소리로 들린 것이다. 그래서 그는 어느 누구의 전도도 받지 않고, 교회에 나와 하나님을 믿게 되었다.

또한 어느 연예인이 생명을 포기하려다 생명에 대한 애착을 가지게 된 사건도 있다. 그는 출연제의도 거의 들어오지 않고 해서 너무 살기 힘들어 세상을 등지기 위해 산에 올라가고 있었다. 그 역시 뒤에서 자기의 이름을 부르는 소리를 들었는데, 이끌려 가보니 그곳은 마을의 예배당이었다. 교인들에게 수요기도회에 모이라고 울리던 종소리였다.

그래서 그는 이왕 예배당에 왔으니 모임에나 참석해 보자 하는 마음으로 들어섰다. 그때 목사가 전하는 설교를 듣고는 삶에 대한 소망을 가지게 되어 자살하려던 마음을 접고 집으로 돌아왔다. 그리고는 목표를 세우고 열심히 산 결과 다시 일어날 수 있었고 인터뷰를 통해 자신의 과거를 밝힐 수도 있었다.

교회의 종소리는 하나님의 음성이 되어 한 생명을 살리는 매체가 되었다. 이 역시 주관적인 이해에 따른 것이지만, 생명을 살리는 결과를 낳았다. 이로써 물체인 종은 사람에게 하나님의 음성을 전하는 매개체가 되었다. 이러한 사건은 모든 사람에게 일어날 수 있기에, 우리는 항상 마음의 문을 열고 영의 귀를 기울여야 한다.

계시의 관점을 넓혀야

하나님의 음성에 대한 신학적인 이해도 넓어지고 있다. 보수적인 기독인은 성경을 통해서만 하나님의 말씀을 들을 수 있는 것으로 주장하지만, 진보적이고 비평적인 기독인은 모든 방법을 통해 하나님이 말씀하신다고 주장한다. 내가 볼 때, 후자가 더 설득력을 가지는 것 같다.

지난 1999년 내가 영남지역의 신학대학교에서 가르치고 있을 때, 나의 지도교수 가운데 한 분이 미국에서 와서 강연했다. 그는 성령이 모든 매체를 통해 말씀하신다고 강조하면서 살아가는 공간 가운데서 만나는 모든 물체를 통해 성령이 역사하시는 것을 보고 들으라고 강조했다. 그러자 보수적인 학생들이 의구심을 가지고 많은 질문을 던졌다. 미국의 진보적인 학자의 강의가 상당히 도전적으로 다가왔던 것이다.

진보적인 학자는 보수적인 학자보다 항상 앞서 가기 마련이다. 그런데 시간이 흘러 뒤돌아보면, 보수적인 학자는 진보적인 학자가 간 길을 뒤따르곤 한다. 이는 하나님이 모든 매체를 통해 음성을 들려주실 수 있다는 점에 대한 해석에 있어서도 마찬가지인 것 같다.

조심하여야 할 상징물들

성경은 종교적인 상징물에 대해서 두 가지의 방향에서 가르친다. 하나는 하나님의 뜻을 알기 위해 사용된다고 가르치는 반면, 다른 하나는 이를 배격해야 한다고 가르친다. 이를 결정하는 기준은 신앙의 본질을 따르느냐 아니냐에 달려 있다.

출애굽기를 비롯해서 레위기와 신명기는 성물에 대해서 전한다. 하나님께 제사를 드리는 의식 가운데 이러한 성물들이 사용되었지만, 이를 통해 하나님의 뜻을 알려고 섬기는 것에 대해서는 금지시킨다. 이에 히스기야 왕은 모세의 놋뱀지팡이를 부수고 갈아서 가루로 만들어 버린 적도 있었다. 이러한 점에서 성물에 대해 올바른 관점을 유지하여야지 그렇지 않으면 잘못된 길로 갈 수 있다.

이후 기독교가 생겨나면서, 천주교와 정교회는 다양한 상징물들을 만들어 냈다. 물론 이것은 하나님을 섬기는 도구로 만들어졌다가, 세월이 지나서는 영적인 능력이 있는 것으로 여겨지곤 했다. 이러한 점에서 잘못된 길을 반복하기에 개신교는 이러한 상징물을 별로 선호하지 않게 되었다. 이에 개신교에 몸담고 있는 우리도 이러한 일을 반복해서는 안 될 것이다.

결론적으로 하나님은 오늘도 모든 매체를 통해 사람들에게 말씀하신다. 하나님의 음성을 듣는 것은 어느 일정한 방법을 통해서만 이루어지는 것이 아니라, 온 우주를 통해 교통하신다. 이러한 방법은 우리에게 자주 일어나지는 않기에 성령의 인도 가운데 조심스럽게 다루어져야 한다.

9. 신앙적 해석

성경은 하나님이 다양한 방법으로 사람들에게 말씀하신다고 가르친다. 그의 음성은 단지 성경을 통해 혹은 직접적으로만 전해지는 것은 아니다. 자연의 모든 방법을 통해 전해진다. 하나님은 성령을 통해 사람들에게 음성을 들려주시면서 자신의 뜻을 전하시기에 우리는 하나님의 다양한 통로에 대해 주의 깊게 살펴야 한다.

하나님은 사람들에게 다양한 방법으로 음성을 들려주시고 역사하시면서 조화를 이루신다. 방법에 있어서 뿐만 아니라, 대상에 있어서도 마찬가지다. 그렇기에 사람들은 다양하게 간증할 수 있지만, 하나님은 그 가운데서 통일성과 일관성을 드러내신다. 그렇기에 하나님의 백성은 자기가 들은 음성에 순종하기만 하면 된다.

우리는 영적인 관점을 넓혀야 한다. 하나님이 성령을 통해 다양한 통로를 통해 말씀해 주실 때, 우리는 영적인 귀로 들을 줄 알아야 한다. 보여주실 때는 영적인 눈을 뜨고 볼 줄 알아야 한다. 그러므로 우리는 영육 간에 오감을 사용하여 하나님이 들려주시는 음성을 듣고 보여주시는 신비를 보면서 하나님이 원하시는 바를 따라 살아가야 한다.

우리는 다시 한 번 한국교회가 나가야 할 방향에 대해 깊이 생각해야 한다. 지금까지 교회가 조직체로 체계화되고 세력화되는 일에 너무 몰두해 있다. 이에 기독교의 본질로 돌아가야 할 상황에 처해 있는데, 종교적인 면에서 개혁이 필요하다. 우리는 하나님이 지금도 살아계시면서 우리들에게 음성을 통해 뜻을 계시하시는 사실을 생각하면서 성경이 원래 가르치는 방향으로 돌아가는 개혁을 항상 시도해야 한다.

제5장 들음의 해석

베드로가 그 환상에 대하여 생각할 때에 성령께서
그에게 말씀하시되 두 사람이 너를 찾으니 일어나 내려가
의심하지 말고 함께 가라. 내가 그들을 보내었느니라
(사도행전 10:19—20)

들어가는 글

앞장에서 나는 하나님의 음성을 듣는 방법에 대하여 서술했다. 이제는 한 걸음 더 나가서 그것을 해석하는 문제에 대하여 설명하고자 한다. 이는 하나님의 음성이 객관적이거나 일반적이지 않고 주관적이며 영적으로 들려지기에 꼭 필요한 작업이다.

우리도 하나님의 음성을 들으면 해석해야 한다. 물론 구체적으로 말씀하실 때는 별로 필요가 없겠지만, 원론적으로 말씀하실 때는 해석되어야 한다. 왜냐하면 하나님은 음성을 들려주시면서 상황과 의미까지 구체적으로 언급하시지 않기 때문이다. 더욱이 꿈이나 환상 혹은 자연이나 동물을 통해 말씀하실 때는 해석이 더욱 필요하다.

하나님이 들려주신 음성에 대한 해석은 개인적이기에 모든 사람들에게 일률적으로 적용되기는 어렵다. 그래도 자의적으로 해석해서는 안 되며, 오직 성령이 인도하는 대로 해석해야 한다. 이러한 점에서 하나님의 음성을 해석하는 것은 예나 지금이나 어려운 일이다.

1. 성경에 대한 해석

성경은 항상 해석되어야 한다. 이는 성경 자체가 보여주는데, 서로 다른 시기에 쓰였기에 해석은 필연적이다. 오늘날 우리도 성경을 해석하면서 하나님이 전하시는 음성을 주의 깊게 들어야 한다.

서로 다른 해석

탈무드에 보면, 어느 히브리 랍비가 "성경은 해석될 때 비로소 하나님의 말씀이 된다."고 말했다. 사실 성경은 지금까지 계속 해석되어 왔는데, 쓴 사람과 읽는 사람 사이의 관점이 다르기 때문에 필연적으로 일어날 수밖에 없다. 이에 후대의 독자는 전대의 저자가 전하고자 한 의미를 유추해야 한다.

성경은 하나님의 말씀이지만, 항상 해석되어 왔다. 이는 사무엘하 24장과 역대상 21장을 비교하면 알 수 있다. 전자는 하나님이 다윗으로 하여금 인구조사를 하라고 명령했다고 서술한 반면, 후자는 사탄이 이를 실시하도록 미혹했다고 서술한다. 이들은 같은 사건에 대한 서로 다른 서술인데, 이러한 차이는 쓰인 시기가 다르고 관점이 달랐기 때문에 생겼다.

좀 더 자세히 말하면, 사무엘하는 남왕국 유다시대에 작성된 것으로 바벨론포로기 이전에 쓰였다. 그때만 해도 이를 쓴 신명기사가는 하나님이 선과 악을 모두 주관하신다고 믿었다. 이를 잘 보여주는 것이 선악과이다. 반면에 바벨론포로기 이후에 역대상을 쓴 역대기사가는 하나님이 선을 주관하시고 사탄은 악을 주관한다고 믿었다.

이러한 차이는 유대인들이 바벨론에서 배운 것을 반영시킨 결과다. 그래서 사무엘하에서 하나님이 다윗으로 하여금 인구조사를 하도록 했다는 서술은 역대상에서 사탄이 하도록 한 것으로 바뀌었다. 이러한 점에서 역대기사가는 바벨론포로기를 지나면서 신명기사가의 서술을 재해석했다.

대속에 대한 가르침 역시 해석의 과정을 거쳤다. 성경은 대속의 방법을 시대에 따라 달리 서술한다. 레위기는 성막에서 동물을 제물로 드리는 속죄의 방법을 가르치는데, 이러한 규정은 이스라엘 백성이 성전을 지어 제사를 드릴 때도 지켜졌다 (레 4—7장). 그 외에 다른 방법은 있을 수 없었고, 오직 성전을 중심으로 모든 제의가 이루어져야 했다.

하지만 바벨론에 의해 성전이 멸망을 당했을 때, 상황은 달라졌다. 바벨론에 포로로 끌려간 시기에 쓰인 것으로 여겨지는 이사야서 40—55장 곧 제2이사야서는 '여호와의 고난 받는 종'을 속건제물로 제시한다 (사 53:10). 이는 사람들의 죄를 대신 짊어지는 제물을 동물에서 특정한 인물로 바꾼 것인데, 바벨론에는 제사를 드릴 성전이 없었기 때문이다. 이에 유대인들은 하나님이 자신들의 죄를 대신 짊어질 제물로서 특정한 인물을 보내주실 것으로 믿으면서 '여호와의 고난 받는 종'을 제시했다.

이후 유대인들은 바벨론에서 고국으로 돌아와 다시 성전을 짓고 동물을 제물로 드리기 시작했다. 하지만 시간이 흘러 헬라제국과 로마제국의 통치를 받으면서 성전은 더렵혀지기도 하고 제사장들은 타락했는데, 유대인들은 새로운 가르침을 전하던 예수를 죽이기까지 했다. 더 이상 유대교 안에는 속죄를 얻는 방법이 없다고 여겼던 예수의 제자들은 새로운 신학적 해석을 시도했다.

특히 바울은 예수가 그리스도 곧 메시야로 사람들의 죄를 대신 짊어지고 죽었다고 전했다 (고전 15:3; 갈 1:4; 롬 5:8). 이는 바울이 '여호와의 고난 받는 종'을 예수에게 적용하고 신학적으로 해석한 것이다. 이처럼 후대의 바울은 이전의 전승인 '여호와의 고난 받는 종'에 대해 해석했다.

이러한 신앙은 이후 복음서로 이어졌다. 마가복음저자는 하나님이 예수 그리스도를 속건제물로 보내셨다고 선포했다 (막 10:45). 이는 사실 마가복음저자가 바울의 신학을 받아 예수 그리스도를 '여호와의 고난 받는 종'의 모습에 맞추어 서술한 것이다. 예수 그리스도는 이사야 선지자의 글을 이루기 위해 오신 것보다는 마가복음저자가 예수 그리스도를 '여호와의 고난 받는 종'에 맞추어 신학적으로 해석한 것이다.

위에서 우리는 대속의 방법이 변화된 과정을 살펴보았다. 시대와 상황에 따라 대속의 방법은 변화했지만, 대속의 필요성은 바뀌지 않았다. 본질은 바뀌지 않고, 겉으로 드러나는 방법만 바뀐 것이다. 그러면서 이전의 방법에 대한 후대의 해석이 생겨났는데, 이렇게 대속에 대한 해석은 계속되었다.

해석에 이은 해석

성경을 통해 들려지는 하나님의 음성에 대하여 해석하는 과정을 좀 더 설명해 보자. 앞에서 언급한 바 있는 "진리가 너희를 자유하게 하리라."는 구절이 하나님의 음성으로 들렸다고 하자. 그것을 들은 사람은 각자 자기의 상황 속에서 해석하게 된다.

심한 열등감을 느끼던 사람은 열등감으로부터 해방되는 것으로 해석할 수 있다. 경제적으로 어려움 가운데 있던 사람은 경제적 어려움으로부터 벗어나는 것으로 이해할 수 있다. 악한 영에게 눌렸던 사람은 영적인 회복으로 여길 수도 있다. 이처럼 사람들은 같은 본문이라 하더라도 상황에 따라 서로 다르게 해석한다.

나 역시 성경을 통해 들려지는 하나님의 음성에 대해 해석하곤 했다. 이미 앞에서 언급한 바와 같이 하나님은 나에게 성경을 새롭게 해석하는 영적 통찰력을 주셨다. 이에 마태복음의 시험사건과 십자가사건을 에덴동산에서 있었던 아담의 시험과 연관시켜 교역학석사학위논문을 썼고 신학박사학위논문으로 발전시켰다.

그러다가 하나님은 2007년 어느 날 나에게 책을 쓰라는 음성을 들려주셨다. 그러면서 새로운 통찰력을 주셨는데, 공관복음서의 자료로 사용된 Q라 명명된 가상의 문서 안에도 하나님의 나라가 에덴동산을 신학적인 배경으로 서술되었다고 해석하게 된 것이다. 나중에 신약성경 안에서 이러한 주제를 찾아 '아담 같은 예수, 에덴동산 같은 하나님 나라'라는 책을 쓰기도 했다.

물론 성경에 대한 새로운 해석은 성령이 이끄는 가운데 이루어져야 한다. 그래서 나는 지금도 성경을 읽을 때마다 성령의 인도를 구한다. 그리고 하나님이 들려주시는 음성을 따라 성경을 새롭게 해석하면서 하나님이 전하시고자 하는 본질적인 의미를 추구한다. 이는 하나님이 내게 주신 특별한 은혜다.

하나님은 성경이 신학적으로 계속 해석되기를 원하신다. 하지만 내가 해석한 것이 최종적인 것이라고 생각하지는 않는다. 성령은 다른 사람에게도 똑같이 역사하여 다음 세대의 누군가 좀 더 나은 해석을 하게 할 것이다. 나는 그들을 위해 나름대로 발판을 놓을 뿐이다. 그러는 가운데 성경에 대한 해석이 발전된다.

민족적인 관점의 해석

성경은 민족에 따라 다르게 해석될 수도 있다. 특히 구약성경은 유대인의 관점에서 쓰인 것이기에 이러한 경향을 강하게 드러낸다. 그래서 이를 모든 인류에게 문자대로 적용하기에는 어려움이 많다.

이를 잘 보여주는 예가 있다. 어느 원로목사 한 분이 이스라엘의 히브리대학에 연수를 갔을 때, 아브라함의 이주에 대해 질문했다. 그는 우선 랍비인 교수에게 "도발적인 질문을 해도 됩니까?"라고 양해를 구한 후 "아브라함의 이주이야기는 유대인들이 가나안 땅을 침범한 것을 증거하는 것인데, 이를 어찌 하나님의 명령이라고 주장합니까?"라고 물었다. 그러자 랍비교수는 골똘히 생각한 후에, "진솔하게 말하면, 우리 민족이 생존하기 위해 그렇게 서술한 것입니다."라고 대답했다.

이처럼 성경에 대한 해석은 읽는 사람의 관점에 따라 달라질 수 있다. 유대인의 입장에서 볼 때, 가나안 원주민 입장에서 볼 때, 그리고 제삼자인 기독인 입장에서 볼 때, 해석은 서로 달라질 수 있다. 그렇기 때문에 원래 저자가 쓸 때 의도했던 의미를 찾는 것도 중요하지만, 읽는 사람에게 주어지는 의미를 찾는 것도 중요하다.

같은 원칙이 예수 그리스도의 가르침에도 적용될 수 있다. 예를 들면, 한쪽 뺨을 맞거든 다른 한쪽 뺨도 돌려대라는 가르침이 있다 (눅 6:29). 동등보복의 원칙으로 볼 때, 이는 결코 사랑의 교훈은 아니다. 반면에 사람의 본성이라는 관점에서 볼 때, 이는 사랑의 계명이 될 수 있다. 왜냐하면 한 대 맞았을 때 한 대만 때리고 만족하는 사람은 거의 없기 때문이다. 오히려 두 대 혹은 세 대를 때려야 보통 사람의 마음이 풀린다. 그런데 이러한 본성을 참고 한 대 맞았을 때 한 대만 때리면, 이는 자신을 자제시키고 상대방을 배려하는 것이다.

이러한 해석은 그러한 계명이 전해졌을 당시의 상황을 고려한 것이다. 어느 관점에서 보고 해석하느냐에 따라 성경은 달리 해석될 수 있기에, 저자와 독자 사이에서 계속 해석의 작업이 이루어져야 한다. 따라서 성경을 해석하는 과정에서 관점은 중요하다.

해석된 하나님의 말씀

성경에 대한 해석은 교인들에게도 중요하다. 어느 평신도가 성경에 대한 해석과 연관해 문제를 제기한 적이 있는데, "네 시작은 미약하였으나 네 나중은 심히 창대하리라."는 글귀에 대한 것이었다 (욥 8:7). 이는 욥을 비난한 친구에 의해 제기된 것이기에 하나님의 말씀으로 전해져서는 안 된다는 주장이다.

그 사람의 지적은 나름대로 일리가 있지만, 일반적으로 성경을 해석하는 원칙에서 벗어난 점도 있다. 어느 구절이든지 성령에 의한 감동으로 의미를 부여하게 되면, 그것은 바로 하나님의 말씀이요 음성이 된다. 이에 욥의 친구가 질책하는 의미에서 한 말도 오늘의 독자에게는 하나님의 음성으로 들려질 수도 있다.

우리는 성경의 어느 구절이든 읽을 때, 성령의 인도 아래 해석해야 한다. 그렇게 되면 그것은 하나님의 말씀이 되는데, 그때 우리는 새로운 관점에서 하나님의 음성을 듣게 된다. 우리는 기독인으로서 성경의 본문을 누가 썼느냐 하는 것보다는 성령이 오늘 어떻게 역사하는 지에 대해서도 관심을 가져야 한다.

계속되는 나의 해석

하나님은 전혀 예기하지 않았던 방법으로 나에게 성경을 해석하게 하시기도 했다. 지난 2010년 10월 어느 날 나는 충청남도의 어느 대학교에서 채플을 위한 설교를 한 후, 신약학박사인 교목실장과 이야기를 나누었다. 그러면서 앞으로 나올 책 '예수 그리스도는 신앙고백이다: 복음의 기원과 형성'에 대해서 소개했다.

그때 바울의 대속신학에 대한 이야기를 나누었다. 나는 데살로니가전서에 죄와 십자가가 서로 연결되어 대속의 주제로 언급되지 않은 것을 볼 때, 바울은 선교초기에 대속의 죽음에 대한 신학을 가지고 있지 않았다고 말했다 (살전 5:10). 그러자 그는 예수 그리스도의 대속적인 죽음은 지금까지 신약학자들이 일반적으로 생각했던 것보다 늦은 시기에 쓰인 것이라 말하면서, 미국에서도 이에 대한 논문이 나온 것으로 안다고 말했다.

이에 바울서신을 좀 더 연구한 결과, 나는 그의 말이 옳았다는 결론을 내렸다. 바울이 게바 베드로를 대표로 한 예루살렘교회의 사도들과 신학적으로 다툰 후에 그리스도의 십자가를 중심으로 한 대속신앙을 주장했다는 결론을 이끌어 낼 수 있었다 (갈 2:10—14). 이러한 해석의 과정을 통해 바울의 대속신학에 대한 나의 견해를 정립할 수 있었다.

나는 그 교목실장이 내게 중요한 정보를 제공해 준 것에 대해 지금도 감사한다. 당시 책을 쓰고 있던 나에게 성령이 그를 통해 알려준 것이다. 하나님은 내가 성경을 새롭게 해석할 수 있도록 그를 통해 도와주셨다. 이로써 그는 하나님이 내게 계시를 주시는 통로가 된 것이다.

이후 나는 그의 조언을 바탕으로 연구한 결과 새로운 책을 낼 수 있었다. 먼저, '로마서의 형성: 로마일서에서 사서까지'를 출간할 수 있었고 나중에 '바울신학의 형성'이라는 책을 낼 수 있었다. 나는 그가 나에게 준 착상을 이 책들에 반영하면서 바울의 신학에 대해 새롭게 해석하면서 발전시킬 수 있었다.

끊임 없는 해석

성경에 대한 해석은 소위 이단사이비의 문제에 있어서도 중요하다. 언젠가 나는 장로인 친구와 함께 이단사이비에 대해 이야기를 나눈 적이 있는데, 그는 어느 종교단체 옆을 지나가면서 그들의 세력이 점점 커지는 것에 대해 걱정했다. 이에 이단에 대해 함부로 판단하지 말라고 조언하면서 오늘 우리가 속해 있는 교회가 하나님의 음성을 제대로 듣지 않기에 별반 다르지 않다고 말했다.

우리는 팔이 안으로 굽는 삶에 익숙해져 있다. 자기가 속한 교단 내지 교회만이 정통이라고 주장하는 데 익숙한데, 이 역시 교리를 중심으로 해석한 결과다. 이에 안주하는 사이 스스로 망가지고 오류를 범하기에, 항상 성경을 통해 하나님의 음성을 듣고 올바로 해석하여야 한다.

성경의 해석을 통해 이르러야 할 또 다른 목표가 있다. 이는 오늘 우리를 향하여 들려지는 음성을 기록으로 남기는 일이다. 개인에게 들려주신 음성을 기록하면, 이는 그 사람을 향한 '거룩한 책'이 될 것이다. 우리나라와 겨레를 향해 들려주시는 음성을 기록하면, 우리나라와 겨레를 위한 '거룩한 책'이 될 것이다. 그럴 때 하나님은 우리의 하나님이 될 것이다.

결론적으로 성경은 오늘을 살아가는 우리에게도 살아계신 하나님의 살아있는 말씀이다. 그렇기에 성경을 통해 우리는 하나님의 음성을 들어야 하고, 이를 해석하여야 한다. 이러한 해석과정은 성령의 인도를 따라 이루어져야 한다. 그러면 그때 비로소 성경은 하나님이 우리를 향해 음성을 들려주시는 매개체로 역할을 하는 것이다.

2. 들은 음성에 대한 해석

하나님으로부터 직접 들은 음성도 해석되어야 한다. 들은 사람은 그 음성이 주는 의미를 찾아야 하는데, 하나님이 대개 원칙적인 선에서 말씀하시기 때문이다. 개인적인 차원에서 들려진 것이라면, 이는 더욱 주의해서 해석하여야 한다.

단어놀이의 해석

성경은 하나님으로부터 직접 들은 음성에 대한 해석도 소개한다. 그 가운데 예레미야 선지자에게 던졌던 질문과 대답을 살펴보자 (렘 1:11—12). 하나님이 그에게 보고 있는 것에 대해 묻자, '살구나무(shaqed)의 가지'를 본다고 대답했다. 이에 하나님은 자신의 말을 '지켜(shoqed)' 이룰 것이라고 말했는데, 여기서 살구나무의 '샤케드'와 지킨다는 '쇼케드' 사이의 비슷한 발음을 이용하여 해석해 준다.

마태복음 역시 이전의 구절을 해석하는 모습을 보여준다. 이는 '예수'라는 이름을 언급하면서 '하나님이 우리와 함께 계신다'는 의미의 '임마누엘'이라고 해석한 것이다 (마 1:23). 사실 '예수'와 '임마누엘' 사이에는 별 상관이 없다. 그럼에도 불구하고 마태복음 저자는 이들을 연결시키면서 예수를 '하나님의 함께 하심'으로 해석했다. 이전에 하나님이 선지자를 통해 하신 말씀을 마태복음저자가 예수와 연관시켜 재해석한 것이다.

성경이 보여주는 원칙은 오늘 우리들에게도 똑같이 적용된다. 우리도 들은 하나님의 음성을 해석하여야 한다. 하나님은 구체적으로 모든 것을 알려주시지 않기에 우리는 상황을 고려하여 들려진 음성을 나름대로 해석해야 한다.

들음에 대한 나의 해석

나 역시 하나님이 들려주신 음성에 대해 해석한다. 앞에서 언급한 바와 같이 하나님이 나를 크게 쓸 것이라고 말씀하셨는데, 언제 어디서 어떻게 크게 쓸 것에 대해서는 구체적으로 알려주시지 않았다. 이에 나는 그 약속에 대해 끊임없이 해석해야 했다.

나는 하나님이 정한 시기에 대한 징조를 살펴가면서 기다렸다. 어떤 경우에는 이와 연관된 꿈을 꾸기도 했고, 무엇보다도 교회에서 일어나는 사건에 대해 관심을 가지고 해석하기도 했다. 그러는 가운데 하나님이 보여주시는 징조를 읽었다. 이는 해답이 없는 해석의 연속으로만 느껴졌다.

그러다가 내 해석이 한계에 이르렀을 때, 성경을 바탕으로 해석하기로 했다. 요셉이 나이 열일곱 살에 팔려가 서른 살에 애굽의 총리가 되었듯이 나도 십삼 년의 기다림을 끝으로 문제를 해결하기로 했다. 이는 나에게 들려진 음성을 성경을 바탕으로 해석한 것이다. 이에 더하여, 나의 아버지가 목회를 마치면서 쟁취하던 모습을 본으로 삼아 나도 싸워 쟁취하기로 결정했다.

들음에 대한 동역자의 해석

나를 도운 성도 역시 자신에게 들려진 하나님의 음성을 여러 번 생각하며 해석했다. 그는 "저 목사를 도우라!"는 하나님의 음성이 주는 의미를 알고자 오랫동안 고민했다. 그래서 기도하는 가운데 당시 악한 세력이 교회의 재산을 탐내는 문제를 해결하라는 것으로 해석했다.

　이후 그는 재산과 연관된 문제를 알려주었다. 그는 이를 해결하지 않고는 교회가 바로 설 수 없다고 말했고, 나는 그 문제에 대해 자세하게 조사했다. 내가 오기 이전에 일어났던 분규에 대해서도 여러 가지 통로를 통해 들어보았다. 그러면서 교회의 재산을 탐하는 사람이 교인들을 이용하면서 일을 키워왔다는 사실을 알게 되었다.

　이에 더하여, 외부 사람도 연루되어 있었다. 당시 영남지역의 신학대학교 총장은 재선을 위해 오십억 원을 외부에서 유치하겠다고 공약한 바 있는데, 알고 보니 내가 시무하던 교회의 악한 세력과 손을 잡고 만들어낸 계획이었다. 이는 그가 당시 기획실장과 함께 와서 뜬금없이 나에게 신학대학교에 건물을 지어달라고 하면서 조감도를 제출한 사건으로 인해 꼬리가 잡혔다.

　추측하건대, 악한 세력은 교회의 재산을 팔아 학교에 건물을 지어주면서 이중장부 혹은 이중계약서를 통해 차액을 챙기려 했던 것 같다. 그리고 총장은 학교에 건물을 유치했다는 공을 내세우려 했던 것 같다. 그런데 공교롭게도 오십억 원의 돈은 교회가 가지고 있던 어느 기관의 건물과 대지를 매도한 후 뒷돈을 제하고 나면 맞출 수 있는 금액이었다.

　나는 2005년 4월 당회에서 교회의 재산과 연관해 정당하게 처분할 것을 제안했다. 이는 교회를 바로 세우기 위한 조치였지만, 교회의 재산을 노리고 있던 악한 세력을 당황스럽게 만들었던 모양이다. 그래서 주도하던 사람은 급하게 세력을 규합해서 나를 이단 사이비로 몰기 시작했고, 많은 교인들을 동원하면서 폭풍노도와 같이 나를 겁박했다.

나는 영적인 동역자들과 함께 교회의 악한 세력에 대항해 싸웠다. 이미 앞에서 언급한 바와 같이 비록 정치적으로 일단 지기는 했지만, 나는 지금도 하나님이 내게 들려주신 음성을 따라 올바로 가고 있다고 믿는다. 그래서 하나님이 다시 회복시켜주실 것이라 확신하고 있다.

들음의 해석을 위한 증거

나와 동역자는 항상 우리가 하나님이 음성으로 들려주신 길을 제대로 걷고 있는지 점검했다. 이를 알려주는 증거 내지 징조를 찾으면서 오랜 시간 동안 견디었다. 다행히 하나님은 각자에게 합당한 증거와 징조를 보여주셨다.

나는 하나님이 일용할 양식을 주시는 것을 증거요 징조로 삼았다. 아무리 하나님의 일을 한다고 해도, 먹을 것이 없어 굶거나 죽으면 아무런 소용이 없다. 하지만 하나님은 우리 가정이 궁핍한 가운데도 들은 음성에 순종할 수 있도록 까마귀를 통해 먹여주셨다. 나는 이것을 가장 큰 증거와 징조로 삼았다.

반면에 나의 동역자는 교회를 보면서 증거와 징조를 확인했다.

나를 축출한 세력이 교회의 주도권을 잡고 잘 되면, 이는 내가 잘못되었다는 것이다. 그런데 실질적인 면에서 담임목사를 세 번이나 축출했음에도 악한 세력은 그들이 원하는 바를 얻지 못했고, 교회는 항상 분란 가운데 있는 것이다. 이에 그는 하나님이 악한 세력과 함께 하지 않는다는 증거와 징조로 삼았다.

하나님의 음성을 듣고 순종하는 사람은 항상 증거와 징조를 살펴야 한다. 과연 자신이 해석하고 나아가는 길이 옳은지 점검하고 계속 갈 것인지 아니면 물러설 것인지 결정하여야 한다. 이는 성령 안에서 하나님과의 끊임없는 소통 가운데 이루어져야 한다.

조심해야 할 제삼자의 해석

제삼자를 통해 들었던 하나님의 음성도 해석되어야 한다. 물론 이에 대해서는 직접 들은 음성보다 조심스럽게 접근하여야 하는데, 자기가 직접 들은 것이 아니기 때문이다. 들려준 사람과 영적으로 동일한 지 따져보아야 하기에, 올바른 해석을 위해서는 두 배의 노력이 필요하다.

나는 제삼자가 전해 준 예언과 연관해 실수를 한 적도 있다. 나는 예전에 그가 예언한 것이 이루어지는 것을 보고 어느 정도 신뢰한 적이 있다. 그런데 이번에는 그 사람이 나의 회복에 대해 구체적으로 시간을 언급하며 예언한 것이다. 하지만 거의 일 년 반 정도 기다렸음에도 불구하고 그 시간에 이루어지지 않았다. 이에 실망이 컸다.

　나는 이러한 경우를 통해 한 가지 사실을 배웠다. 제삼자가 예언을 할 때는 그 사람이 과연 성령 안에서 그러한 말을 하는지 시험해 보아야 한다는 것이다. 만약 그렇지 않다면, 결코 이를 의지하거나 받아들여서는 안 된다. 영적인 세계에는 절대 우연이 없고, 필연만이 있을 뿐이다.

　결론적으로 하나님은 자기의 백성 혹은 종에게 원칙적인 내용을 들려주신다. 만약 하나님이 우리들에게 육하원칙에 의해 말씀하신다면, 이해하지 못할 사람은 하나도 없다. 하지만 하나님은 그렇게 알려주시는 경우가 거의 없고 원칙적인 것만을 알려주시기에 우리는 이에 대해 해석하여야 한다.

3. 꿈과 환상에 대한 해석

　하나님은 오늘도 사람들에게 꿈과 환상을 통해 음성을 들려주신다. 하지만 대부분의 사람들은 이를 제대로 이해하지 못하는데, 그럴 때일수록 성령의 인도에 의지하여야 한다. 이로써 하나님이 전하시는 꿈과 환상을 올바르게 해석하고 끝까지 견지해야 한다.

꿈과 환상에 대한 해석

성경은 간혹 하나님이 신비한 현상을 통해 말씀하시거나 보여 주신다고 가르친다. 예를 들면, 다니엘 시대에 일어났던 사건을 제시할 수 있다 (단 5장). 당시 벨사살 왕은 잔치를 벌이고 있었는데, 갑자기 손가락이 나타나 벽에 글자를 쓰는 것이었다. 꿈이나 환상보다 더 확실한 현상을 통해 왕과 그의 신하들에게 보인 것이다.

하나님은 신비한 방법을 통해서라도 사람들에게 자기의 뜻을 알려주셨다. 그런데 그 의미를 알고자 했기에 벨사살 왕은 박사와 술사 등에게 해석하라고 명령했다. 하지만 그들 가운데 아무도 감당하지 못하자 관직에서 물러나 있던 다니엘을 찾아 하나님께 해석을 부탁하라고 권했다. 이에 다니엘은 '메네 메네 데겔 우바르신'이라고 밝혀냈고, 이에 대한 해석도 제시했다.

하나님의 환상에 대한 해석은 바울에게도 해당된다. 그는 드로아에서 환상을 보았는데, "마게도냐로 건너와서 우리를 도우라."는 말을 들었다 (행 16:6—10). 그는 하나님이 마게도냐의 사람들에게 복음을 전하라고 명령하신 것으로 해석하고 그곳으로 건너갔다. 이로써 예수 그리스도의 복음이 아시아에서 유럽으로 확장되었다.

이처럼 환상은 하나님의 종이 문제에 봉착했을 때 나아갈 길을 제시하곤 한다. 바울은 환상으로 인해 유럽으로 건너갔고, 이어 당시 세계의 서쪽 끝에 해당하는 서바나까지 복음을 전하고자 했다. 만약 그러한 환상이 아니었다면, 바울은 그러한 계획을 세우지 못했을 것이다. 하지만 환상에 대해 올바로 해석한 결과 새로운 이정표가 세워질 수 있었다.

하나님이 꿈과 환상을 보여주실 때, 이들은 해석되어야 한다. 꿈과 환상은 대부분 상징적으로 보이고 들려지기에 해석이 꼭 필요하다. 그렇다고 사람이 임의로 해석해서는 안 되고, 성령이 알려주시는 대로 해석해야 한다. 그것이 실제로 이루어질 때, 그 해석은 옳은 것으로 판명될 것이다.

우리의 꿈과 환상에 대한 해석

하나님은 오늘도 우리에게 꿈을 통해 음성을 들려주시고 이에 대해 해석하게 하신다. 지난 2007년 4월 19일 나의 아내는 의미심장한 꿈을 꾸었다. 나의 아내는 교회의 재산을 탐내는 악한 세력을 주도하던 사람의 며느리가 된 것이다. 그 사람의 집에 손자들이 놀러오자 그 집의 며느리가 된 나의 아내는 따뜻한 차를 끓이기 위해 주전자를 들었다. 그랬더니 손잡이가 망가져 몸체가 떨어져 나가 주전자는 박살나고 말았다. 그래서 과자라도 낼까 해서 상을 펴니 종잇장처럼 힘을 쓰지 못하고 바닥에 주저앉아 아무 것도 올려놓을 수 없었다. 과일이라도 내어갈 마음에 냉장고에서 탐스러운 것들을 꺼냈는데, 손에 쥐는 것마다 갑자기 썩어버려 깎을 수가 없었다. 그리고 나의 아내는 꿈에서 깨어났다.

잠에서 깨어난 아내는 나에게 꿈에 대해 이야기했다. 나는 이를 의미심장하게 받아들였다. 그러면서 악한 세력의 주도자가 망하게 되었다고 해석했는데, 성령의 인도에 따라 그렇게 해석하지 않더라도 상식적인 면에서도 해석될 수 있었다. 그리고는 하나님이 하시는 일을 주의 깊게 살펴보았다.

결국 나의 아내가 꾼 꿈은 네 달이 지나지 않아 이루어졌다. 악한 세력을 주도한 사람은 2007년 8월 어느 날 은행에서 적지 않은 금액을 부도내고 도망갔다. 그는 하루아침에 경제사범이 되었고, 교회에 그림자도 비추지 못하게 되었다. 아무도 그를 교회에서 쫓아낼 수 없었지만, 하나님이 그를 직접 내어쫓으신 것이다. 그리고 나중에는 뇌경색으로 쓰러졌다. 물론 시간이 지나면서 어느 정도 회복되었으나 약간 어눌한 상태는 계속되었다고 한다.

꿈은 이루어져야 해석이 확증될 수 있다. 꿈보다 해몽이란 말이 있지만, 우리에게는 해몽보다 실현이 더 중요하다. 하지만 꿈을 통해 보고 들을 때, 우리는 앞으로 일어날 일에 대해 먼저 판단을 할 수 있어야 한다. 그러면서 하나님의 뜻을 먼저 알고 준비해야 한다. 이러한 수준에 이른다면, 그 사람은 좀 더 하나님이 원하시는 방향으로 살아갈 수 있을 것이다.

모두의 꿈과 환상에 대한 해석

우리는 꿈과 환상을 신중하게 해석하여야 한다. 가장 중요한 문제는 꿈과 환상에 대해 가치를 부여하는 일인데, 이는 꿈과 환상에 진위여부를 비롯하여 경중을 객관적으로 가릴 수 없기 때문이다. 이에 따져보아야 할 것이 많기에 해석에 있어서도 신중하여야 한다.

이와 연관해, 나는 언젠가 신학대학교 제자와 이야기를 나눈 적이 있다. 꿈을 자주 꾸고 환상을 자주 보던 그녀는 나에게 얼마나 자주 꿈을 꾸고 환상을 보는지 물었다. 그래서 나는 하나님이 보여주신 것이 이루어지기 전에는 다른 꿈이나 환상을 거의 보여주시지 않는다고 대답했다.

물론 나는 꿈과 환상을 통해 하나님의 음성을 자주 듣는 것을 부정하지는 않는다. 하나님이 각 사람에게 음성을 들려주시는 방법이 서로 다를 수 있기에, 꿈과 환상도 방법이 될 수 있다는 것은 인정한다. 하지만 자주 본다고 해서 좋을 것은 없는데, 하나님의 일을 하는 데 있어 해석과 실현의 문제를 제대로 파악하기 힘들기 때문이다.

결론적으로 꿈과 환상은 이루어져야 해석이 끝난다. 하나님이 그의 종에게 구체적으로 전해주시든 아니면 원칙적인 이야기만 하시든, 중요한 것은 꿈이나 환상의 의미를 해석하는 것이다. 그리고 우리의 해석은 결과에 따라 평가될 것이다.

4. 기적에 대한 해석

성경은 기적에 대해서도 서술한다. 하나님은 기적을 통해서 당사자에게 나름대로 자신의 뜻을 드러내시면서 음성을 들려주시기도 한다. 이는 하나님이 함께 하시는 증거이기도 하기에 기적에 대한 해석 역시 중요하다.

알고 보면 당연한 기적

성경에 나오는 기적 가운데 가장 큰 것은 아마도 홍해를 가른 사건일 것이다. 모세가 애굽에서 노예생활을 하는 이스라엘 백성을 이끌고 홍해를 건넌 사건이다. 하지만 이 사건은 철저하게 계획된 사건을 신학적으로 해석하고 신앙적으로 고백한 것이다.

출애굽기에 의하면, 하나님은 모세에게 가야 할 방향을 지시하셨다 (출 14:1—4). 이는 바다와 믹돌 사이의 비하히롯 앞 곧 바알스본 맞은 편 바닷가에 장막을 치라는 것인데, 모세는 들은대로 남쪽으로 내려가 사막으로 백성을 인도했다. 이로써 출애굽기저자는 모세가 하나님의 음성에 순종한 것으로 서술했다.

출애굽 당시 애굽의 라암셋에서 가나안 땅으로 가기 위해서는 동쪽으로 가야 했다. 하지만 국경수비대 때문에, 쉽게 통과할 수 없었다. 이에 모세는 백성을 남쪽의 사막으로 데리고 갔는데, 그곳으로 가면 사막에 갇혀 죽을 수밖에 없었다. 더욱이 거기서 가나안으로 갈 수 없었고, 뒤에는 애굽의 군사들이 좇아오고 있었다. 이는 기대했던 것과 완전히 반대되는 모습을 보여준다.

하나님은 사람들이 궁지에 몰렸을 때 기적을 보여주신다. 이를 통해 자신이 살아계시고 역사하신다는 것을 보여주신다. 사막과 바다 사이에 갇힌 모세와 이스라엘 백성에게도 마찬가지였다. 이는 하나님이 함께 계신다는 것을 보이기 위해 계획된 상황이었다는 사실이 드러날 것이다.

출애굽기는 화를 내던 이스라엘 백성 앞에서 하나님이 모세에게 말씀하셨다고 서술한다. 그때 지팡이를 들고 손을 바다 위로 내밀면서 백성에게 "하나님이 하시는 일을 보라!"고 말하게 했다. 그러자 바다가 갈라졌고, 그들은 무사히 건너갈 수 있었다. 하나님의 음성을 듣고 순종한 결과 그들은 홍해 건너편으로 탈출하여 목숨을 건질 수 있었다.

사실 홍해도하사건은 자연의 현상을 이용한 것이다. 모세와 이스라엘 백성이 이르렀던 지역은 '십계'라는 영화에 표현되는 것과 같이 깊은 바다는 아니었다. 지금은 수에즈 운하로 인해 당시의 모습은 사라졌지만, 밀물과 썰물로 인해 바다가 갈라지는 곳이었다. 조수간만이 일어나는 다른 장소와 별 다를 바 없는 곳이었다.

더욱이 이스라엘 백성이 탈출한 시기는 유월절 때였다. 이는 아빕월로 음력 이월 보름 곧 양력 4월경으로 간만의 차가 가장 심한 사리의 시기였다. 이로 인해 물이 빠지면서 바다의 바닥이 육지처럼 드러나면서 가장 넓은 길을 만드는 시기였다. 마치 한국의 경우 진도에서 모도까지 일어나는 현상과 같은 것이다.

하지만 내륙에서 살았던 이스라엘 백성은 바다가 길을 내는 것에 대해 알 리가 없었다. 달과 지구 사이의 인력에 의해 일어나는 밀물과 썰물의 현상에 대해 알지 못했던 당시 그들은 하나님이 자기들을 위해 베푼 기적으로 이해했을 것이다. 아무튼 죽을 수밖에 없는 상황에서 이러한 일을 경험했으니, 더더욱 놀랍고 신비한 사건이 아닐 수 없었다.

사실 모세는 거기서 그러한 현상이 일어나는 것을 미리 알았다. 이전에 건너편 미디안 광야에서 장인 이드로의 양을 치면서 돌아다닐 때, 조수간만의 차로 인해 바다에 길이 열리는 것을 알았다. 그리고 그는 애굽으로 돌아와 이스라엘 백성을 탈출시킬 때, 가나안으로 가는 동쪽 길을 택하지 않고 일부러 남쪽으로 내려와 자기가 봐 두었던 곳으로 인도한 것이다.

중요한 사실은 출애굽이 일어난 지 수백 년 후에 홍해도하사건을 신학적으로 기록한 것이다. 출애굽기저자는 이를 하나님의 명령에 순종한 결과 일어난 기적으로 서술하면서 중요한 순간마다 모세가 하나님의 말씀을 따라 행한 것으로 적은 것이다. 이는 기록할 당시에도 이해하지 못했던 자연의 현상에 대한 당연한 서술이었다. 이처럼 유대인들은 특별한 사건을 하나님의 음성에 따라 일어난 것으로 신학적인 해석을 하곤 했다.

이처럼 자연에서 일어나는 사건을 하나님과 연관시켜 이해할 때 이는 기적으로 서술될 수 있다. 우리는 지금도 이전에 경험하지 못했던 일이나 거의 일어나지 않는 일을 만나곤 한다. 우리 기독인은 이를 기적으로 규정하면서도 한 걸음 더 나아가 하나님이 숨겨 놓은 원리를 발견하고자 해야 할 것이다.

나도 겪은 기적

오늘 우리도 하나님의 기적을 만날 수 있다. 우리가 알지 못하는 현상을 만나면, 이를 기적으로 표현하곤 하지만, 하나님이 자연에 이미 심어 놓으신 현상에 지나지 않을 수 있다. 그럼에도 불구하고 이를 알지 못할 때는 하나님이 일으키신 기적으로 보는 것이다.

나도 치유의 은사를 하나님의 능력으로 해석한다. 예를 들면, 나에게 조카뻘이 되는 여자 아이가 초등학생 때 청력을 잃어버릴 뻔 했다. 나는 미국에 유학하다가 목사안수를 받기 위해 귀국했던 1990년 이에 대한 소식을 들었는데, 당시 의학으로 원인을 알 수 없었기에 치유도 거의 불가능한 상태였다.

나는 그 아이가 입원해 있던 서울의 대학교부속병원에 갔다. 그리고 그의 귀에 손을 얹고 기도했지만, 당장 기적적인 치유는 일어나지 않았다. 그래도 그의 어머니는 나에게 계속 기도해 줄 것을 부탁했고, 나도 박사과정을 위해 미국에 돌아가서 계속 기도했다. 나의 기도가 그 아이에게 치유의 힘을 보탤 수 있기를 바랐다.

그러던 어느 날 하나님은 "내가 고쳤노라!"하는 음성을 들려주셨다. 이에 한국에 문안전화를 드릴 때마다 그 아이의 상황에 대해 물어보곤 했다. 그러다가 그 아이가 청력을 회복했다는 반가운 소식이 날아들었다. 당시 이비인후과분야에서 가장 권위가 있는 주임교수도 놀랄 정도로 기적과도 같이 치유된 것이다. 이는 전적으로 하나님이 그 아이의 청력문제를 해결해 주신 것이다.

사실 오늘도 과학으로 설명되지 않는 일들이 일어나곤 하는데, 현대의학으로는 고칠 수 없는 희귀병 혹은 난치병 환자가 기적적으로 치유되는 경우가 있다. 이때 환자는 자기가 믿는 신이 고쳐주셨다고 해석하곤 한다. 기독인이라면 하나님이 치료해 주셨다고 말할 것이고, 불자이면 부처님이 치료해주셨다고 말할 것이고, 무속인이라면 산신령이 고쳐주었다고 말할 것이다. 하지만 이러한 치유는 우리가 아직 알지 못할 뿐 언젠가는 하나님이 이미 사람의 몸에 심어놓으신 법칙에 따라 일어난 것이라는 사실이 밝혀질 것이다.

보아야 할 기적

대부분의 사람들은 기적을 바란다. 기적에 대한 기대치가 클수록 사실 기적은 일어나지 않는다. 하지만 사실 기적이 일어나지 않는 것이 아니라 우리가 기적으로 보지 못할 뿐이다. 이에 관점을 넓혀 보면, 우리의 삶 가운데 기적으로 여겨질 수 있는 일들이 상당히 많다.

하나님은 기적과 연관해 음성을 들려주셨을 뿐만 아니라 치유를 통해 실증해 보이시곤 한다. 하나님이 살아계셔서 음성을 들려주시면서 인도하신다는 사실을 분명하게 보여주시는 것이다. 이에 우리 기독인은 음성을 통해 귀로 듣고 기적을 통해 눈으로 보면서 믿음 곧 신앙의 본질에 대해 실증적인 접근을 해야 할 것이다.

결론적으로 기적이 일어날 때 우리는 하나님과 연관해 해석하여야 한다. 하나님에 의해 특별한 사건이 기적적으로 이루어진다고 믿는 것이 바로 믿음 곧 신앙의 본질이다. 신비한 현상은 물론 일상적인 현상까지도 하나님과의 관계성 안에서 해석해야 한다. 그러면서 수혜자는 하나님이 자기에게 말씀해주시면서 이루어주셨다고 해석하는 것이다.

5. 특별한 사건에 대한 해석

성경은 사람들의 삶 속에서 일어나는 모든 원리를 기록하고 있다. 이들은 하나님과 연관해서 서술되어 있는데, 구약성경은 하나님이 이스라엘 백성을 위해 하신 일을 서술하고 신약성경은 하나님이 복음사역자를 위해 하신 일을 서술한다. 우리도 오늘 우리의 삶 가운데 일어나는 일들을 하나님과 연관해서 해석하고 서술하여야 한다.

삼세번의 인생

사람은 특별한 사건을 경험하기도 한다. 하지만 중요한 것은 그러한 사건을 하나님의 관점에서 보면서 믿음을 가져야 한다는 것이다. 이때 그 사건은 그 사람을 향한 신앙적인 사건이 된다. 그렇게 해석하고 살아가는 경우가 많으면 많을수록 그 사람은 하나님에 대한 믿음을 더욱 가질 수 있다.

이와 연관해, 내가 미국에서 유학하던 시절 겪었던 일을 소개하고자 한다. 내가 다니던 교회에 권사 한 분이 있었는데, 그녀는 다 좋은데 자기 남편이 하나님을 믿지 않는 것에 대해 안타까워했다. 그러다가 나에게 자기 남편이 하나님을 믿을 수 있게 해달라고 부탁했다. 나는 그녀의 집을 방문하여 남편과 이야기를 나누었는데, 그 사람은 세 번이나 죽음의 위기를 모면했다고 말했다.

한 번은 한국전쟁 당시의 일이었다. 청년이었던 그는 서울에서 인민군에게 붙잡혀 화신백화점 삼층으로 끌려가 납북을 당할 상황이었을 때 갑자기 지혜가 떠올랐다. 이에 자기 앞에서 문밖으로 나가던 당간부를 따라나서자 경비병이 당연히 제지했다. 이때 그는 앞에 나가던 당간부를 가리키면서 "저 분의 비서입니다."라고 말하고는 통과되어 도망갔다.

두 번째로 그가 월남에 기술자로 자원해서 갔을 때의 일이다. 어느 날 군인들을 따라 건설현장으로 가다가 짐차가 지뢰를 밟는 바람에 많은 사람들이 죽거나 다쳤다. 바로 자기 앞에 있던 기술자도 목숨을 잃었는데, 신기하게도 자기는 하나도 다치지 않은 것이다. 이에 한국에 있는 가족에게 자기가 무사하다는 것을 알리기 위해 방법을 찾던 중 신문기자와 인터뷰를 하여 신속하게 알릴 수 있었다.

세 번째로 그는 중동에 파견되었을 때도 죽을 뻔 했다. 큰 관을 땅에 묻는 위험한 작업을 하고 있었는데, 줄이 끊어져 그 관이 자기를 향하여 떨어졌다. 그때 그는 관에 깔려 죽을 수밖에 없는 상황에 처했지만, 주변에 있던 자그마한 공간으로 재빨리 몸을 피해서 목숨을 건졌다. 그리고는 계약이 만료될 때까지 중동에서 일하고 많은 돈을 벌어 귀국할 수 있었다.

그는 자기가 겪은 일에 대해 나름대로 해석했다. 정말 죽을 수밖에 없는 상황에서 세 번이나 살아날 수 있었기에 자기는 행운아였다고 말했다. 자신은 그러한 경험들을 통해 삶에 대한 애착을 가지면서 살아간다고 말했다.

나는 그의 이야기를 들은 후 나름대로 해석해 주었다. 그러한 사건들을 하나님과 연관시켜 해석하는 것이 신앙이라고 말해 주었다. 하나님이 그러한 사건들을 통해 그를 관장하고 계시는 것을 보여주셨고 이를 믿는 것이 신앙이라고 강조했다. 내가 말로 해석하는 것보다 그 자신이 더 절실하게 느낄 수 있던 상황이었다.

그는 나의 해석을 듣고 자기도 사람의 힘이 아닌 것을 인정했다. 하지만 하나님의 도우심과 인도하심이라고 믿기는 어렵다고 말했다. 그가 그렇게 생각하고 받아들이지 않는데, 내가 더 이상 그를 설득할 수 있는 길은 없었다. 그는 하나님에 대한 신앙을 가질 수 있을 정도의 종교성이 없었던 것이다.

사람이 하나님의 존재를 인정하는 것은 참으로 힘들다. 하지만 믿음은 거창하게 우리에게 다가오는 것은 아니다. 작은 일이라도 하나님과의 연관성 속에서 해석하는 가운데 자라는 것이다. 그러다 보면 더 크고 중요한 일들을 하나님의 관점에서 바라보고, 해석하고, 교훈을 얻어 살아가게 된다. 이러한 일이 많으면 많을수록 하나님에 대한 믿음이 커지는 것이다.

예비자가 된 동료

나 역시 나의 삶 속에서 일어나는 일들을 하나님과 연관해 해석하곤 한다. 지난 1997년 신학박사과정 가운데 마지막 관문인 논문구술시험을 치룰 때, 나는 하나님이 준비한 사건을 경험했다.

논문구술시험을 준비하면서 객관적인 평가를 먼저 듣고 싶었다. 그래서 당시 입학동기 한 사람에게 내 논문을 읽고 비평해 달라고 부탁했으나, 그는 자기가 바쁘기 때문에 다 읽을 수는 없고 내가 가장 중요하게 여기는 부분만 읽어보겠다고 했다. 그래서 나는 '하나님의 나라'에 대한 부분을 건네주었고, 그는 나름대로 비평해 주었다. 그런데 이것이 결정타가 될 줄은 나도 몰랐다.

논문구술시험 당일 나는 긴장된 마음으로 시험장에 들어섰다. 주심 한 분, 부심 두 분, 그리고 객관적인 판단을 위해 다른 과의 교수 한 분이 사회자로 와 있었다. 질문시간이 시작되자 부심 가운데 가장 실력이 있던 분이 "너의 논문이 가지는 논리적인 약점을 지적하고, 이에 대한 해법을 제시하라!"고 말했다. 이러한 질문을 받은 순간 나는 당황하지 않을 수 없었다. 자신이 쓴 논문의 약점을 스스로 지적하고 이에 대한 해결책을 제시할 수 있는 사람이 있을까?

그때 하나님은 나에게 동료가 비평했던 내용을 생각나게 하셨다. 그래서 나는 이를 지적하고 이에 대한 해법도 제시하자 질문을 던졌던 교수는 무릎을 치면서 자기가 생각했던 것이 바로 그것이라고 말하면서 크게 만족했다. 이에 더하여, 자기가 가지고 온 두 번째 질문과 세 번째 질문에 대해 이야기하면서 거기에 대한 답도 자기가 말했다. 이에 다른 교수들은 별로 질문할 것이 없게 되었고, 논문구술시험은 기적과도 같이 끝났다.

나는 논문구술시험에 있어 최고의 평가를 받았다. 이러한 과정을 통해 나는 하나님이 나와 함께 하셨다고 확신했는데, 마지막 관문을 넘을 수 있도록 나의 동료를 천사로 준비해 주신 것이다. 이렇게 하나님은 마지막 관문을 기적과도 같이 통과하게 하셨다.

본인도 놀란 종합시험

이러한 일은 모든 사람에게 일어날 수 있다. 나의 지인 가운데 불어권에서 방송학으로 박사학위를 받은 사람이 있는데, 그도 나와 비슷한 경험을 했다. 그는 일 년 반 만에 수업과정을 모두 마치고 종합시험을 치르고자 했다. 하지만 걱정이 이만저만이 아니었는데, 충분하게 준비되어 있지 않았기 때문이었다. 그래도 빨리 끝내고 싶어서 조금은 모험적인 도전을 시도했다.

그런데 시험을 치르기 며칠 전 그는 꿈속에서 시험지 한 장을 보았다. 거기에는 문제들이 몇 개 출제되어 있어 그것들을 다 외웠다. 그리고 잠에서 깨어난 후, 문제들에 대한 답을 만들었다. 그리고 며칠 후 종합시험지를 받아보았을 때, 그는 놀라지 않을 수 없었다. 그가 꿈에서 본 문제들이 그대로 출제된 것인데, 이는 정말 기적이 일어난 것이다.

그는 이러한 이야기를 하면서 나름대로 해석했다. 자기가 유학하는 동안 하나님 앞에 잘 한 것이 별로 없지만, 한 가지 있었다면 매주일 여러 사람들을 차에 태워 교회에 갔다는 것이다. 하나님이 자기의 그러한 봉사와 헌신을 좋게 보시고 기적 같은 일을 일으키신 것 같다고 말했다.

그의 해석은 옳을 수도 있고 허황된 것일 수도 있다. 하지만 영적인 관점에서 그의 해석은 옳다. 내가 논문구술시험에서 경험한 것과 같다. 아무튼 신비한 경험은 하나님에 대한 믿음을 더 가지게 했는데, 이렇게 해석하는 것이 곧 기적을 경험하는 것이요 믿음을 쌓아가는 것이다.

결론적으로 우리는 삶 속에서 특별한 사건들을 경험할 때마다 신앙적인 관점에서 기적으로 보고 해석해야 한다. 자신에게 일어나는 일들을 하나님과 연관해서 해석하고 평가할 때, 믿음이 자라고 신앙의 본질을 찾게 된다.

6. 신앙적 해석

성경은 하나님이 다양한 방법을 통해 들려주시는 음성에 대해 해석하여야 한다고 가르친다. 이러한 해석은 하나님에 대한 믿음을 가지게 한다. 오늘 우리는 성경과, 직접적인 음성, 혹은 꿈과 환상에 대하여 해석하여야 한다. 더욱이 주변에서 일어나는 신비한 사건과 현상에 대해서도 해석하여야 한다. 하나님이 구체적으로 알려주시기보다는 원칙적인 관점에서 알려주실 때 해석을 꼭 해야 한다.

여러 가지 방법 가운데 우리는 성령의 인도를 받아야 한다. 그렇지 않으면 우리는 자의적으로 해석하게 되고, 하나님의 뜻보다는 자기의 생각을 따르게 된다. 이는 하나님의 음성을 듣지 못한 것보다 좋지 못한 결과를 낳을 수도 있다. 하지만 성령이 인도하는 대로 해석한다면, 반드시 하나님의 뜻을 이루는 결과를 가져올 것이다.

　마지막으로 우리는 올바른 해석을 통해 자신뿐만 아니라 교회를 하나님의 뜻에 맞게 세워야 한다. 이는 곧 하나님의 음성이 주는 결과를 맺는 방법으로 우리가 추구하여야 할 개혁의 방향이다. 우리는 갈 길을 잃은 한국교회를 향하여 하나님이 지금도 음성을 들려주시는 것에 귀를 기울여야 한다. 이것만이 우리 모두가 영적으로 살아날 수 있는 방법이다.

제6장 들음의 삶

이 예언의 말씀을 읽는 자와 듣는 자와
그 가운데 기록한 것을 모두 지키는 자는
복이 있나니 때가 가까움이라
(요한계시록 1:3).

들어가는 글

앞장에서 나는 하나님의 음성을 들으면 이를 해석해야 한다고 설명했다. 이제 여기서는 들음의 해석을 통해 알아낸 하나님의 뜻을 실천하는 가운데 가져야 할 자세에 대해 서술할 것이다. 더불어 하나님의 음성을 들은 사람의 특성에 대해 서술할 것이다.

하나님의 음성을 듣고 사는 사람은 몇 가지 특징을 보여준다. 하나님의 음성을 통해 알게 된 뜻에 순종하며, 하나님이 공급하시는 것을 받아 살아가며, 하나님이 주시는 소망을 가지고 살아간다. 물론 이와는 다른 성격도 보여주겠지만, 나는 이것들을 중요하게 여긴다. 하나님의 음성을 듣고 살아가는 사람은 과거와 현재 그리고 미래 모두 남다른 은혜를 누리며 살아간다.

하나님은 음성을 들려주시면서 모든 책임을 지신다. 자신의 일을 맡은 사람을 그냥 내버려 두시지 않는다. 그렇지 않다면, 사람들이 하나님께 헌신할 수 있을까? 하나님의 음성대로 산 사람은 하나님이 책임지시기에 무한히 신뢰하며 살아가게 된다. 이것이 믿음대로 살아가는 사람만이 누리는 복이다.

1. 순종의 자세

성경은 처음부터 마지막까지 모든 사람이 하나님께 순종하여야 한다고 가르친다. 하나님은 사람에게 음성을 들려주시면서 순종하라고 요구하신다. 성경은 순종의 삶을 산 사람과 그렇지 않은 사람에 대한 사례들로 가득 차 있다. 이에 우리는 믿음의 선배들을 닮아 하나님이 들려주신 음성에 순종하여야 한다.

불순종하는 본성

성경은 사람이 근본적으로 하나님께 불순종하는 존재라고 전한다. 최초의 사람인 아담과 하와는 에덴동산에서 많은 것을 누렸지만, 뱀의 유혹을 받고는 하나님의 계명을 어기고 선악과를 먹은 후 쫓겨나 죽음에 이르렀다 (창 2—3장). 이는 사람이 하나님의 음성을 듣고 순종하기보다는 불순종하는 본성을 가지고 있다는 메시지를 전한다.

아담과 하와의 타락이야기는 역사적으로 에덴동산에서 일어난 일일 수도 있지만, 오히려 사람의 본성을 신학적으로 서술한 이야기다. 핵심은 과거에 아담과 하와가 불순종한 것처럼 지금도 사람들이 하나님의 음성을 듣지 않고 거역한다는 것이다. 이러한 점에서 이는 오늘을 살아가는 사람에 대한 신학적인 이야기이다.

반면에, 하나님의 음성을 듣고 이를 지키는 사람에 대한 이야기도 있다. 예수 그리스도가 십자가에 죽기까지 순종한 것은 가장 표본적인 것이다 (막 14:36; 빌 2:8; 갈 2:20). 그는 아담이 에덴동산에서 잃어버린 성품을 회복하시는 분으로 서술되는데, 이 역시 신학적인 해석에 따른 신앙적인 고백이다.

이보다는 못하지만, 그래도 모든 교인들도 따를 수 있는 표본으로 집사 빌립은 하나님이 지시하는 대로 순종한 사람들 가운데 하나다 (행 8장). 사자를 통해 남쪽으로 내려가라고 할 때, 그는 아무런 토도 달지 않고 그대로 순종했다. 정확히 어디로 가야 할 지, 어떤 일을 당하게 될 지, 언제 누구를 만나게 될 지 모른 채 그냥 순종한 결과 에디오피아의 내시를 만나 전도할 수 있었다.

들음과 순종은 동전의 양면이다. 이들이 하나로 이어질 때, 우리는 진정 하나님을 믿는다고 말할 수 있다. 하나님의 음성을 듣고 순종하는 사람과 불순종하는 사람은 결과를 통해 구별된다. 하지만 하나님의 음성을 따를 때, 사람들은 많은 어려움을 겪기에, 하나님의 음성을 듣고 순종한다는 것은 결코 쉬운 일이 아니다.

싫어도 순종

하나님의 음성에 대해서는 싫어도 순종하여야 한다. 예를 들면, 내가 명도소송에 져서 사택을 내주고 2009년 3월 9일 다른 처소를 구해 나갔을 때의 일이다. 내가 이사를 간 곳은 아파트의 9층으로 승강기에서 내리면 이전에 나로 하여금 눈물을 흘리게 한 목사가 시무하는 교회가 보였다. 당시 화가 아직 가시지 않았던 나는 그 교회를 볼 때마다 그 목사를 저주했다.

내가 저주를 하면 화가 임할 것으로 생각하고 어느 날 다시 저주했다. 그 순간, "저주하지 말고, 내게 맡겨라!"는 음성이 들렸다. 나는 깜짝 놀라 주변을 살펴보았지만, 아무도 없었다. 하나님이 나를 꾸짖으신 것이다. 그때 나는 인간적으로는 싫었지만, 신앙적으로 나의 잘못을 뉘우치고 하나님께 용서를 구했다. 그리고 순종하는 마음으로 더 이상 저주하지 않았다.

하나님의 음성을 들은 나는 자신을 뒤돌아보았다. 그동안 저주하면서 마음은 강퍅해지고 피폐해진 사실을 알았다. 이에 그 목사를 향해 저주하기를 멈추었지만, 행복하지는 않았다. 하지만 이후 나의 마음은 순화되었고 평안해졌다. 이처럼 하나님이 들려주신 음성에 순종하면, 좋은 결과가 나타난다.

필수적인 배우자의 순종

더욱이 하나님의 음성을 듣고 순종하는 데 있어 기혼자인 경우 배우자의 내조가 필수적이다. 아무리 목회자가 하나님의 음성을 듣고 순종하려 해도, 배우자가 맞추어 주지 못하면 감당할 수 없다. 많은 목회자들이 실패하는 이유가 바로 여기에 있다.

영적인 것을 이해하지 못하는 배우자는 하나님의 일에 걸림돌이 된다. 그러한 경우에는 자기의 배우자에게 하나님이 들려주신 음성에 대해 이야기를 하지 말든지 사명을 포기하든지 해야 한다. 그렇지 않으면 배우자는 오히려 하나님의 영광을 가리는 존재가 될 뿐이다. 이는 영적인 길을 함께 가야 한다는 의미다.

하나님이 나에게 주신 은혜가 많지만, 그 가운데 아내를 제일 먼저 들곤 한다. 나의 아내는 내가 악한 세력에 대항하며 싸우는 동안 흔들리지 않고 함께 해 주었다. 물론 남편인 나를 신뢰하고 사랑하기 때문에 그렇게 했겠지만, 더 중요한 것은 나의 아내 역시 하나님의 음성을 들었기 때문이다.

이미 앞에서 언급한 바와 같이 나와 아내는 자기 나름대로 하나님의 음성을 듣고 순종하고 있었다. 지난 2005년 교회를 깨끗이 청소하라는 음성을 들었고, 2006년에는 마침내 크게 쓰일 것이니 끝까지 견디라는 예언을 들은 바 있다. 이에 흔들림이 없는 믿음으로 하나님이 주신 사명을 감당하고 있었다.

그러던 지난 2008년 5월 17일 하나님은 교회의 일과 연관해 아내에게 음성을 들려주셨다. 그날은 대구지방법원에서 진행된 시무해임무효확인소송에서 패소한 다음날이었기에 우리는 침울한 상태에 있었다. 앞으로 닥칠 일에 대해 걱정하니 하늘이 무너지고 땅이 꺼지는 듯 했다.

그날 아내는 평소와 다름없이 주방에서 점심식사를 준비하고 있었다. 그때 하나님이 갑자기 "네가 염려하기 전에 내가 네 자녀들이 있어야 할 곳에 있게 했으니, 너는 이 일에 전념하라!"는 음성을 들려주셨다. 자녀에 대한 걱정으로 받은 사명을 감당하지 못할까 봐 안심시켜 주신 것이다.

우리는 이것을 하나님이 들려주신 음성으로 금방 확인할 수 있었다. 왜냐하면 군대에서 후반기교육을 받던 아들이 국방부 헌병대대에 배속되면서도 행정병으로 근무했기 때문이다. 우리 아들은 뒤를 봐주는 사람이 없는데도 불구하고 한국군 가운데 가장 편한 자리에서 복무하다가 제대했는데, 이는 전적으로 하나님의 은혜였다.

또한 당시에 우리 딸은 수능시험을 치르지 않고 면접을 통해 대학교에 합격하고 첫 학기를 다니던 중이었다. 그리고 새로 지은 기숙사에 입사하였기에 안전에 대한 염려를 덜어주었다. 동료 학생들 사이에서도 주눅이 들지 않고 당당하게 살고 있었다. 이 역시 하나님의 은혜였다.

우리는 이러한 일들을 상기하고는 하나님이 우리의 자녀들을 인도하셨다는 사실을 확인할 수 있었다. 그러한 때 하나님은 나의 아내에게 음성을 들려주시면서 안심을 시키신 것이다. 이로써 우리는 하나님이 함께 하신다는 사실을 다시 한 번 확인했다.

가족들의 순종

하나님의 음성을 통한 약속은 이후에도 계속 이루어졌다. 지난 2016년 초반 아들은 자기가 다니던 회사가 문을 닫게 될 것이라는 소식을 듣고 불안에 휩싸였다. 나와 아내는 아들에게 다른 곳도 알아보라고 조언하는 방법 외에 달리 말해 줄 것이 없었다. 그러다가 결국 5월말로 문을 닫게 되었다.

그때 나는 아들에게 하나님이 나의 아내 곧 아들의 어머니에게 하신 약속을 상기시켰다. 이를 강조하면서 하나님이 아들에게 좋은 길을 열어주실 것이라고 말했다. 하나님이 약속을 지키지 않으시면, 우리는 하나님을 믿을 수 없다고 말했다. 이처럼 우리에게 신앙은 실존적인 문제였다.

그리고 며칠 지나지 않은 6월 초에 경쟁업체에서 나의 아들에게 면담을 하자고 연락해 왔다. 이에 인사담당자와 만나 이야기를 나누었는데, 이미 많은 정보를 알고 있었던 것 같다. 아무튼 나의 아들은 그 회사에서 일하기로 했다. 이는 하나님이 들려주신 음성이 분명한 약속이었다는 사실을 확인시켜 주는 사건이었다.

우리는 자녀교육도 하나님의 음성을 바탕으로 해야 한다고 생각한다. 그렇게 할 때, 자녀들을 진정 믿음의 길로 인도할 수 있다. 이것이 바로 가정에서 이루어져야 할 신앙교육이다. 어느 누구도 이보다 더 나은 교육을 할 수는 없는데, 자녀가 큰 다음에도 이루어져야 할 귀중한 것이다.

나의 아내는 하나님의 음성을 들은 후, 더욱 더 맡겨주신 일에 매진했다. 그러면서 힘든 생활 가운데서도 지금까지 불평 하나 하지 않고 매일매일 하나님의 뜻을 이루기 위해 살았고, 오히려 내가 흔들릴 때마다 나를 붙잡아주곤 했다. 이처럼 아내는 남편인 나와 자녀들을 신앙으로 묶어 굳건하게 선 가정을 만들었다.

힘든 순종의 기다림

하나님의 음성을 듣고 순종하는 일은 힘들다. 특히 나를 지지하던 분이 하나님의 음성과는 다른 방향으로 조언할 때는 더욱 힘들었다. 물론 그들은 좀 더 나은 길을 위해 말을 했지만, 그래도 하나님의 뜻을 제대로 이해하지 못할 때는 무척 힘들었다.

악한 세력에 대항해 함께 한 장로 한 분이 있었다. 그는 내가 총회재판국에서 재판을 받을 때, 교회에서 일어나는 불의한 일에 대해 과감히 증언했다. 이로 인해 악한 세력으로부터 장로직을 사임하라는 압력에 시달렸음에도 불구하고 견디어냈다. 그러면서 한국교회의 앞날을 염려하며 희생을 당하고 있던 나를 경제적으로 도와주기도 했다.

그런데 몇 년이 지난 어느 날 그는 조심스럽게 나에게 말했다. "하나님의 음성을 따라 산다는 목사님의 영성을 인정하기는 하겠지만, 이렇게 오랜 시간 낭비하는 것은 이해할 수가 없습니다." 나는 그가 진심어린 마음으로 권면한 것으로 알지만, 나의 신앙을 제대로 이해하지 못하는 것으로 인해 섭섭하기도 했다. 그럼에도 그에게 감사하는 마음으로 '고린도일서에서 육서까지'를 헌정했다.

아버지의 권유도 뿌리친 순종

나의 아버지도 나에게 새로운 길을 권하기도 했다. 심지어 자신이 은퇴한 교회의 후임목사가 다른 곳으로 떠나자, 나에게 그곳에서 목회할 마음이 있는지 묻기도 했다. 하지만 "하나님이 다른 교회에 가라고 말씀하신 적이 없습니다."라고 대답하면서 아버지의 근심을 해결해 드리지 못했다.

이에 대해 나의 아버지는 아무런 말씀도 하지 못했다. 왜냐하면 그는 2001년 내가 교수직에서 목회직으로 나갈 때 하나님의 음성을 듣고 순종한 사실을 알고 있었기 때문이다. 그럼에도 불구하고, 아버지로서 아들이 고생하는 것을 보기에 마음 아파했지만, 나의 신앙을 이해하려 했다.

하나님의 음성을 따라 사는 것은 외로운 일이다. 예를 들면, 내가 노회에서 압박을 받을 때, 그래도 상식적인 목사 한 사람이 나를 찾아와 "왜 도와주려는 사람이 한 사람도 없느냐?"라고 말했다. 나는 이에 대해서 아무런 대답을 하지 않았다. 왜냐하면 그 사람도 하나님의 음성을 듣기보다는 인간적인 관점에서 나에게 접근했기 때문이다.

아무리 외롭다 하더라도 우리는 하나님이 들려주신 음성을 따라 순종하여야 한다. 그것이 이루어질 때까지 순종의 길을 걸을 때, 분명 하나님은 약속하신 것을 이루신다. 이러한 확신이 없고 순종할 자신이 없다면, 처음부터 이러한 일을 하지 않는 것이 더 낫다.

그래도 힘든 순종

하지만 지속적으로 하나님의 음성에 순종하는 것은 쉬운 일이 아니다. 더 이상 감당할 수 없는 상황에 이르러서 나는 성경을 바탕으로 해석하면서 문제를 해결해 나가기로 했다.

총회재판국에서 담임목사직에 대해 시무해임을 당한 후, 많은 사람들은 나에게 신학대학교나 선교단체에서 가르치라고 권하곤 했다. 그러한 이야기를 들을 때마다 나는 우선 그들에게 감사하다고 말하면서도 "나에게 하나의 목표가 있는데, 이는 하나님이 내게 들려주신 음성에 순종하면서 과연 약속대로 이루어지는지 확인하는 것입니다."라고 대답했다.

나는 하나님의 음성을 따라 온갖 어려움에도 불구하고 순종하고자 했다. "아직 끝나지 않았으니 기다리라!"는 음성을 듣고 실행하는 것은 매우 어려운 일이었지만, 이 책을 쓸 때까지 십삼 년 동안 인고의 세월을 몸과 마음으로 감당했다. 하지만 더 이상 기다리기 힘든 상황이 왔을 때, 나는 차선의 방법을 택해야 했다.

성경은 나의 삶에 있어 표본이다. 그렇기에 나는 하나님의 음성을 들은 대로 기다리다가 더 이상 감당하기 어려운 상황에 이르렀을 때, 성경에서 합당한 표본을 찾아 해석하며 결정한 것이다. 이런 경우는 대개 경제적인 문제이기에 결정하기 힘들었지만, 나는 창세기에 서술된 요셉을 표본으로 삼아 순종하는 마음으로 살았다. 이에 대해서는 조금 후에 좀 더 자세하게 서술하기로 하자.

어느 성도의 순종

내 주변에는 하나님의 음성에 순종하고자 하는 사람들이 좀 있다. 특히 나에게 힘을 더해 준 사람이 있는데, 일찍 남편을 잃은 어느 여집사 한 분이 그러했다.

그녀는 과부가 된 후, 삼 년 동안 슬픔에 잠겨 있었다. 어느 개척교회에 다니면서 마음의 위로를 얻고자 했지만, 재산을 탐내는 목회자에게 실망하여 깊은 시름에 빠졌다. 그러다가 그녀는 하나님이 환상 가운데 성경 위에 쓰인 내 이름을 보여주셨다. 이에 하나님의 뜻으로 알고 내가 목회하던 교회로 왔다.

그녀가 처음부터 내 앞에 나타난 것은 아니었다. 남에게 드러내지 않고 한 동안 예배에 참석하며 자신이 해야 할 일만 감당했다. 그러던 가운데 교회에서 분쟁이 났을 때, 그녀는 용기를 내어 악한 세력에 맞서 목소리를 냈다. 그들의 겁박에 두려웠음에도 불구하고 나름대로 하나님 앞에서 바로 서고자 했다.

그녀는 지금도 나를 영적 지도자로 인정하고 있다. 내가 교회에서 시무해임을 당했을 때 곁에서 항상 신앙적으로 함께 해 주었고, 시무해임을 당한 후 가정예배를 드릴 때에도 함께 해 주었으며, 가난한 생활 가운데서도 십의일조를 떼어 헌금했다. 이렇게 그녀는 자신이 환상을 통해 보고 들었던 하나님의 뜻에 순종하고자 했다.

하나님은 이러한 사람을 귀하게 여기신다. 세상에서 배운 것이 없고 내세울 것이 없다하더라도, 진정 하나님으로부터 듣고 봐서 알게 된 뜻을 이루기 위해 순종하는 사람이 인정을 받아야 한다. 이러한 사람을 통해 나는 진정 하나님을 위해 헌신하는 사람들을 구별하는 법을 배웠다.

힘들어도 순종

하나님의 음성을 듣고 끝까지 순종한 또 한 사람이 있다. 앞에서 이미 언급한 아기 천사의 역할을 했던 딸의 아버지를 들 수 있다. 그는 안산의 어느 교회에서 장애우를 위한 '사랑반'을 맡아 봉사하고 있다. 그러던 가운데 장애우의 부모들이 상당히 힘들어하며 기쁨을 잃었다는 사실을 발견했다.

하나님은 기도하던 그에게 부모들을 위한 행사를 하라는 음성을 들려주셨다. 그는 순종하고자 했지만, 함께 봉사하던 교사들이 오히려 반대했다. 당시 사랑반의 분위기도 좋은데, 왜 새로운 행사를 하면서 힘들게 하느냐는 항의였다. 그러한 항의를 받으면서도 한 사람 한 사람 설득해가면서 하나님이 맡겨주신 일을 묵묵히 실행했다.

그런데 놀라운 일이 일어났다. 행사를 하는 가운데 부모들의 얼굴이 환하게 피어나는 것이었다. 그들이 즐거워하자, 그동안 반대하면서 억지로 따라왔던 교사들도 마음을 바꿔서 앞으로도 이러한 행사를 계속하자고 말했다. 그러면서 장애우를 돕고 섬기며 봉사하는 일이 보람차다고 고백했다.

그는 나에게 이러한 이야기를 전하면서 하나님께 영광을 돌렸다. 이는 자기의 생각을 실행으로 옮긴 것이 아니라, 하나님이 자기에게 들려주신 것을 행한 결과였기 때문이다. 그러면서 아무리 힘들어도 하나님이 하라는 일에 순종하니 놀라운 열매를 맺게 되더라고 말했다.

순종을 위한 권유

한 청년에 대해 이야기를 하고자 한다. 그는 모태신앙인으로 어릴 때부터 목사가 되겠다고 말하곤 했다. 이후 그는 신학대학교를 졸업했으나, 신학대학원에 진학하여 목사가 되기를 주저하고 있었다.

나는 그를 만났을 때, 질문을 통해 대화하면서 진정 신앙의 길로 인도하고자 했다.

"믿음이 무엇이냐?"

"들음에서 나는 것입니다."

"그러면 무엇을 믿느냐?"

"그리스도가 우리의 죄를 위하여 죽으셨다는 것을 믿습니다."

"맞다! 그런데 정말 그렇게 느끼면서 알기에 믿느냐?"

"솔직히 말하면, 그렇게 느끼지는 못합니다."

"왜 믿지 못하느냐?"

그러자 그는 머뭇거리면서 대답하지 못했다. 이를 보면서 나는 "그 것을 느끼지 못하는 이유는 교회에서 그렇게 배웠기 때문이다."라고 지적했다. 그러자 그는 어느 정도 수긍했다.

나는 다시 질문을 던졌는데, 좀 더 본격적으로 기독교의 본질에 대해 물었다.

"누가 그러한 가르침을 주었느냐?"

"바울입니다."

"그러면 바울이 들었던 내용을 우리가 믿는 것이 더 중요하냐, 아니면 바울이 들었던 방법과 똑같이 우리도 들어야 하는 것이 더 중요하냐?"

"우리도 같은 방법으로 듣는 것이 더 중요합니다."

그래서 나는 "맞다!"라고 말하면서 그를 칭찬해 주었다. 서로 통할 수 있는 상태였기에 이야기 자체가 즐거웠다.

마지막으로 나는 그 청년의 문제와 연관된 사항에 대해 직접적으로 물었다.

"하나님이 네게 목사가 되도록 음성을 들려주신 적이 있느냐?"

"아직 그런 음성은 들어보지 못했습니다."

"그러면 아직 목사가 되어서는 안 된다."

"그렇다면 그동안 무엇을 하면 좋겠습니까?"

"사회에서 더 많은 경험을 쌓아라!"

그리고 나는 "진정 하나님의 음성을 듣고 순종하는 마음으로 목사가 되거든 순교의 정신으로 하라!"고 말해 주었다.

그는 나중에 신학대학원에 진학을 했다. 그리고 열심히 공부를 하고 실습하면서 나름대로 목회자로 갖추어야 할 자질을 배웠다. 하지만 나는 다시 만났을 때, 이전에 나누었던 대화에 대해 더 이상 언급하지 않았다. 왜냐하면 이는 그가 하나님과의 관계성 속에서 알아서 해야 할 일이기 때문이다.

청년은 인생에 있어 아주 중요한 시기이다. 이는 인생에 있어 사회에 첫 발을 내딛는 시기이기 때문에, 하나님의 음성을 듣고 순종할 줄 알아야 할 때다. 그러면 이후의 인생도 반드시 가야 할 길로 가게 될 것이다. 하지만 대부분의 청년들은 그렇게 하지 못하는데, 이는 하나님의 음성에 귀를 기울일 만큼 영적으로 성숙한 청년이 별로 없기 때문이다.

누구나 모두 순종을

언젠가 나는 고등학교 동창이자 목사인 지인과 이야기를 나누면서 처음으로 하나님의 음성을 듣는 것이 중요하다는 견해에 공감했다. 그는 처음으로 담임목사로 나갔을 때, 평신도 한 분이 하나님의 음성을 듣고 살아가는 모습을 보고 감동했다고 말했다.

여집사 한 분이 경제적으로 기울어져 고시원으로 밀려나갈 수밖에 없는 상황에 있었다. 이러한 모습을 보고 그녀의 어머니가 방을 구할 수 있는 돈을 주려 하자, 그녀는 어머니에게 "하나님이 주시는 것이면 받겠지만, 엄마가 주는 것이면 받지 않겠다."고 말했다. 그러면서 여유를 두기 위해 기도한 후에 응답을 받으면 달라고 부탁했다.

한 달 동안 기도한 어머니는 하나님이 주라 해서 주는 것이라고 말하면서 돈을 주려고 했다. 하지만 그녀는 어머니에게 다시 일 주일 동안 기도한 후 이야기를 나누자고 했다. 가능한 한 어머니의 걱정을 덜어드리려 하기도 했지만, 하나님과의 관계성 속에서 자기의 삶을 꾸려나가려 한 것이다.

그런데 그 여집사는 나중에 교회에서 자원봉사를 하겠다고 말했다. 당시 그 교회에는 약 육십여 명의 교인들이 예배에 참석하고 있었는데, 점심식사를 외부에서 사온 김밥으로 때우곤 했다. 그런데 그녀는 하나님이 자기에게 밥을 짓는 봉사를 하라는 음성을 들려주셨다고 하면서 봉사하겠다고 말한 것이다.

그녀는 누구에게도 부탁하지 않고 혼자 봉사하기 시작했다. 다른 교인이 수고했다고 말을 해도 스스로 부담을 느낄 정도로 겸손해 했고 성실하게 봉사했다. 누구에게 알아달라는 모습도 전혀 보이지 않았다. 그러면서도 잘못한 것에 대해서는 다른 사람에게 전가하지 않았다.

그러한 모습을 보면서 그 목사는 정말 삶 가운데 하나님의 음성에 순종하는 모습을 확인하면서 감명을 받았다고 말했다. 정말 평신도들 가운데도 진지하게 하나님의 음성을 따라 사는 사람들이 있다고 전해주었다.

실패한 순종

하나님의 음성을 들은 사람은 순종하는 가운데 실수하지 않도록 조심하여야 한다. 특별히 목회자나 지도자가 그러한 실수를 해서는 안 되는데, 이는 중요한 직분을 맡은 사람이 실수를 범할 때는 파장이 만만치 않기 때문이다.

내가 악한 세력에게 고난을 당하고 있을 때, 하나님의 음성을 듣는 것과 연관해 일하는 분과 이야기를 나눈 적이 있다. 그런데 그는 누군가로부터 나에 대해 좋지 않은 방향에서 이미 이야기를 들었는지 "교인들이 싫어하는데 교회를 떠나는 것이 좋지 않겠습니까?"라고 말했다. 그 사람의 입장에서 볼 때, 그렇게 말할 수도 있었다.

하지만 그 사람은 영적인 면에서 나에게 큰 실망감을 안겨주었다. 그가 진정 하나님의 음성을 듣는 사람이라면, 나에 대해 하나님께 물어보고 말을 했어야 했다. 그것도 아니라면, 최소한 두 세 사람으로부터 교회의 사정에 대해 들어보고 객관적으로 판단했어야 했다. 하지만 그 사람은 그렇게 하지 않았다.

아무튼 그 사람은 자신이 강조하는 바 하나님의 음성을 듣는 것에 충실하지 못했다. 다시 말하면, 그는 나의 문제와 연관해 하나님의 음성을 듣지도 않고, 자기의 편중된 의견을 가감 없이 드러낸 것이다. 이처럼 사람은 하나님의 음성을 듣는다고 하면서도 스스로 실족하기도 한다.

순종으로 갈라진 가족

하나님의 음성을 듣고 순종하는 사람은 자기의 가족과 원수가 될 각오를 해야 한다. 예수 그리스도도 자기를 따르기 위해서는 부모와 형제까지 버려야 한다고 가르쳤을 뿐만 아니라, 가족이 원수라고 적시하시기도 했다 (마 10:34—38). 이처럼 하나님의 음성을 듣고 순종할 때는 극단적인 결단마저 요구된다.

이와 연관해, 나의 동역자 한 사람은 가족과 원수가 되면서까지 자신이 들은 하나님의 음성에 순종했다. 그는 원래 나를 대적하던 악한 세력과 어울렸던 사람이었다. 하지만 하나님의 음성을 듣고는 오히려 그들과 대적하는 위치에서 나를 도우며 하나님의 편에 서고자 했다. 그러다보니 자신의 아버지는 물론 남동생과 대적하는 입장에 서게 되었다.

더욱이 그는 악한 세력에 서 있는 사람에 대해 하나님의 심판을 선언하기도 했다. 예를 들면, 자기의 학교선배들 가운데 한 사람이 장로였는데, 그에게도 "하나님이 가만 두지 않을 것이다."라고 거침없이 꾸짖었다. 만약 이전의 관계를 생각하면 그는 절대로 그렇게 말 할 수 없었고 해서도 안 되는 사람이었다. 하지만 그는 인간관계보다 하나님의 음성에 순종하는 것이 더 중요하다고 생각했다.

무엇보다도 그는 악한 세력의 주도자에게 하나님의 심판을 전하기도 했다. 그 사람이 나를 공격하기 시작한 2005년 어느 날, 나의 동역자는 그를 만나려고 해도 만나주지 않자, 전화를 걸어 "만약 담임목사를 공격하는 것이 당신의 이익을 위해 하는 것이라면, 하나님께서 가만 두지 않으실 것이오!"라고 말했다. 이처럼 하나님의 뜻을 전하는 데 두려움을 가지지 않았다.

이에 그는 교회 안에서 고난을 당할 수밖에 없었다. 악한 세력들이 주도하는 당회에서 징계를 당하기도 하고, 십 년 이상 장로후보에서 제외되기도 했다. 하지만 이에 굴하지 않고, 끝까지 하나님이 자기에게 들려주신 음성에 순종하면서 그들에게 징계를 당하는 것이 하나님 앞에서 명예롭다고 말하기도 했다.

세대를 이은 순종

하나님의 음성을 듣고 순종하는 삶은 모든 기독인에게 중요한 일이다. 특히 나는 3대째 목사로서 세대를 이어 하나님의 음성을 듣고 순종하는 일에 앞장 서야할 입장에 서 있다.

나의 할아버지는 1909년 평안도에서 선교사를 만나 기독교에 매력을 느끼고 복음을 받아들였다. 이에 사교를 믿는다는 이유로 열여섯 살에 집에서 쫓겨났지만, 선교사의 도움으로 신학교에 가서 공부한 후 전도인이 되고 목사가 되었다. 첫째 아들을 목사로 만들려고 어려운 살림 가운데도 연희전문학교를 보내고 일본에 유학을 보내기도 했지만, 일찍 부모를 떠나 살던 나의 큰 아버지는 신앙을 잃어버리고 말았다.

　나의 아버지는 하나님께 조건을 걸고 목사가 된 경우이다. 한국전쟁 동안 죽을 수밖에 없는 상황에서 하나님이 자기를 살려주시면 목사가 되겠다고 서원기도를 드렸다. 그러다가 철의 삼각지에 가게 되었을 때, 병이 발견되어 후방에 남게 되었고 의병제대를 했다. 이렇게 전쟁 가운데 살아남은 나의 아버지는 약속대로 목사가 되었고 하나님의 말씀인 성경을 바탕으로 평생 충실하게 목회했다. 특히 한 교회에서 이십팔 년을 목회하신 후, 원로목사가 된 것에 나름대로 자부심을 가지고 여생을 살아가신다.

　하지만 나는 경우가 다르다. 목사가 되지 않기 위해 발버둥을 쳤으나 하나님은 군복무를 마칠 즈음에 나를 부르셨다. 죽음에 던져질 수도 있고 건짐을 받을 수도 있는 사건을 통해 나를 목사로 부르셨다. 이로 인해 나는 목사가 되었고, 중요한 때마다 하나님의 음성을 듣고 순종하며 지금까지 살아왔다. 하지만 고난의 연속이었기에 이루 말할 수 없는 아픔을 가지고 있다.

나는 나의 아들에게 목사가 되라고 말하지 않았다. 혼자 고민하지 말라고 충고하면서 그의 마음에 부담을 덜어주려 했다. 그러면서 하나님이 부르시면 목사가 되어야 하지만, 부르시지 않으면 될 생각을 하지 말라고 말했다. 나의 아들은 아직 하나님으로부터 소명을 받지 않았기에 일반 직장인으로 평범하게 살아가고 있다. 하지만 내가 당한 일로 인해 기독교신앙에 대해 상당히 회의적인 자세를 가지게 되었다. 나에게는 가슴 아픈 일이다.

이처럼 목사는 하나님이 부르실 때 되어야 한다. 목사가 되고 싶어서 되어서도 안 되고, 되고 싶지 않다고 해서 되지 않아도 안 된다. 하나님이 음성을 통해 들려주시고 부르시면 되어야 한다. 일단 되고 나면 순교를 할 각오로 순종하여야 한다.

순종과 불순종 사이에서

우리는 하나님의 음성에 순종하는 사람과 불순종하는 사람들을 보면서 살아간다. 이에 나는 둘 사이에서 고민하는 사람에게는 하나님의 음성을 듣고 순종하라고 권한다. 내가 그러한 삶을 살고자 하기에, 나는 다른 사람에게 그렇게 말할 수 있다.

나와 동역자들은 자기의 가족에게도 신앙적으로 부끄러운 사람이 되지 않겠다고 말하곤 했다. 그들의 가족은 교회에서 악한 세력을 지지하는 교인들로부터 눈총을 받곤 했지만, 신앙의 길을 막지 않았을 뿐만 아니라 오히려 자랑스러워했다. 이러한 모습이 오히려 악한 세력을 지지하는 사람들에게도 좋게 보여, 그들의 길흉사에 더 많이 오기까지 했다. 이는 그가 하나님의 음성을 듣고 순종하고자 한 결과라 할 수 있다.

결론적으로 하나님의 음성을 들은 사람은 이에 순종하며 끝까지 실천해야 한다. 이때 인간적인 판단은 단호히 배제되어야 하며, 당장 힘들고 어렵고 손해를 보는 것 같아도 감당하여야 한다. 그것이 하나님의 음성을 들은 사람이 해야 할 일이다.

2. 일용할 양식

하나님은 자신의 음성을 듣고 순종하는 사람에게 일용할 양식을 공급하신다. 일용할 양식은 영적인 힘에 이어 육적으로 필수불가결한 요소다. 그러므로 이에 대한 보장이 없이는 하나님의 음성을 듣고 순종하기 힘들다.

약속된 일용할 양식

성경에서 일용할 양식에 대해 가장 잘 가르치는 본문은 주기도문일 것이다 (마 6:11; 눅 11:3). 이는 실존적인 것이기에 하나님의 음성을 듣고 순종하는 사람에게 꼭 필요한 약속이다. 아무리 하나님이 들려주시는 대로 순종하려고 해도 생활이 안 되고 목숨을 잃으면, 아무 것도 할 수 없다.

하나님의 음성을 듣고 순종하는 가운데 일용할 양식을 공급받은 대표적인 사람은 엘리야 선지자일 것이다 (왕상 17—19장). 그는 하나님이 지시하는 대로 아합에게 경고의 말을 전한 후, 두려워하며 그릿 시냇가에 숨어 까마귀가 물어다 주는 떡을 먹으며 견디었다. 그러다가 시냇물이 마르자 사르밧 과부의 도움을 받으며 연명했는데, 그곳에서 무려 삼 년 동안 의탁하며 지냈다. 그런 후 갈멜산에서의 종교적인 투쟁에서 승리했음에도 불구하고, 아합이 두려워 도망을 가다가 로뎀나무 아래에서 천사가 제공하는 음식을 먹기도 했다.

사도 바울도 하나님의 음성을 듣고 끝까지 순종하며 경제적으로 하나님께 의지했다. 그는 처음에는 자비량으로 선교했는데, 나중에는 교회에 경제적인 지원을 요청했다. 자발적으로 도운 교회가 있는가 하면, 도움을 요청해도 인색한 교회가 있었다. 빌립보교회는 경제적인 지원을 아끼지 않은 반면, 고린도교회는 끝까지 돕지 않았다. 아무튼 바울은 하나님이 경제적인 것을 공급해주셨기에 복음을 전하는 일에 전념할 수 있었다.

성경은 오늘도 하나님의 음성을 듣고 순종하는 사람들에게 일용할 양식이 공급된다고 가르친다. 하나님은 이를 믿는 사람에게 다양한 통로를 통해 필요한 것을 공급하신다. 이에 하나님께 부름을 받은 사람은 그분이 공급하시는 일용할 양식으로 살아야 한다.

나도 받은 일용할 양식

나는 하나님이 일용할 양식을 공급하시는 기적을 누리며 살았다. 교회의 재산에 손대는 악한 세력과 싸우다가 2006년부터 사례비를 받지 못했는데, 그들은 나의 돈줄을 묶으면 항복하고 자기들이 원하는 바를 들어줄 것으로 생각했던 것 같다. 하지만 나는 사례비를 받지 못해도, 하나님 앞에서 바로 서려고 했다.

지난 십여 년 동안 나와 아내는 은행통장을 열어 놓고 살았다. 이는 뜻을 같이하는 사람들이 보내주는 지원금을 받기 위해서다. 그 결과 하나님은 한 번도 우리의 계좌를 적자로 만드시지 않았다. 참으로 감사한 일이었다. 무려 십여 년 동안 하나님은 여러 사람들을 통해 일용할 양식을 공급해 주셨다.

하지만 그러한 공급에도 한계가 있었기에 가진 돈을 다 썼을 때에는 나도 자비량을 하지 않을 수 없었다. 이에 2017년 네트워크 마케팅 사업을 2018년에는 출판업을 시작하면서 하나님이 일용할 양식을 공급해 주시길 바랐다. 물론 이러한 일도 힘이 들었지만, 그래도 새로운 방향에서 도전이 되곤 했다.

하나님이 일용할 양식을 채워주신 사건은 이미 앞에서 언급한 바와 같이 나와 아내에게 증거와 징조가 되었다. 우리는 이를 통해 하나님의 음성에 순종하고 있다는 사실을 확인하곤 했다. 만약 순종하지 않았다면, 하나님이 우리에게 일용할 양식을 공급해 주실 이유가 없었다.

이때 한 가지 더 고려해야 할 사항이 있다. 이는 하나님이 아무에게나 일용할 양식을 공급하시는 것은 아니라는 사실이다. 그가 부르시고 일꾼으로 사용하실 때 공급하신다는 사실을 알아야 한다. 자기 마음대로 하나님의 종이라 하면서 일용할 양식을 공급해 달라고 한다고 해서 공급되는 것은 아니다.

경제적인 유혹

목회자들에게 경제적인 문제는 치명적인 유혹이 되곤 한다. 교회를 떠나서는 별로 할 수 있는 기술을 가지지 못한 목사에게는 더욱 그러하다. 이러한 문제가 나에게도 다가왔다.

지난 2005년 중반 악한 세력은 자신들의 뜻에 동의하면 내게 일억 원을 주겠다는 소문을 흘렸지만, 나는 그것이 불의한 짓이기에 일절 대응하지 않았다. 그러자 그들은 내가 돈이 적다고 생각해서 응대를 하지 않았다고 판단했는지 삼억 원을 주겠다는 소문을 퍼뜨렸다. 하지만 이에 대해서도 응대하지 않았다.

악한 세력은 내게 더 큰 미끼를 던졌다. 이웃교회의 원로목사를 보내 오억 원을 주겠다고 제안했는데, 나는 아내와 의논한 후 거절했다. 그러자 악한 세력은 내가 칠억 원을 요구하는데 교회에서 줄 돈이 없어 타협이 이루어지지 않았다고 소문을 냈다. 참으로 야비한 사람들이 아닐 수 없다.

나는 악한 세력이 나에 대해 나쁜 소문을 내든 말든 상관하지 않았다. 그들은 나에게서 돈과 여자의 문제로 흠을 잡을 수 없자 이단사이비로 소문을 내고 모함했다. 하지만 총회 이단사이비대책위원회는 그들의 심사의뢰를 받아 오직 설교에서 좀 지나쳤다는 정도에서 결정을 내렸다.

악한 세력은 총회 재판국장을 비롯하여 몇몇 사람을 움직여 2006년 11월 2일에 나를 시무해임 시켰다. 이를 위해 부정한 방법이 쓰였다는 것은 공공연한 비밀이다. 총회의 정치에 깊숙이 개입했던 어느 목사는 악한 세력이 상당량의 뇌물을 사용했다고 주변 사람들에게 말하기도 했다.

그만한 돈이 어디서 나왔겠는가? 악한 세력이 십시일반으로 모으지는 않았을 것이고, 교회의 재정을 불법적으로 이용했을 가능성이 많다. 일단 사용하고 곧 채워 넣겠다고 자신을 했지만, 시간이 흘러도 채워 넣지 못했을 가능성이 크다. 그래서 그들은 나의 지지자들이 회계장부를 감사하자는 요청에 응하는 척했지만 제대로 이루어지지 않게 피하면서 재정장부를 모두 공개하지는 않았다.

교회의 행정실무자는 이러한 모든 사정을 알고 있을 것이다. 왜냐하면 그가 실질적으로 출납을 관리하기 때문이다. 이는 그가 은퇴한 후에도 일 년씩 임시직으로 자리를 지키고 있다는 사실로도 반증된다. 내가 아는 검사출신 변호사에게 이러한 이야기를 하자

대뜸 "그거 장부에 문제가 있구만!"하고 말했다.

최종적인 유혹

악한 세력은 자신의 목적을 이루기 위해 매우 집요했다. 주도자는 시무해임을 당한 나를 회유하기 위해 2006년 12월 중순 지역교회의 어느 원로장로를 내게 보냈다. 그리고 "만약 지금이라도 타협하면, 당회장으로 복귀할 수 있도록 해주겠다."고 제안했다. 이는 타협이 아니라 불의한 흥정이었는데, 얼마나 사악한 장난인가?

하지만 나는 하나님 앞에 바로 서고자 했다. 그래서 그 사람에게 다음과 같이 말했다.

> 나는 끝까지 순교의 정신으로 신앙의 길을 갈 것이니 당신을 보낸 사람에게 똑바로 전하세요. 만약 내가 그의 말을 듣고 불의와 타협한다면, 하나님이 나를 지옥에 떨어뜨릴 것이고 나만 영원히 고난을 당할 것 아닙니까? 그럴 바에는 차라리 이 세상에서 잠시 고난당하는 것이 낫습니다.

그러자 그는 나에게 "고집이 대단히 세네! 마지막 기회를 자기 발로 차지 말아요!"라고 말했다.

나이가 들수록 사람에게 돈과 명예는 중요하다. 하지만 이 둘을 동시에 손에 쥐기는 상당히 힘들다. 더욱이 신앙적인 가치가 대두

될 때는 더더욱 어렵다. 나는 신앙적인 가치를 지키기 위해 돈과 명예를 모두 버렸다.

경제적 유혹을 이기며

목회자는 하나님 앞에서 불의한 거래를 절대로 해서는 안 된다. 그런데 대부분의 목회자들이 하나님의 일용할 양식에 대해 배우면서도 실제로 누리지 못하는데, 이는 현실적으로 가능할 지 의심하기 때문이다. 이러한 불확실성으로 인해 많은 목회자들이 하나님의 음성을 듣고도 순종하지 못한다.

나는 하나님이 일용할 양식을 공급하는 줄 믿기에 불의한 일에 손을 대지 않았다. 악한 세력의 주도자가 나를 담임목사직에서 시무해임을 시킨 후에도 나와 타협하고자 한 이유가 있는데, 이는 교회의 재산에 손을 대는 데 있어 나의 도움이 절대적으로 필요했기 때문이다. 당회장으로서 당회에서 그리고 공동의회의 의장으로서 공동의회에서 교회의 재산을 처분하는 안을 통과시켜 달라는 것이었다.

내가 악한 세력과 타협하지 않자, 이후에는 더 이상 사람을 보내지 않았다. 아마도 나와 같은 목사를 처음 보았을 것이다. 이후 2007년 악한 세력의 주도자가 하나님으로부터 징벌을 받아 부도를 내고 도피하고 뇌졸중으로 고생한 이야기는 이미 앞에서 언급한 바 있다. 이로써 하나님은 모든 것을 관리하고 계신다는 사실을 내게 보여주셨다.

경제적 박탈감

경제적으로 어려움을 당하는 동안 상대적 박탈감은 나를 초라하게 만들었다. 목사답지도 않은 사람들이 잘 먹고 잘 사는 것도 나를 분하게 만들었다. 지인들이 자기 집에서 기르는 개나 고양이를 위해 한 달에 일백만 원을 썼네 이백만 원을 썼네 하는 소리를 할 때마다, 나는 견디기 힘들었다. 하나님의 음성을 듣고 순종하는 나는 개만도 못한 상태에서 살아간다는 생각이 들었다.

상대적 박탈감보다 더 힘들었던 것은 경직된 고정관념에 의한 조언이었다. 내가 경제적으로 어려운 줄 알면서도 "목사님, 돈이 필요하면 이야기 하십시오. 제가 도와드리겠습니다."라고 말하는 사람은 나를 부끄럽게 만들었다. 그렇다고 내가 도와달라고 말을 하겠는가? 자기가 하나님의 일에 동참하고 있다고 생각하면, 알아서 도와주어야지! 목사를 구걸하는 사람으로 만드는 경우는 매우 치욕적이었다.

이와 비슷하게, 내가 하는 사업에 대해 쓴소리를 한 사람도 있었다. "목사가 그런 일을 하면 됩니까?"라고 말하는 사람도 내게 만원 한 장이라도 지원하면서 그런 말을 하면 이해한다. 하지만 땡전 한 푼 지원하지 않으면서, 경제적으로 어려운 사정을 이해하지도 않는 사람은 그러한 말을 할 자격도 없고 하나님의 일에 동참한 사람이라고 할 수 없었다.

출판을 위한 지원

하나님은 나로 하여금 책을 낼 수 있도록 경제적으로 도우셨다. 지난 2007년 8월 하나님이 나에게 책을 쓰라는 음성을 들려주셨기에 2011년에 '예수 그리스도는 신앙고백이다: 복음의 기원과 형성'이라는 제목의 책을 출판하게 되었다. 책이 인쇄된 다음날 나는 비용을 지불하려고 인쇄소의 사장에게 전화를 걸었는데, 이미 정산이 되었다는 말을 들었다.

알고 보니 하나님이 나의 사정을 잘 알고 있던 큰처남을 통해 지불하신 것이다. 나는 감사한 마음으로 받아들이며 다음에 출판한 '기독교의 창시자 바울'이라는 책을 그에게 헌정했다. 그는 나의 아들이 군에서 제대한 후 복학을 했을 때도 많은 것으로 지원해 주었는데, 이는 모두 사랑의 빚이 되었다.

하나님은 출판기념회 역시 준비해 주셨다. 책이 발간될 것이라고 동역자 한 사람에게 이야기를 하자, "출판기념회를 해야 하지 않겠습니까?"라고 말하면서 자기가 경비의 반을 대겠다고 제안했다. 이어 나의 부목사로 있었던 사람도 출판기념회를 해야 한다고 말했다. 이렇게 두 사람이 자발적으로 제의하는 것은 하나님이 내게 보여주시는 뜻이라고 생각되어 출판기념회를 처음으로 열었다.

특별한 지원

하나님은 더 큰 일을 준비하고 계셨다. 나는 내 책을 알리기 위해 출판 전인 2010년 성탄절 즈음에 신약학교수들에게 이메일을 띄워 '탄생이야기'편을 선전 겸 선물로 보냈다. 그러다가 미국에 살던 지인에게 이메일이 간 모양인데, 이것이 큰 역사를 일으킬 줄은 꿈에도 몰랐다.

그는 모태신앙으로 서울대학교 치과대학을 나온 이성적인 분이다. 어릴 때부터 성경 특히 공관복음서를 읽으면서 모순투성이라고 생각했지만, 마땅한 설명을 들을 수 없었다. 그러다가 내 이메일을 읽고는 무엇인가 통했는지 스무 권을 보내달라고 했다. 그러면서 격려금을 보내주었다.

나의 책을 읽은 지인은 감동을 받았는지 또 다시 주문을 했다. 그는 세 번에 걸쳐 나의 책 천이백 권을 구입해서 미국에 사는 대학교 동창들과 한인목사들에게 나누어주었다. 이를 위해 사람을 고용하고 택배비를 부담하기도 했으니 상당한 돈을 쓴 것이 분명하다. 그는 자신이 직접 전도하기 힘들기에 이러한 방법을 택했던 것이다.

하나님은 그를 통해 한 단계 더 큰 일을 준비하셨다. 나에게 책을 영어로 번역해 서구의 신학계에 알렸으면 좋겠다고 제안하면서 번역비와 교정비 등 필요한 모든 경비를 부담하겠다고 약속했다. 그래서 「The Origin and Formation of the Gospel」이라는 제목으로 2015년 2월에 미국에서 책을 발간했고, 그에게 헌정했다.

이어 그는 다시 한 번 경제적인 지원을 해 주었다. 그래서 2016년 4월에 「Q, the First Writing about Jesus」를 출판할 수 있었다. 이로 인해 나는 미국에 책을 내는 것에 대해 나름대로 자신감을 가지게 되었다. 더욱이 내가 원하고 있던 일을 하나님이 다른 사람을 통해 이루어주시는 것으로 인해 놀라기도 하고 감사했다.

부모로부터 배운 경제관

나는 하나님이 일용할 양식을 공급해 주신다는 사실을 우리 부모를 통해 직접 배웠다. 이는 성경을 통해 배운 것과 더불어 나에게 확실한 증거가 되었다.

지난 1972년 우리는 아버지가 목회할 교회를 찾지 못하고 일 년 동안 광야와 같은 삶을 살았다. 그때 나는 중학교 삼학년이었는데, 하나님이 어느 권사를 보내셔서 우리를 먹이시는 것을 보았다. 그녀는 기도하는 가운데 나의 아버지의 얼굴이 떠올라 무슨 일인가 하고 우리 집에 와서는 아무 것도 없이 굶고 있던 우리를 돕곤 했다. 이처럼 하나님은 자기의 종을 먹여 살리셨다.

더욱이 나의 어머니의 영향도 매우 컸다. 어머니는 "가계부가 맞지 않아!"라고 자주 말했다. 목사인 남편의 한정된 수입으로 아들 둘을 미국에 유학을 보냈는데, 신기하게도 하나님이 모든 것을 채워주셨다는 의미다. 그러면서 나의 어머니는 하나님이 자기 종에게 일을 시키실 때 필요한 모든 것을 공급해 주신다고 말하곤 했다.

나의 아내도 시어머니로부터 이러한 간증을 들었다. 그래서 그런지 경제적인 문제에 대해서 그렇게 걱정하지 않는다. 그러면서 하나님이 맡겨주신 일에 아무런 불평도 하지 않고 담담하게 임했다. 역시 신앙의 교육은 중요하고도 무섭다.

제자의 경제적 회복

내 주변에는 진정 하나님께 모든 것을 맡기고 헌신하는 사람들이 있다. 내가 부경지역의 신학대학원에서 만난 제자가 그러한 삶을 살았다. 그는 신학생이 되기 전에 사업에 실패하고 돈이 별로 없어 처가로부터 무시를 당하기도 했다. 하지만 어느 정도 숨통이 트일 만 할 때 물질과 연관된 시험을 받았다.

파라과이에서 만나 교제하던 선교사가 귀국하여 그에게 간절하게 도움을 요청했다. 이에 그는 전세로 살던 집의 보증금을 제외하고 모든 것을 털어서 약 팔백 만원을 만들어 선교사에게 드렸다. 그리고 집으로 돌아가던 중 아무 것도 남지 않았다는 불안감에 휩싸여 눈물을 흘린 순간 하나님이 "내가 다 받았다."라는 음성을 들려주셨다.

그러던 가운데 어느 날 피부에 좋다는 콜라겐이 젤 형태의 화장품으로 아직 만들어지지 않았다는 사실을 알게 되었다. 이는 하나님이 틈새시장을 보게 하신 것이기에 나름대로 방법을 찾아서 만들었다. 하지만 그에게 또 다른 어려움이 있었는데, 판로를 개척하는 문제였다. 그래도 대구 반월당의 어느 미용실 원장이 길을 열어주었는데, 선금까지 주면서 주문한 것이다. 이후 그 화장품은 여성들에게 불티나게 팔려나갔다.

그는 목사가 된 후 자기의 사업을 총무에게 맡기고 거기서 나오는 수익으로 동남아시아권에 가서 선교하기 시작했다. 수의학을 공부하면서 앞으로 목축업을 통해 선교하고자 계획을 세우고 실행했다. 그러면서도 그는 총무와 함께 나에게 경제적인 지원을 했기에 기쁜 마음으로 '로마서의 형성: 로마일서에서 사서까지'를 그에게 헌정했고 이어 출간된 '바울신학의 형성'을 총무에게 헌정했다.

진정한 경제적 헌신

일부 평신도들은 진정 하나님의 음성을 듣고 경제적으로 헌신하곤 하는데, 이러한 분들로 인해 교회가 살아난다. 물질로 표현된 그들의 마음이 영적으로도 놀라운 결과를 가져다준다. 우리는 그러한 사람들의 헌신을 인정하여야 하고, 그들의 헌신과 희생으로 인해 한국의 교회가 컸다는 것 역시 기억해야 한다.

이와 연관해, 앞에서 언급한 아기 천사의 역할을 했던 딸의 부모에 대해 이야기하고자 한다. 그들은 2017년 1월 27일 설을 맞이하여 나를 찾아와 자신들의 경험을 이야기했다. 안산으로 이사한 후 빚으로 인해 파산신청을 할까 하는 생각도 했지만, 파산신청은 자기를 신뢰하면서 돈을 빌려준 사람들을 배신하는 것이라 생각했다. 그래서 시간이 걸리더라도 빚을 갚기로 했다.

그러던 가운데 교회에서 가난한 사람들을 위한 구제헌금을 걷는 일이 있었다. 그들은 하나님께 기도하는 가운데 이에 참여해야 한다는 음성을 들었지만, 그때 그들에게 남아 있던 것은 딸이 첫 돌 때 받은 반지들뿐이었다. 이에 그들은 하나님께 드려야 하는지 깊이 고민했다. 딸의 것이기에 빚을 갚는 데는 사용할 수 없었지만, 하나님께 드려야겠다고 생각했다.

그들은 당시 초등학교 1학년이었던 딸에게 물어보기로 했다. 그래서 딸에게 자세하게 설명하면서 동의를 구했다. 그러자 딸은 반지들을 보자고 말하고는 자기의 손가락에 다 끼워보았다. 그러면서 "참 예쁘다!"라고 말한 후, 이들을 다 빼서 부모에게 주면서 "헌금으로 드려도 돼요."라고 말했다. 이로 인해 그들은 마음에 부담감을 덜고 기쁜 마음으로 헌금할 수 있었다.

이후 하나님이 사업의 지경을 넓혀주셨기에, 그들은 경제적으로 안정을 찾게 되었다. 사업을 하는 가운데 자금이 제대로 돌지 않아 힘들 때도 많았지만, 직원들의 월급을 제 때 주기 위해 노력했고 직원들은 그를 믿고 열심히 일했다. 그러면서 하나님께 더 헌신할 수 있었다.

순종의 헌신의무

하지만 성경은 물질을 잘못 사용하는 경우에 대해서도 가르친다.

사도행전은 아나니아와 삽비라가 물질과 연관해 사도 베드로를 속였다가 하나님으로부터 죽음이라는 징벌을 받은 사건에 대해 서술한다 (행 5:1—11). 이러한 이야기는 재물과 연관해 하나님 앞에서 솔직하게 행할 것을 가르친다.

재물과 연관된 이야기를 하나 소개하고자 한다. 지난 2014년 3월 16일 한 사람이 나를 찾아왔다. 그는 자기가 몸담고 있는 직장에서 바른 소리를 하는 바람에 괘씸죄로 인해 오래 전에 해직을 당했지만, 오 년 동안 법적 투쟁을 통해 대법원에서 파면취소판결을 얻어냈다고 말했다. 그러면서 나를 법적으로 돕겠다고 말했다.

하지만 나는 그의 진의를 알아보아야 했기에 두 가지에 대해 질문했다. 하나는 하나님이 시켜서 이러한 일을 하는 지에 대한 것이었고, 또 다른 하나는 내가 교회에서 악한 세력과 싸운 일에 대해서 얼마나 아는 지에 대한 것이었다. 이러한 질문들을 던진 이유는 사건에 대해 알아야 진정 도울 수 있는지 판단할 수 있기 때문이었다.

이에 대해 그는 모호하게 대답했다. 하나님으로부터 나를 도우라는 사명을 받았다고 말했지만, 나에게 영적인 감동을 주지는 못했다. 더욱이 교회의 내막에 대해서는 어느 정도 밖에 모른다고 했기에, 나는 그의 말에 확신을 가질 수 없었다. 그래서 그의 호의에 대해 확신할 수 없었다.

나는 그에게 한 가지를 더 요구했다. 그가 정말 하나님의 음성을 듣고 사명을 받아 나를 돕고자 한다면, 내가 살아갈 수 있도록 생활비 일부를 부담하라고 요구했다. 그러자 그는 상당히 당황해 했는데, 아마도 이러한 요구는 생각하지 못했던 것 같다. 그리고는 아내와 의논을 해야 한다고 말하면서 물러났다.

이후 그는 다시 나에게 오지 않았다. 나는 그가 하나님의 음성을 듣고 나에게 온 것이 아니라, 인간적인 자신감과 판단에 따라 호의를 베풀려고 했던 것으로 판단했다. 그가 그러한 호의를 보여준 것만으로도 감사하지만, 하나님의 일을 하고자 한다면 자기의 전 재산을 내어놓을 각오를 가지고 해야 한다.

나의 경제적 원칙

나는 오직 하나님의 뜻을 이해하고 동참하는 사람으로부터 경제적 지원을 받았다. 목회자가 명분이 없는 돈을 받는다면, 이는 지원이 아니라 동냥에 지나지 않는다. 이에 조심하여야 하는데, 물질과 연관해 목사로서 가치관을 지키는 것은 쉽지 않았다.

내가 목회하던 교회의 집사로서 의료사업을 하는 한 분이 있었다. 그 역시 나름대로 신앙이 좋은 분이나, 교회에 분란이 일어났을 때 어느 편에도 서지 않고 뒤로 물러나 있었다. 그러다가 2015년 어느 날 나는 일과 연관해 그의 사업처를 방문했는데, 어떤 생각에서 그랬는지 몰라도 경제적으로 약간의 도움을 주려고 했다.

나의 일을 처리하는 동안 그는 직원을 통해 송금을 하려 했다. 이에 나의 아내에게 전화를 걸어 은행계좌번호를 알려달라고 말했지만, 나의 아내는 거절했다. 그러자 그 직원은 일을 마치고 떠나는 나에게 사장이 헌금하고자 하니 계좌를 알려달라고 말했다. 이에 대해 나는 그가 사업과 연관된 일을 성실하게 처리해주고 대금을 할인해 주는 것만으로도 감사한다고 말했다.

경제적인 지원을 할 때에는 신앙적인 뜻이 맞아야 한다. 앞서 언급한 분은 내가 교회에서 투쟁한 이유를 알지 못했고, 더욱이 사업처를 방문했을 때 비로소 그러한 제의를 한 것은 합당하지 못했다. 혹 나를 그런 상황에서 만나 지원하려 했다면, 하나님의 뜻과 나의 사정에 대해 물어본 후 서로 영적으로 통했어야 했다. 하지만 그는 하나님의 종에 대한 신앙적인 배려가 약했다.

회개의 지원?

더 적극적인 경우도 나는 거부한 적이 있다. 나를 핍박하던 사람이 경제적인 지원을 해 주겠다고 했지만, 거절한 것이다. 이 역시 목사에 대한 신앙적인 배려가 없었다.

이는 2016년 1월 11일에 일어났다. 그날 아침에 악한 세력의 편에 서서 나를 축출하는 데 일조했던 어느 장로가 전화를 걸어 왔다. 그 사람은 나에게 경제적으로 지원을 하고자 하니 은행계좌번호를 알려달라고 말했다. 이에 "내가 아무리 궁핍한 가운데 있어도 받을 돈이 있고 받지 말아야 할 돈이 있습니다."라고 대답했다. 그러나 다시 한 번 간곡하게 부탁하기에 나는 "하나님께 물어보고 대답하겠습니다."라고 말했다.

그 장로는 양심의 가책을 느꼈던 것 같다. 그렇기에 십 년이 지나 나에게 돈을 보내고자 한 것이다. 은퇴를 하고 이제 하나님 앞에 갈 날이 얼마 남지 않았다고 생각하다가 영적인 불안감을 느꼈던 것 같다. 무엇보다도 하나님이 그 장로로 하여금 양심의 가책을 느끼게 했던 것 같다.

하지만 그 장로는 목사에 대한 신앙적인 배려가 없었다. 그가 그러한 제안을 하려면, 자기가 나에게 잘못한 일을 인정하고 사과하며 용서를 구해야 했다. 그러한 과정을 거치지 않고 돈으로 모든 것을 해결하려는 자세는 하나님 앞에서 옳지 않다. 그래서 나는 그의 제안을 받아들이지 않았다.

하나님의 음성을 듣고 일하는 종은 돈과 연관해 신앙적인 명분과 자부심에 흠집을 내서는 안 된다. 만약 인간적인 도움을 받는다면, 이는 헌금이 아니라 동정이다. 더 나아가서 동냥에 지나지 않는다. 하나님의 음성을 듣고 일하는 사람이 그러한 경제적 지원을 받는다면, 이는 하나님의 일을 하는 데 걸림돌이 된다.

경제적 유혹에 대한 주의

대부분의 목회자들과 평신도들은 경제적인 문제와 연관해 하나님의 음성을 따라 행하지 않는다. 오히려 자기에게 유리한 방면에서 생각하면서 어떤 방법이든 경제적인 지원을 얻는 것을 하나님의 은혜라고 생각한다. 하지만 이는 매우 잘못된 생각이다.

교회에는 하나님의 음성을 듣지도 않고 순종하지도 않으면서 은혜를 누리는 것처럼 말하는 사람들이 많다. 지인들 가운데 한 사람은 믿을 만한 사람의 사업을 위해 재정보증을 섰다가 재산을 날렸다. 이는 그가 은퇴 후의 생활을 위해 투자한 것인데, 그만 넘어가고 만 것이다. 그러면서 따라오는 여러 가지 어려움을 감당해야 했다.

그러는 가운데 그는 자신이 신앙적으로 흔들리지 않았기에 하나님이 견딜 수 있도록 도와주셨다고 말하곤 했다. 그럴 때마다 나는 "과연 하나님이 무리하게 투자하게 했고, 보증을 서게 했는가?"라고 단도직입적으로 물어 보았다. 그는 이러한 질문에 답변을 하지 못했기에 나는 "하나님이 도우신 것으로 말해서는 안 된다."고 지적했다.

사람들은 자기가 저지른 일로 인해 경제적으로 손해를 당하고는 하나님이 주신 고난이라고 스스로 위안을 삼곤한다. 물론 고난을 이기지 못하고 쓰러지는 것보다는 낫지만, 자기의 욕심을 위해 시작된 것은 하나님이 책임져 주시지 않는다.

욕심은 패가망신의 지름길

더 겁나는 경우도 있다. 하나님의 뜻에 순종하지 않고 인간의 사악한 목적을 이루기 위해 애쓰다가 패가망신을 한 경우이다. 하나님의 뜻을 행하던 나를 핍박하던 사람들 가운데 경제적으로 수치스러운 일을 당한 사람들이 많다.

이는 지난 2017년 5월 밝혀진 일로서 많은 사람들이 사기를 당한 것이다. 당시 대구의 시립의료시설에서 일하던 사람이 교회의 여러 사람들에게 고배당을 약속하며 투자를 권했다. 연 삼십 퍼센트의 수익금을 주겠다는 약속에 몇몇 사람이 적은 돈을 투자했다.

처음에는 모든 것이 순조롭게 진행되는 것 같았다. 그들은 약속한 날에 정해진 배당금이 통장에 들어오자 점점 더 많은 금액을 투자했고, 다른 사람들에게 권하기까지 했다. 교회의 장로로부터 시작해서 안수집사와 권사는 물론 일부 부목사까지 참여했다.

하지만 먼저 투자한 사람들이 배당금으로 투자금을 회수할 무렵에 드디어 일이 터졌다. 지난 육 년 동안 알게 모르게 규모가 커져서 밝혀진 피해액만도 거의 일백억 원에 달했다. 이에 담임목사가 제직회에서 사과를 했지만, 백약이 무효인 상황이 되었다. 교회가 영적으로 어두우니 이러한 사고가 터진 것이다.

그들 가운데 나를 반대하는 데 적극적인 사람이 있었다. 그는 2014년 10월경 나를 만나자 인사를 나누며 지내자고 말하기도 했다. 이에 대해 나는 "당신이 나의 인생을 망쳐놓고 인사하며 지낸다고 해서 모든 것이 다 용서되겠느냐?"라고 대답했다. 그러자 그는 이런 저런 말을 하면서 그래도 인사를 하면 좋지 않겠느냐고 말했다.

그가 정말 인사를 하고 지내고자 했다면, 그는 나에게 끼친 해에 대해서 사과를 하고 변상해야 했다. 하지만 그러한 양심이나 생각이 전혀 없었는데, 이는 아직도 나에 대한 우월감 내지 승리감에 사로 잡혀 있는 것밖에 되지 않는다. 그래서 나는 그에게 "하나님이 심판할 줄 알라!"고 모질게 말했다.

그런데 그가 이번 사건에 거의 칠억 원 가까이 투자했다가 물린 것이다. 그는 이전에 법원경매에 참여해 돈을 벌려고 하다가 별로 재미를 보지 못했는데, 이번에는 허상을 좇다가 당한 것이다. 그것도 자기가 번 돈이 아니라 상속으로 물려받은 돈을 탕진한 것이다. 교회에서 신앙이 아니라 돈에 눈이 멀어 돈을 잃고 만 것이다.

이처럼 하나님의 음성을 따르지 않고 자기의 욕심을 따라 사는 사람은 경제적으로도 큰 손해를 보게 된다. 이것이 하나님이 내리시는 징벌이다. 욕심을 냈다가 일용할 양식마저 빼앗기는 것이다. 비록 긴 시간이 지난 후에 드러나는 일이기에 사람들이 잘 알지 못하고 믿지 못하지만, 우리에게 일어나는 일이다.

결론적으로 하나님은 오늘도 자신의 종이요 백성인 사람에게 음성을 통해 자신의 뜻을 전하신다. 그러면서 사명을 감당할 수 있도록 일용할 양식을 공급하신다. 이는 하나님이 자기의 종과 백성을 지켜주시는 모습이다.

3. 소망을 가지며

성경은 하나님의 음성을 듣고 순종하는 사람에게 소망을 가지도록 가르친다. 이는 그 사람이 하나님의 뜻을 알기에 마지막까지 견딜 수 있는 힘을 얻는 것이다. 성령은 소망을 가지도록 돕는데, 하나님의 음성을 듣고 순종하는 사람이 누릴 수 있는 복이다.

소망에 대한 이야기들

성경은 하나님의 음성을 들은 사람이 소망을 가지고 고난을 이겨 나가야 한다고 가르치면서 그러한 경우를 많이 다룬다. 하나님은 그들과 끝까지 함께 하시면서 자신이 하신 약속을 이루신다.

소망과 연관해 대표적으로 욥을 들 수 있다. 그는 자기가 알지도 못하는 사이에 하나님과 사탄 사이에서 진행된 내기로 인해 모든 것을 잃고 육신적인 고통도 당했다. 욥은 아내로부터 하나님을 저주하고 죽으라는 심한 모욕도 당했지만, 하나님에 대한 믿음을 버리지 않았다. 그가 하나님에 대한 신뢰와 소망을 버리지 않은 결과 그분의 음성을 듣게 되었고, 잃었던 것의 두 배를 다시 받았다.

물론 욥에 대한 서술은 신학적인 이야기다. 하지만 그의 이야기는 하나님의 뜻에 순종하는 사람이 소망을 가지고 살아야 한다고 가르친다. 욥이 겪었던 고난보다 더 큰 것을 겪지 않는다면, 그 사람은 하나님의 음성을 듣고 순종하는 가운데 소망을 버려서는 안 된다. 왜냐하면 하나님이 고난을 이길 수 있게 만드시기 때문이다.

사도 바울 역시 하나님의 음성을 듣고 일하면서 소망을 버리지 않았다. 사도행전에 의하면, 그는 지중해에서 파선을 당하였을 때도 소망의 끈을 놓지 않았다 (행 27장). 하나님은 사자를 통해 배에 탄 사람들 가운데 한 사람도 죽지 않을 것이라고 말씀하셨기에 바울은 이를 신뢰했고 순종한 결과 모두 살릴 수 있었다. 이후 로마까지 갈 수 있었다.

소망은 종말론적으로 제시되는 귀중한 가치이다. 이에 성경의 마지막 책인 요한계시록은 하나님의 음성을 통해 어떠한 핍박과 순교를 당해도 영생에 대한 소망의 끈을 놓지 않도록 가르치는데, 이는 하나님이 마지막까지 붙잡아 주시고 구원으로 인도하실 것이기 때문이다.

나도 소망 가운데

하나님은 오늘도 자기의 종들에게 음성을 들려주시면서 포기하지 않도록 소망을 주신다. 나 역시 하나님이 내게 들려주신 약속에 대한 소망을 잃지 않고 십여 년을 참아냈다. 나는 악한 세력과 정치적이고 법적인 싸움에서 정치력에 밀려 시무해임을 당했지만, 하나님 안에서 영적으로 승리할 것이라는 소망을 잃지 않았다.

나는 항상 소망 가운데 살았다. 이미 앞에서 언급한 바와 같이 하나님이 내게 들려주신 음성을 확인하고자 했고, 성경에 비추어 해석하면서 소망을 얻었다. 하나님이 약속하신 바와 같이 크게 쓰임을 받을 것이라는 확신 가운데 살았고, 나의 이름이 '요셉'이기에 항상 '요셉'을 생각하며 십삼 년을 견디었다. 이것은 나를 무너지지 않게 한 소망이었다.

많은 사람들은 나의 믿음과 소망을 꺾으려 했다. 예를 들면, 지난 2006년 어느 날 어느 교인이 이용규 선교사가 지은 '내려놓음'이라는 책을 내 책상에 놓고 갔다. 그 사람은 아마도 내가 담임목사직에 대해 집착하고 싸우는 것으로 판단했던 모양인데, 내가 내려놓으면 하나님이 더 크게 쓰실 것이라는 뜻을 전하고 싶었던 것 같다. 아니면 나에게 포기하라고 압력을 넣은 것일 수도 있다.

하지만 나는 다르게 생각한다. 내려놓는 일도 하나님이 원하실 때 해야 한다. 만약 하나님이 내게 그렇게 하라고 했다면, 나는 그렇게 했을 것이다. 나는 하나님이 내려놓으라 하면 내려놓고, 붙잡으라 하면 붙잡는 사람이다. 사람이 자기 마음대로 내려놓거나 붙잡으면, 이는 영적인 면에서 직무유기다. 이에 나는 오직 하나님이 음성을 통해 들려주신 것을 붙잡고 소망 가운데 끝까지 견디었다.

아내도 소망 가운데

목사의 경우 아내인 사모가 내조를 넘어 함께 희생하며 헌신해야 하나님의 일을 감당할 수 있다. 나는 하나님의 은혜로 영적인 동반자인 아내를 만나 들려주신 음성에 순종하는 가운데 당하는 모든 고난을 견디어 낼 수 있었다.

그럼에도 불구하고 배우자에게 가장 중요한 것 역시 하나님이 주시는 소망을 가지고 있는가 하는 문제다. 이러한 면에서 나의 아내는 하나님이 주신 꿈을 기억하며 견디었고 언젠가 이루어질 것을 믿고 소망 가운데 지냈다. 이는 '내일' 하나님이 회복시켜주시겠다는 약속이었다. 비록 그 '내일'이 언제인지 알 수 없었지만, 이전에 꿈을 통해 보여주신 것을 이루어주신 하나님이었기에 이번에도 그것이 이루어질 것으로 믿으며 견디었다.

하나님의 음성을 듣고 순종하는 가운데 고난을 견디는 것은 아무리 강단이 있다 하더라도 힘들다. 하지만 나의 아내는 꿈쟁이 '요셉'과 함께 하나님이 주신 꿈을 의지하며 참아낼 수 있었다. 물론 이것이 아직도 진행형이지만, 하나님이 약속을 이루실 것에 대한 소망을 절대 버리지 않았다.

절망스러운 희망고문

모든 사람은 가족이 사는 집과 연관해 안정이 되어야 평안한 마음을 유지할 수 있다. 하지만 나는 명도소송으로 인해 사택을 떠난 후, 거주지가 불안정해 항상 불안감 가운데 살았다. 그럼에도 불구하고 그러한 곳에서 소망을 가지고 십여 년을 산 것은 하나님의 은혜다.

내가 거처로 잡은 작은 평수의 아파트는 교회의 일부분이 보이는 곳이었다. 교회를 바라보면서 하나님이 언제 다시 회복시키실 것인지 십삼 년을 기다리는 것은 너무 힘들었다. 여러 번 다른 곳으로 가고자 했지만, 하나님이 이를 허락하시지 않았기에 다른 곳으로 가지도 못했다. 결국 한 곳에서 오랫동안 머무를 수밖에 없었는데, 이는 소망보다는 희망고문이었다.

그러는 동안 경제적으로도 많은 손해를 보았다. 이렇게 긴 세월 동안 거주할 줄 알았으면 전세를 얻었을 텐데, 월세로 사는 바람에 경제적으로도 지출이 많았다. 이처럼 경제적인 손해를 보면서 하나님의 음성에 따른 약속을 믿고 기다리는 것은 참으로 힘들고 절망스럽기도 했다. 믿음을 바탕으로 한 소망과 절망스러운 희망고문은 신앙의 입장에서 보면, 종이 한 장 차이였다.

나의 동역자도 소망 가운데

내가 존경하는 동역자 역시 소망 가운데 살았다. 그는 내가 하나님의 음성을 들은 대로 살아가는 것이 힘들다고 하소연을 할 때마다 자기는 한 번 들은 것에 대해서 마음이 변하지 않기에 끝까지 갈 것이라고 말하곤 했다. 그런 말을 들을 때마다 나는 부끄러움을 느꼈다. 평신도인 저 분도 저런 확신을 가지고 살아가는데, 목회자인 내가 흔들리고 불평하기에 스스로 부끄러웠다.

내가 그를 존경하는 이유가 있다. 그는 예전에 담임목사들을 도울 때는 그래도 직장생활을 하면서 나름대로 재산을 가지고 있었다. 그런데 나를 돕게 될 때, 그는 이미 은퇴했을 뿐만 아니라 경제적으로 어려운 상황 가운데 있었다. 경제적인 문제로 인해 압박을 받으면서도 하나님이 나를 도우라고 했기 때문에 끝까지 순종했다. 이에 그를 존경하지 않을 수 없었다.

그가 하나님의 음성에 순종하는 이유가 있다. 이는 그가 유턴할 시간이 없기 때문인데, 하나님의 음성을 들을 때마다 순종해야지 그렇게 하지 않으면 회개하고 용서받을 수 있도록 돌이킬 시간이 없었다는 것이다. 언제 죽을지 모르는 나이가 되었기에 조금이라도 더 하나님께 순종하여야 한다는 것이다. 그는 하나님의 음성을 듣고 순종했기에, 심판대에서 작은 칭찬이라도 듣고자 하는 소망 가운데 살고 있다.

꿈을 통해 주신 소망

하나님은 나에게 소망을 주시기 위해 꿈을 꾸게 하시곤 했다. 꿈은 여러 번 꾸었으나, 실제로 이루어지기까지 기다려야 한다. 그럼에도 불구하고 오직 하나님에 대한 믿음과 소망을 가지고 견딜 수 있었다.

지난 2016년 7월 26일 꿈에 나는 교회에 가서 교인들의 환호를 받으며 설교했다. 열광하는 많은 교인들 사이를 오가며 하나님의 말씀을 전했다. 그 가운데는 악한 세력에 맞서 몸을 던져 나를 경호했던 집사부부도 있었다. 그들은 얼굴에 환한 미소를 머금고 내가 전하는 하나님의 말씀에 응답했다. 많은 교인들과 영적으로 교감하면서 나는 열심히 설교했다.

이러한 꿈으로 인해 나는 하나님이 나를 회복시킬 시간이 다가오고 있다는 소망을 가졌다. 이전 꿈에서는 나를 향해 야유와 방해를 하는 사람들이 있었지만, 이번 꿈에서는 그런 사람들이 없었다. 하나님께서 나의 회복에 대해 구체적으로 보여주시는 꿈으로 나는 받았다. 하나님은 이를 확인시키기 위해 비슷한 꿈을 여러 번 보여주셨는데, 회복 혹은 그 이상의 새로운 길을 열어 주실 것이라 믿었다.

물론 꿈은 이루어져야 의미가 있다. 그때 비로소 그 꿈은 하나님이 주신 것으로 확증되는데, 아무튼 꿈은 나에게 소망을 가지게 하면서 하나님의 일을 끝까지 감당할 수 있도록 만들었다. 하나님은 나에게 소망을 가지도록 만드시면서 기다리게 하셨다.

포기하지 않을 소망

나는 절대로 소망을 버리지 않았다. 인간적으로 실망스러운 상황 가운데서도 소망을 버리지 않았는데, 이는 물론 내가 하나님을 신뢰했기 때문에 가능했다.

한 번은 나의 장인, 장모와 이야기를 하는 가운데 이러한 소망을 드러낸 적이 있다. 그들은 딸을 고생시키는 사위인 나를 한 편 신앙적으로 이해하면서도, 다른 한 편 인간적으로 괴로워했다. 특히 장모는 2016년 추석에 처남의 새로운 아파트에서 나에게 "우리 사위도 이렇게 넓은 아파트에서 살았는데 …" 하면서 말끝을 흐렸다. 그래서 나는 "그런 날이 꼭 올 것입니다."라고 자신 있게 대답했다. 왜냐하면 나는 하나님이 나에게 음성을 통해 약속하신 것이 이루어질 것이라는 믿음과 소망의 끈을 놓지 않았기 때문이다.

나의 아내도 이와 연관해 소망을 버리지 않았다. 아무리 친정 부모가 인간적인 면에서 안타까워해도 소망으로 고난을 이겨냈다. 나는 이러한 점에서 아내를 존경하고 사랑한다. 나와 아내는 하늘의 아버지 하나님이 우리에게 명하시고 약속하신 일이 꼭 이루어질 것이라는 믿음과 소망을 가지고 견디었다.

가족 모두 믿음 안에서 하나가 되고 소망을 가지는 것은 중요하다. 이는 서로 영적으로 의지할 수 있는 언덕이 되어주는 것인데, 가정 안에서 소망을 이어나갈 믿음을 찾지 못한다면 하나님의 일을 할 수 없다.

끝까지 지키기 힘든 소망

대부분의 목회자들과 교인들은 하나님이 주시는 소망에 대해 말하곤 한다. 하지만 하나님의 뜻대로 사는 것은 너무나 힘들고 자기가 바라는 바와 다르기 때문에, 소망을 잃어버리곤 한다. 이렇게 되는 이유는 경제적으로 돈이 필요하고 많은 사람들과 인간적으로 얽혀 신념을 지켜나가지 못하기 때문이다.

가까운 예로, 내가 아는 목사가 어느 교회에서 목회 십팔 년 만에 위기를 맞았다. 이는 원로목사가 되지 못하게 하기 위해 사임하라는 압력을 받은 것인데, 얼마나 컸던지 도저히 견디지 못 할 지경이었다. 그때 나에게 상담을 요청해 왔기에, 나는 그의 이야기를 듣고는 순교하는 마음으로 강단에 자리를 깔고 하나님의 음성을 듣기 위해 금식기도를 하라고 조언했다.

　하지만 그는 그렇게 하지 못했다. 왜냐하면 중과부적이었을 뿐만 아니라 대적자들이 타협하고자 내 놓은 금전적 보상을 놓치고 싶지 않았기 때문이다. 하나님은 그의 결정을 별로 탐탁하게 여기지 않으실 것이다. 그는 결국 교회를 사임하고 나와 시골의 한적한 곳에서 성경공부를 진행하고 있지만, 아마도 목사로서 자괴감을 느끼고 있을 것이다.

　하나님의 음성을 들은 사람에게는 소망과 연관해 주의하여야 할 것이 있다. 이는 우리의 소망이 하나님으로부터 시작되어야 한다는 것이다. 내가 바라는 것을 소망이라 해서는 안 된다. 하나님이 음성을 통해 우리에게 제시하는 것이 우리의 소망이 되어야 그 소망은 이루어질 수 있다. 이러한 점에서 우리는 나를 중심으로 하던 자세에서 하나님을 중심으로 하는 방향으로 바뀌어야 한다.

　결론적으로 하나님의 음성을 듣고 순종하는 사람이 가지는 소망은 꺼지지 않는다. 소망을 유지하는 것이 쉬운 것 같지만, 결코 쉽지 않다. 그래도 이를 감당하는 사람들이야말로 하나님의 진정한 종이요 백성이다. 우리는 하나님의 자녀로 그분이 이루시고자 하는 일이 꼭 이루어질 것이라는 믿음과 소망을 가지고 살아야 한다.

4. 신앙적 해석

하나님의 종이요 백성으로 사는 사람은 하나님께 근원을 두고 살아야 한다. 다시 말하면, 우리는 하나님이 우리에게 들려주시는 음성에 순종하며, 사명을 이룰 때까지 일용할 양식을 받으며, 소망을 가지고 살아야 한다. 하나님은 우리가 이렇게 살아갈 수 있도록 힘을 주시기에 그분을 의지하고 고난을 이겨내야 한다.

하나님은 자신이 음성을 통해 맡겨주신 일에 대해서 책임지신다. 진정 그의 음성을 듣고 순종하는 사람의 생명뿐만 아니라 삶을 책임지신다. 긴 세월이 걸린다 하더라도 이를 감당할 수 있도록 지켜주신다. 그렇지 않는다면, 어느 누가 하나님께 순종할 수 있겠는가? 사람의 마음이 다급하고 짧아서 그렇지 하나님은 자신이 세운 계획에 따라 긴 시간이라도 감당할 수 있게 하신다.

하나님은 모든 사람이 자신의 종이요 백성이기를 원하신다. 이를 위해서 꾸준히 음성을 들려주시고 순종하기를 원하신다. 하나님이 원하시는 방향으로 우리 개인뿐만 아니라 교회는 걸어가야 한다.

오늘 교리라는 틀에서 벗어나 살아계신 하나님의 음성을 듣고 순종하는 방향으로 꾸준히 가야 한다. 이것이 오늘 우리 모두 스스로 개혁되어야 할 방향이다.

제7장 들음의 확인

이 일 후에 내가 보니 하늘에 열린 문이 있는데,
내가 들은 바 처음에 내게 말하던 나팔 소리 같은
그 음성이 이르되 이리로 올라오라.
이후에 마땅히 일어날 일들을 내가 네게 보이리라 하시더라.
(요한계시록 4:19)

들어가는 글

앞장에서 나는 하나님의 음성을 들은 사람이 살아가면서 취하여야 할 자세에 대하여 세 가지를 제시했다. 이는 나의 신앙적이고 영적인 경험을 바탕으로 서술한 것인데, 이들을 견지하기를 바란다. 이번 장에서는 하나님의 음성이 가지는 특성들을 서술하고자 하는데, 이들은 하나님의 음성으로 확인할 수 있는 기준이 될 수 있다.

하나님은 오늘도 많은 사람들에게 음성을 들려주신다. 하지만 영적으로 예민한 사람이나 지적으로 똑똑한 사람은 그것이 진정 하나님의 음성인지 살피면서 확인하고자 할 것이다. 결국 하나님의 음성으로 확인된다면, 그것을 들은 사람은 순종하며 하나님을 더욱 신뢰할 것이다.

하나님의 음성은 몇 가지의 특징을 보여주는 것 같다. 첫째, 하나님은 개인의 소원에 대한 응답보다는 공동체를 향한 뜻을 전하기 위해 들려주신다. 둘째, 하나님의 음성은 여러 사람들의 증언을 통해 확인될 수 있다. 셋째, 하나님은 성령을 통해 사람에게 들려주신다. 이들은 우리가 들은 음성이 진정 하나님으로부터 온 것인지 확인할 수 있게 하는 특성이나 기준이 되는 것 같다.

1. 대의를 위하여

하나님은 사람들에게 말씀하시고, 사람들은 하나님의 음성을 듣는다. 물론 하나님이 개인에게 음성을 들려주시기도 하지만, 대개는 대의(大意)를 위해 들려주신다. 이는 하나님이 자신의 백성인 공동체에게 음성을 들려주시는 것이다.

대의를 위한 음성들

성경은 하나님이 대의를 위해서 음성을 들려주시는 경우들을 서술한다. 하나님은 선지자를 통해 이스라엘의 왕과 백성에게 음성을 들려주시곤 했는데, 자신의 백성 전체가 자기의 뜻을 따르도록 하기 위함이었다. 이러한 점에서 하나님은 주로 대의를 위하여 음성을 들려주신다.

먼저, 하나님은 대의를 위해 이스라엘의 왕에게 음성을 전하시곤 했다. 이는 아합 왕 시대에 아람을 치는 문제와 연관해서도 드러난다 (왕상 22장). 사백 명의 선지자가 승리를 예언한 반면, 미가야 선지자만이 하나님이 왕을 징벌하실 것이라고 말했다. 그러자 시드기야 선지자는 미가야 선지자의 뺨을 때렸는데, 이에 대해 미가야는 시드기야에게 골방에 숨는 날이 올 것이라고 선포했다. 좋지 못한 예언을 들은 아합 왕은 미가야 선지자를 옥에 가두고 출정했지만, 왕은 결국 적군이 쏜 화살에 맞아 죽었다. 이처럼 하나님은 대의를 위해 선지자를 통해 음성을 들려주셨다.

선지자는 하나님이 대의를 위해 전해주신 음성을 듣고 왕을 포함한 공동체에 선포하는 사람이다. 그는 하나님과 사람들 사이에서 중개자 혹은 중재자의 역할을 한다. 이러한 점에서 선지자는 백성들에게 나아가 하나님의 뜻을 전하면서 긍정적이든 부정적이든 반응을 보게 된다. 그것이 어떤 것이든지 간에 선지자는 하나님과 백성을 위하여 끝까지 감당하여야 했다.

나에게도 중요한 대의

하나님은 나에게도 대의를 위해 음성을 들려주셨다. 나는 사실 목회에 관심이 없던 사람이었지만, 하나님은 2001년 2월 중순 나를 교수직에서 목회직으로 보내시기 위해 "너 목회 나갈 준비해!"라는 음성을 들려주셨다. 이는 나를 희생시켜서라도 교회를 살리기 위한 명령으로 대의를 위한 것이었기에 순종했다.

만약 하나님이 들려주신 음성이 나의 개인적인 안일과 영달을 위한 것이었다면, 나는 의심하고 순종하지 않았을 것이다. 그리고 중간에 나에게 이득이 생길 때, 그것을 얻고 붙잡으려고 불의한 사람들과 타협했을 것이다. 하지만 대의를 위해 들었기에 악한 세력이 나를 담임목사직에서 시무해임을 시켰을 때도 실망하지 않았고 지금까지 견디었다.

하나님이 나에게 들려주신 음성이 이루어지지 않을 수도 있다.

그렇다면 이는 내가 잘못 들은 것이거나, 하나님이 나에게 들려주시지 않았는데도 내가 착각을 했거나 둘 중의 하나일 것이다. 그래도 나는 하나님이 들려주신 음성이 헛된 것이 아니라고 확신하는데, 대의를 위하여 들려진 것이기 때문이다.

많은 사람들은 나의 처신을 개인적인 집착으로 보기도 했다. 특히 나를 아끼는 사람들도 나의 아집으로 보기도 했다. 그래서 "목사님, 회복이 된다 하더라도 목회가 가능하겠습니까?"라고 묻곤 했고, 명예를 회복하고 다른 곳으로 떠나는 것이 좋겠다는 말도 했다.

이에 대해 나는 분명하게 대답했다. "하나님이 다른 길을 열어주시면 갑니다. 하지만 가지 못하게 하시는군요!" 나도 하나님의 음성을 듣지 않고 내 마음대로 살고 싶지만, 한 번 사로잡힌 후에는 그렇게 하지 못한다. 오직 하나님의 손에 달려 있기에, 나도 끝까지 가서 확인하고 싶다.

나는 사람보다 하나님이 내게 들려주신 음성에 더욱 무게를 두고 살았다. 내가 쫓겨난 곳으로 복귀해서 목회를 하게 되든 못하게 되든, 그것은 하나님이 결정할 문제다. 나는 단지 하나님이 맡겨주신 일을 할 뿐인데, 하나님이 내게 들려주신 음성은 개인을 위한 것이 아니라 교회라는 공동체를 위한 것이었기 때문이다. 나는 오직 음성을 들려주신 하나님을 바라보며, 기뻐하고 즐거워할 것이다.

대의를 위한 희생

내가 존경하는 동역자도 나와 같은 마음이었다. 그는 하나님의 음성을 들은 후 자기에게 돌아오는 경제적인 이득이 하나도 없음에도 불구하고, 목사를 도와 교회를 바로 세우고자 했다. 이를 위해 마지막 땀방울까지 쏟았는데, 결코 자기의 영달을 위해 수고하지 않았다. 은퇴한 후에 편히 쉴 수도 있었지만, 그는 교회를 바로 세우기 위한 사역을 이어갔다. 대의를 위해 끝까지 헌신했다.

그는 교회의 경비를 한 번도 사용한 적이 없었다. 이전에 교회의 일을 할 때 재정담당자가 공적인 경비를 제공하겠다고 제의했지만, 그것조차 거절했다. 그는 사회에서 경험을 많이 했기에 나중에 발목이 잡히지 않기 위해 자기 스스로 경비를 마련해서 봉사했다. 그는 어디에도 묶이지 않고 자유스럽게 헌신하고자 했는데, 이것이 바로 대의를 위해 자신을 희생하는 모습이다.

하나님의 음성을 듣고 순종하는 사람은 한 점의 의혹도 없어야 한다. 그렇지 않으면 개인의 욕심에 따라 행한 것으로 오해를 받게 된다. 이에 하나님의 음성을 듣고 순종하는 사람은 대의를 위해 자신의 욕심을 내려놓고 희생할 줄 알아야 한다.

대의를 이용하는 사람

많은 사람이 자기의 욕심과 하나님의 대의 사이를 구별하지 못한다. 예를 들면, 어떤 사람은 간증을 하면서 하나님이 자기와 가깝다는 사실을 강조했다. 그 사람은 하나님이 자기에게 해야 할 일을 바로 바로 알려주신다고 자신했다.

그러면서 2007년 대선 때 어느 대통령 후보를 지지해야 한다고 말하곤 했다. 그는 자기가 의도하지 않았는데도, 하나님이 그 후보를 자주 만나게 하신다고 자랑했다. 하나님이 그를 세우시면서 통일한국을 위해 수고하게 하실 것이라고 말하곤 했다. 그 사람은 자기만이 하나님을 위해 일하는 사람처럼 처신했다.

물론 나도 그 후보에게 표를 주었고 그는 대통령으로 선출되었다. 하지만 그 사람은 통일을 위해 별로 수고하지 않았고, 오히려 금강산에서 일어난 관광객의 피격사건으로 인해 북한과의 교류를 점점 줄였다. 이는 하나님이 통일한국을 위해 보내신 후보라고 선전했던 사람의 말이 틀렸다는 것을 의미한다. 이와 같이 대의를 위한 하나님의 음성을 판단하는 것은 생각처럼 쉬운 일은 아니다.

이후 나는 그 사람이 하나님의 음성을 듣는다고 말하는 것에 대해 신뢰하지 않았다. 내가 아는 하나님은 그러한 하나님이 아니다. 결국 그 사람은 하나님의 음성과 연관해 자신의 신통력을 세우려 했던 것밖에 되지 않는다. 당시 웬만한 사람이면 다 예상할 수 있는 결과를 두고 그런 말을 신앙과 연관시킨 것에 지나지 않는다. 이처럼 대의를 가장하여 자신의 능력을 세우는 말을 해서는 안 된다.

하나님은 각 사람의 욕심에 따른 소원을 들어주기 위해 음성을 들려주시지는 않는다. 나는 욕심을 채우기 위해 기도하다가 음성을 들은 경우가 거의 없다. 나를 향한 하나님의 뜻이 무엇인지 묻는 가운데 개인적인 소원과 연관된 음성을 들은 경우는 있지만, 별로 일어나지 않는다.

물론 개인적인 소원을 간구하다가 하나님의 음성을 통해 응답을 받는 사람이 전혀 없지는 않을 것이다. 많은 사람들이 그러한 경우를 예로 들면서 하나님께 감사한다고 간증하곤 하지만, 내가 경험한 하나님은 별로 그러한 방향으로 역사하시지 않았다. 이에 우리는 사람의 신통력과 하나님의 뜻 사이를 잘 구별해야 한다.

결론적으로 하나님은 대부분 대의를 위해 음성을 들려주신다. 물론 개인의 소원을 들어주기 위해 음성을 들려주실 때도 있겠지만, 거의 대부분 공동체가 가야 할 길을 알려주기 위해 음성을 들려주시곤 한다. 하나님은 한 사람을 통해 공동체를 일으키기를 원하시는데, 이러한 일이 많이 일어날수록 그 공동체는 하나님의 백성으로서 성숙하게 된다.

2. 증인을 통한 확인

하나님의 음성은 확인되어야 한다. 이는 여러 가지 방법을 통해 가능하지만, 하나님은 제삼자를 통해 자신이 들려주신 일을 증거하시기도 한다. 그래야 들은 사람은 그것이 하나님의 음성이었다는 것을 알고 순종할 것이다.

이중환상의 증거

하나님의 음성은 두 사람 이상에 의해 확인될 수도 있다. 이는 성경에서 증인과 연계되는데, 신명기는 두 사람 혹은 세 사람의 증인을 세우도록 규정한다 (신 19:15). 이처럼 하나님도 자기의 뜻을 확고히 드러내기 위해 둘 혹은 세 사람에게 음성을 들려주시기도 한다.

누가복음과 사도행전은 두 번 확인시키는 경우를 여러 번 서술한다. 예를 들면, 하나님은 먼저 사가랴 제사장에게 요한의 탄생을 알리기 위해 천사 가브리엘을 보낸 후, 마리아에게 다시 보내어 예수 그리스도의 수태를 알리셨다 (눅 1:8—38). 이로써 예비자로서의 요한과 메시야로서의 예수 그리스도를 소개했다. 이를 이중환상의 동기라 부를 수 있다.

이와 비슷한 사건이 바울을 부르는 서술 가운데도 나타난다. 주님은 다메섹으로 가던 바울에게 하늘의 음성을 들려주시면서 그를 이방인을 위한 그릇으로 선택하셨다. 이어 아나니아에게 환상 가운데 나타나셔서 그가 해야 할 일에 대해 알려주셨다 (행 9:1—19). 이처럼 한 사람에게 사명을 주신 후, 다른 사람에게 확인하도록 만드셨다. 이로써 바울은 자신이 이방인을 위한 사도로 부름을 받았다는 사실을 확인했다.

이어서 사도 베드로에게도 이러한 사건이 일어났다. 하나님은 기도하던 고넬료에게 자신의 사자를 보내 베드로를 청할 것을 명한 후, 욥바의 무두장이 시몬의 집에 있던 베드로에게 환상을 통해 말씀하셨다 (행 10:1—48). 정한 동물과 부정한 동물에 대한 환상을 보여주시면서 이방인을 향한 전도에 대해 알려주셨다. 이로써 베드로는 이방인을 향해 나갈 수 있었고, 고넬료의 집에 가서 복음을 전하고 세례를 베풀었다. 이는 하나님이 일을 분명하게 처리하신다는 메시지를 전한다.

누가문서저자는 하나님이 당사자 두 사람 모두에게 동일한 목적을 알려주셨다고 서술했다. 하나님은 직접 음성을 통해 들려주시든지 환상을 통해 보여주시든지 뜻을 알리신 후, 다른 사람에게도 알려주시면서 확인시켰다. 이는 증인에 대한 전승을 반영시킨 것이다.

삼중의 사건

이러한 역사는 지금도 똑같이 일어날 수 있다. 하나님은 당사자에게 음성을 들려주시면서 다른 사람에게 확인시키시기도 하지만, 이를 확인하는 것은 매우 미묘한 문제다. 이러한 문제가 제기될 때마다, 나는 결과를 통해 알 수 있다고 말한다. 하나님의 음성은 꼭 이루어지기에 나중에 확인될 수 있다.

하나님은 오늘도 자기의 종에게 확신을 가질 수 있도록 두 사람

혹은 세 사람에게 알려주시곤 한다. 하나님은 나에게도 그러한 사실을 확인시키신 적이 있다. 먼저 동역자 한 분이 자신과 가까운 목사가 교단의 부총회장으로 피선되자 나에게 알려주었는데, 나는 대뜸 "그것이 나와 무슨 상관이 있습니까?"라고 말했다. 이는 그의 입장을 생각하지도 않고 내 성격대로 말한 것이다. 그러자 그는 말문이 막혔는지 더 이상 이야기를 하지 않았다.

그런데 며칠 지나, 하나님은 산에 오르던 나에게 음성을 들려주셨다. "내가 그 목사를 통해 너의 문제를 해결할 것이다." 이를 듣는 순간 나는 하나님의 음성이라는 사실을 알았기에 바로 동역자에게 전화를 걸어 이야기를 나누었다. 그러자 그는 자기도 소식을 들었을 때, 그러한 생각을 했기에 나에게 전해준 것이라 말했다. 그러한 말을 듣는 순간 나는 인격적으로 부족한 모습에 부끄럽기만 했다.

그런데 며칠 지나 나의 제자 한 사람이 환상에 대해 전해주었다. 그는 환상 가운데 라면상자에 성냥이 가득 찬 것을 보고는 장난치고 싶은 생각이 들었다. 그래서 불을 붙이니 순식간에 성냥이 타며 마치 폭발할 상황처럼 되었는데, 그래도 상자는 불에 타지 않고 원형 그대로 있었다. 큰 불이 날 것 같은 걱정이 몰려오기도 했지만, 주변의 마당도 그냥 흙으로 되어 있어 불이 번지지 않을 것 같아 다 타도록 놓아두었다. 그리고 성냥도 쓸 일이 없기에 그냥 놓아두었다. 그런데 거의 삼분의 이가 타들어갈 때, 어느 목사가 다가오더니 아직 타지 않고 남아있던 성냥들을 삽으로 퍼내고는 순식간에 불을 꺼버리는 것이었다. 그리고는 내 제자에게 "아! 그 아이가 바른 아이다."라고 말했다. 이에 내 제자는 그 목사가 도움을 주려고 한다는 느낌을 받았기에 그를 물끄러미 바라보았다. 그러면서 환상이 끝났다.

나의 제자는 환상을 본 후 나름대로 해석했다. 그 목사가 자기의 문제뿐만 아니라 나의 문제도 해결해 줄 것이라는 느낌을 받았다는 것이다. 그러면서 자기가 얻은 영적인 느낌은 말로 표현할 수 없지만, 영감을 통해 느끼는 것이라고 부연설명했다. 중요한 것은 환상에 나타난 그 목사가 다음 날 교단의 부총회장으로 당선된 것이다. 이에 내 제자는 자기에게 보인 환상이 우연한 것이 아니라고 확신했다.

나는 음성과 환상을 통해 전해진 내용이 실제로 이루어지기를 바란다. 혹 사실로 이루어지지 않는다 하더라도, 하나님이 세 사람에게 서로 다른 시간에 서로 다른 방법으로 전해주셨다는 사실이 내게는 중요했다. 이는 우연보다는 하나님에 의한 필연으로 느껴졌기에, 더욱 관심을 가졌다. 물론 이러한 사건이 이루어진다면, 분명 하나님이 나와 함께 계신다는 것이 드러날 것이다.

이중의 사건

하나님은 같은 사건을 나와 아내에게 두 번 일으키시기도 했다. 이는 우리에게 또 다른 증거로 남았는데, 우리는 하나님이 모든 것을 주관하고 계신다는 확신을 가졌다.

나는 2016년 12월 2일 산에 가기 위해 집을 나섰다가 악한 세력 가운데 어느 정도 중요한 역할을 한 사람을 길에서 만났다. 어디 피할 수도 없는 곳에서 마주친 것이다. 이에 나는 웃으면서 악수를 청하면서 인사했다.

"오랜만입니다."
"목사님 얼굴이 좋아 보이네요."
"하나님의 때가 가까이 다가오고 있습니다."
"그게 무슨 뜻입니까?"
"꼭 기억하세요!"

나는 이런 대화를 나누고 갈 길을 재촉했다. 그리고 아내에게 전화해서 이러한 일이 있었다고 알렸다.

그런데 나의 아내는 이십 분 후 다른 곳에서 그 사람과 마주치게 되었다. 이에 눈인사를 하고 두 세 발자국을 뗐는데, 그가 말을 걸었다.

"사모님, 목사님이 이상한 말씀하시던데, 무슨 뜻인가요?"
"무슨 말을 하셨는데요?"
"하나님의 때가 가까이 다가온다고 말하던데요!"

"아, 예. 하나님이 우리에게 약속하신 시간이 다가오고 있고, 우리는 이를 기다린다는 말입니다."

"그게 무슨 일인지 알지 못하지만, 좋은 일이길 바랍니다."

"물론 좋은 일이지요."

아내는 이런 대화를 나누고는 그를 뒤로 하고 갈 길을 갔다. 그러면서 나에게 전화로 바로 알려주었다.

하나님은 나와 아내에게 같은 날 서로 다른 곳에서 그 사람을 만나게 하셨는데, 결코 우연한 일이 아니었다. 성경에 나오는 이중환상의 동기와 같이 하나님은 우리에게도 확실한 증거를 보여주신 것이다. 이로써 우리는 하나님이 정하신 때에 약속이 이루어질 것이라는 확신을 더욱 가지게 되었다.

나는 하나님께 지속적으로 기도했다. 특히 주중에 산에 올라가면서 한 걸음 한 걸음 떼면서 중얼거리기도 하고, 큰 소리를 지르면서 기도하기도 했다. 하나님이 먼저 나에게 음성을 통해 알려주신 것이고 약속하신 것이기 때문에 이루실 것이라고 믿는다고 기도했다.

징조와 증거

나의 동역자는 하나님이 일하시는 방식과 연관해 나름대로 관점을 가지고 있었다. 이는 자기가 하나님의 음성을 듣고 일을 해 보니 시간이 오래 걸려도 해결될 때는 순식간에 되더라는 것이다. 이를 여러 번 경험했기에 자기는 이루어질 때까지 징조와 증거를 살피면서 기다린다고 말했다.

그는 자기가 하나님의 일을 하다가 경험한 일들을 말해 주었다. 어떤 것은 삼 년이 걸리고 어떤 것은 오 년 걸려도, 해결될 때는 짧은 시간 안에 해결되는 경우를 여러 번 경험했다. 그러면서 일이 해결될 즈음이 되면 꼭 징조가 나타나기에 이를 잘 살펴야 한다고 강조했다.

사실 성경을 보면, 오랜 시간 기다리다가 하나님이 순식간에 해결시키는 사건들이 여러 번 기록되어 있다. 꿈을 통해 하나님의 음성을 들었던 요셉은 십삼 년 동안 고생했지만, 애굽의 바로가 꾼 꿈을 해석함으로써 순식간에 총리의 자리에 올랐다. 이후 이스라엘 백성이 애굽에서 수백 년 동안 종살이를 했지만, 하나님은 모세를 통해 순식간에 해방시켰다. 이후 바벨론에 붙잡혀 가 칠십 년 동안 포로로 살았지만, 바사를 일으켜 순식간에 해방되었다.

하나님은 오늘도 자신이 계획한 시간에 일을 순식간에 해결시키신다. 이와 연관해, 나의 동역자는 하나님이 일을 처리하시기 전에 보여주시는 징조와 증거를 살펴야 한다고 말했다. 그는 특히 나를 내쫓은 악한 세력으로 인해 교회가 번창하고 있으면, 이는 내가 잘못된 것이라고 말하곤 했다. 하지만 그들에 의해 잘 되지 않고 있기에 이는 우리에게 징조가 되고 영적인 증거가 된다고 말하곤 했다.

이에 그는 나에게 상황을 지켜보면서 시기를 살피자고 말했다. 분명 하나님이 틈새를 보여주시면서 문제가 해결될 순간을 마련해 주실 것이라 강조했다. 아무튼 우리는 하나님이 주시는 시기를 향한 징조와 증거를 살피면서 끝까지 기다렸다.

증거를 받은 후의 기도

하나님의 음성은 여러 경로를 통해 확인된다. 나는 혼자 들어도, 그것이 이루어지기까지 기다리며 순종했는데, 하나님이 동역자에게도 같은 생각을 주셨기에 이를 하나님의 뜻으로 받아들였다. 더 많은 사람들에게 알려주시지 않아도, 두 사람 아니면 세 사람이면 충분했다. 이중 혹은 삼중의 증거보다 더 확실한 증거는 없다.

우리는 영적으로 확실한 징조와 증거를 가져야 하나님의 일에 몸을 바칠 수 있다. 물론 그 징조와 증거는 하나님이 우리에게 주시는 것이어야지 내가 제시하는 것이어서는 안 된다. 하나님이 주신 징조와 증거가 있을 때, 우리는 들은 음성을 따라 순종하며 그분의 뜻을 이루어드릴 수 있다.

증거를 얻은 이후 나는 하나님께 기도하는 내용을 바꾸었다. 이전에는 하나님이 약속하신 시간에 대해 물었지만, 시간에 대한 약속을 받은 후에는 하나님이 이루실 것을 믿는다고 기도했다. 그럼에도 불구하고 나도 사람인지라 시간이 지날수록 염려되어 초조해지기도 했다. 그때마다 나의 불신을 용서해 달라고 기도하곤 했다.

결론적으로 하나님은 모든 일을 확실하게 진행시키신다. 징조를 보여주시고 증거를 드러내시면서 들은 음성에 순종하도록 만드시는데, 이는 하나님의 음성을 들은 사람으로 하여금 흔들리지 않고 끝까지 감당하도록 하기 위함이다.

3. 성령의 인도

하나님은 성령을 통해 음성을 들려주시면서 이를 확인하게 하신다. 성령의 역사는 영적이고 주관적이기에 확인하기 쉽지 않지만, 우리는 성령의 인도를 따라 하나님의 음성인지 아닌지 확인하여야 한다. 이에 성령을 확인여부를 결정하기 위한 기준으로 삼아야 한다.

성령이 주는 음성

성령은 하나님의 음성과 그렇지 않은 음성 사이를 구별하도록 도우신다. 예를 들면, 예수와 그를 시험한 마귀 사이가 그러했다 (마 4:1—11). 마귀는 예수를 시험할 때 '하나님의 아들'이라는 칭호를 사용했는데, 물론 표면적으로 인정한 것이 속으로도 인정한 것인지 분명하지 않다. 이에 성령은 예수가 성경을 인용하면서 시험하는 마귀를 물리칠 수 있도록 지켜보면서 도우셨다. 성령은 예수로 하여금 하나님의 말씀과 마귀의 의도 사이를 구별할 수 있게 해 주었다.

성경은 마귀의 음성을 듣고 이를 하나님의 음성으로 이해한 경우를 구체적으로 서술하지는 않는다. 하지만 사탄도 자기를 광명의 천사로 가장한다고 기록하고 있는데, 이는 사탄도 하나님의 음성을 들려주는 것처럼 기만할 수 있다는 것이다 (고후 11:14—15). 그렇기에 음성을 듣는 사람은 그것이 과연 하나님의 음성인지 아닌지 분별할 수 있어야 하는데, 이는 성령의 인도 가운데 이루어져야 한다.

하나님의 음성과 사탄의 소리 둘 사이의 차이는 아주 미묘하다. 사실 사람이 인지능력으로 구별한다는 것 자체가 불가능하다. 그렇다고 누군가가 "이것은 하나님의 음성이고 저것은 아니다."라고 분별해 주는 것도 아니다. 우리는 마귀와 사탄의 음성을 구별할 만한 능력이 없기에, 이를 구별할 수 있는 성령을 구하여야 한다.

성령은 우리에게 하나님의 음성과 사탄의 소리를 구별할 수 있는 능력을 주시는데, 이는 하나님의 감동을 주셔서 그 음성을 영적으로 확인하게 하신다. 이는 영적인 사람만이 알 수 있는 것으로 하나님의 음성을 판단하는 데 중요한 기준이다.

피하여야 할 종교다원주의
성령에 대한 인식은 주의 깊게 다루어져야 한다. 왜냐하면 이를

너무 넓게 인정하면, 오늘날 신학계에서 뜨거운 논쟁거리인 종교
다원주의에 빠질 수 있기 때문이다. 종교다원주의는 다른 종교에
도 구원이 있다고 주장하는데, 듣는 사람이 음성을 전해준 주체를
하나님이 아닌 다른 신으로 규정할 수도 있다는 점에서 위험하다.
이에 잘못하면 기독교의 범주를 넘어 만신론에 빠질 수도 있다.

　이와 연관해, 나는 어느 목회자모임에서 하나님의 음성을 듣는
것에 대해 강조한 적이 있다. 그때 어느 목사가 "그런 식으로 주장
하면, 요즈음 진보적인 신학자들이 말하는 종교다원주의에 빠질
수 있습니다."라고 말하면서 항의했다. 이에 나는 그의 비판을 우
선 인정한 후, 그것을 구별하게 하는 분은 성령이라고 대답했다. 주
관적이지만 영적인 관점에서 판단하여야 한다고 대답했다.

　오늘 우리는 성령의 인도 아래 하나님의 음성을 확인할 수 있어
야 한다. 성령은 하나님의 깊은 것을 통달하는 존재이기에 이를 들
으며 확인할 수 있게 해 준다. 이러한 인도 없이 아무 음성이나 하
나님이 들려주신 것으로 받아들여서는 안 된다. 이는 영적인 작업
이기에 조심스러우면서도 힘든 작업이다.

　구별해야 할 영역

　하나님의 음성을 듣는 것과 다른 신의 음성을 듣는 것은 종이 한
장 차이다. 성령은 이를 구별하게 하지만, 이 역시 영적이고 주관
적이기 때문에 객관적으로 증명할 수는 없다. 이때 영적인 것은 영

으로써 분별하여야 한다는 사도 바울의 가르침을 기억하여야 한다 (고전 2:13).

물론 이를 구별할 수 있는 영적 수준에 이르기 위해서는 우리가 영적으로 훈련이 되어 있어야 한다. 이에 주관을 내려놓고, 성령이 인도하도록 자신을 비우면, 하나님의 음성과 다른 신의 음성 사이에 존재하는 미묘한 차이를 영적으로 구별하게 된다. 이러한 점에서 우리는 다시 한 번 하나님의 주도권을 인정하여야 한다.

더 주의하여야 할 문제가 있다. 이는 자신과 하나님 사이의 영역을 구별하는 것인데, 이를 구별하지 못하면 사람이 하나님의 자리를 차지하게 된다. 그럴 경우 신성모독에 해당하는 잘못을 저지를 수 있기에 조심하여야 한다. 이에 우리는 성령의 인도를 받아 자신과 하나님 사이의 영역을 구별하여야 한다.

하지만 이러한 구별을 할 줄 모르는 사람이 많다. 예를 들면, 어느 목사는 자기 주관이 너무 강해 목회하는 가운데 반영되었다. 그는 하나님이 사람을 통해 역사하신다고 하면서 목사의 역할을 강조했다. 그리고 자기가 마치 하나님이 말씀하시고자 하는 것을 전한다는 착각 속에서 권위적으로 행동하고 말했다.

결론적으로 성령은 하나님의 깊은 속을 통달한다. 이는 성경이 전하는 내용이기도 하다 (고전 2:10). 그렇기에 성령은 하나님의 음성을 들려주고 확인시키는 일을 한다. 이러한 역사는 오늘 모든 기독인들에게도 같은 방법으로 이루어지고 있다. 이에 우리는 전적으로 성령에 의지하여 하나님의 음성을 듣고 확인하면서 순종하여야 할 것이다.

4. 신앙적 해석

하나님이 들려주시는 음성은 항상 확인되어야 한다. 우선, 개인적인 것인지 대의적인 것인지 구별할 필요가 있다. 이에 더하여, 성령의 인도 아래 당사자에게 확인될 수도 있지만, 영적인 다른 사람을 통해서 확인될 수 있는지도 살펴보아야 한다. 우리는 이러한 과정을 통해 최소한 두 사람 혹은 두 번의 경우를 확인하는 것이 중요하다. 그런 경우 이를 하나님이 주신 음성으로 확실하게 받아들일 수 있다.

기독교의 믿음은 후험적이다. 이는 우리가 영적으로 경험한 것만큼 믿을 수 있고 자랄 수 있다는 것이다. 이에 하나님의 음성을 듣고 순종하는 것에 대한 고백은 오늘도 이어져야 한다. 이러한 글이 오늘도 계속 기록되어야 한다. 이러한 글들이 영적인 사람들에 의해 인정될 때, 이는 거룩한 책이 될 수 있다. 그러는 가운데 하나님은 우리와 함께 하시는 분이 된다.

이미 앞에서도 언급한 바와 같이 하나님의 음성을 듣는 방향으로 각 기독인뿐만 아니라 한국교회가 나아가야 한다. 이는 대의를 통해 교회를 살리는 개혁의 방향이어야 한다. 개혁은 새로운 것을 추구하고 주장하는 것이 아니라 기독교 신앙의 본질을 회복하는 것인데, 이는 하나님이 들려주시는 음성에 순종하는 것이다. 하나님의 영 곧 성령이 인도하는 대로 이를 듣고 순종하며 결과를 확인하여야 한다. 그럴 때 각 기독인뿐만 아니라 한국교회 전체가 진정 하나님의 백성으로 살아갈 수 있게 된다.

제8장 복음의 전파

예수께서 나아와 말씀하여 이르시되
하늘과 땅의 모든 권세를 내게 주셨으니 그러므로
너희는 가서 모든 민족을 제자로 삼아
아버지와 아들과 성령의 이름으로 세례를 베풀고
내가 너희에게 분부한 모든 것을 가르쳐 지키게 하라
(마태복음 28:18—19)

들어가는 글

앞장에서 나는 하나님의 음성이 여러 경로를 통해 확인되어야 한다고 서술했다. 하나님의 음성은 대개 공동체를 향한 대의로서 다른 증인과 함께 성령에 의해 확인될 때 힘을 가지며 열매를 맺는다. 이에 열매로서 맺어야 할 내용을 여기에 적고자 한다.

하나님은 지금도 자신의 백성에게 선지자를 보내신다. 그리고 그러한 사람을 통해 자신의 뜻을 들려주시는데, 우리나라와 겨레를 향하여 무엇인가 말씀하신다. 지금은 하나님의 음성이 미약할지라도 이를 잘 지킨다면, 우리는 창대하게 될 것이다. 또한 우리의 후손도 큰 열매를 누리게 될 것이다.

하나님의 음성을 들어야 한다는 것은 기독교의 믿음 곧 신앙의 본질이다. 하지만 기본적이고 본질적인 것이 무시되어 한국교회가 위기에 처해 있기에 하나님은 지금도 자기의 종을 통해 몇 가지의 내용을 전하시고 있다. 교회가 이를 잘 받아들인다면, 한국의 교회뿐만 아니라 우리나라와 민족이 행복한 미래를 열어갈 것이다. 이는 모든 기독인에게 주어진 사명이다.

1. 정직성

하나님은 우리 한국 사람들이 정직하기를 바라신다. 이는 기독교뿐만 아니라 모든 종교가 가르치는 기본적인 윤리임에도 불구하고 대체로 정직하지 않다. 하지만 정직한 사람은 더딜지라도 하나님의 은혜와 복을 받는데, 오늘 이 시기에 꼭 필요한 가치관이다.

성경은 정직을

성경은 정직에 대해서 가르친다. 정직은 하나님으로부터 들은 대로 지키는 것이다. 에덴동산에서 일어났던 일을 제시하면, 아담과 하와는 하나님으로부터 선악과를 따먹는 날에 정녕 죽을 것이라는 계명을 들었지만 지키지 않아 죽었다 (창 3장). 하나님은 자신이 천명한 대로 행했고, 아담과 하와는 하나님이 약속한 대로 죽음을 맞았다. 이처럼 하나님과의 관계성 속에서 약속한 대로 하는 것이 정직이다.

이와 같은 선상에서 마태복음에 서술된 팔복 역시 정직에 대해 가르친다. 이는 예수가 전한 여섯 번째 축복문으로 마음이 청결한 사람이 하나님을 볼 것이라는 가르침이다 (마 5:8). 여기서 마음은 사람의 의지가 있는 곳으로 하나도 숨기는 것이 없는 상태를 의미한다. 그러한 사람은 하나님을 볼 것인데, 이는 아담과 하와가 에덴동산에서 선악과를 따 먹은 후 하나님을 피했던 사건과 대조된다.

다시 말하면, 하나님을 눈으로 보는 것은 하늘나라 곧 에덴동산으로 복귀된 상태를 의미한다.

성경은 하나님으로부터 들었던 음성 그대로 순종하는 것을 정직이라고 규정한다. 이에 우리도 들은 음성이 있다면 그대로 순종할 때 정직하고 마음이 청결한 사람으로 하늘나라 곧 에덴동산으로 복귀해 원래 창조된 사람으로서의 성품을 회복한 사람으로서 살게 된다.

종교적인 면에서의 정직성은 윤리적인 면으로 발전되었다. 그래서 대부분의 종교들은 사람이 정직하여야 한다고 가르치는데, 이는 사람이 생각하는 것과 말하는 것 사이에 일치가 되어야 한다는 것을 의미한다. 이를 완전히 지키는 것이 힘들지라도 최선을 다해 일치시켜 나가야 한다.

정직의 중요성

기독교는 정직을 중요한 덕목으로 가르쳤다. 그래서 복음이 전파된 나라와 민족마다 정직해졌다. 예를 들면, 미국의 초대 대통령인 죠지 워싱턴의 어린 시절 이야기는 아주 유명한데, 이는 그의 아버지가 아끼던 벚나무를 도끼로 벤 사건에 대한 것이다. 물론 그 이야기가 조작이 되었다는 주장도 있지만, 이것이 던져주는 의미는 분명하다. 기독교 정신으로 시작된 미국에서는 정직성이 중요한 윤리적 가치로 자리를 잡고 있다.

이와 연관된 사건이 백악관에서 일어난 적이 있다. 이는 거의 이십 년 전 미국의 클린턴 대통령이 백악관의 도서관 안에서 인턴과 성관계를 맺은 것과 연관된 문제였다. 이것이 사건화가 되었을 때, 미국의 언론은 대통령의 정직성에 초점을 맞춘 반면, 우리나라의 언론은 성추문에 초점을 맞추었다. 다시 말하면, 미국의 언론은 대통령의 부적절한 관계를 시인하느냐 시인하지 않느냐 하는 정직성에 관심을 기울였다. 이는 가치관에 있어 관점의 차이를 보여주는데, 기독교문화 가운데 있던 미국은 정직을 중요하게 여긴 것이다.

한국교회의 목회자들은 정직하여야 한다. 하지만 그렇지 못한 경우가 많은데, 교회가 커지면서 이러한 현상은 더욱 심해졌다. 또한 교인들 역시 정직에 대하여 무감각해진 것 같은데, 이는 목회자들로부터 부정직을 배우기 때문이다. 이로 인해 교회가 우리나라와 겨레 가운데서 존재해야 할 이유를 점점 잃어가고 있다.

체면을 중요하게 여기는 문화풍토 가운데 정직하게 사는 것은 힘들다. 서로 얽힌 인간관계로 인해 문제가 생겼을 때, 우리는 당사자들과의 인간관계로 인해 정직하기가 참으로 힘들다. 그럼에도 불구하고 기독인으로서 우리는 전통적인 가치를 넘어 정직해야 한다. 한국교회는 정직을 통해 우리나라와 겨레를 변화시켜야 하는데, 이것이 오늘 우리에게 주어진 사명이다.

지도자의 정직성

우리나라의 지도자들은 국민에 대해 정직하여야 한다. 물론 우리나라의 지도자들 가운데 훌륭한 분들도 많이 있지만, 그렇지 못한 사람들이 더 많다. 이로 인해 대부분 서민인 국민은 지도자들을 별로 신뢰하지 않는다. 물론 완전히 정직할 수는 없지만, 그래도 정직하고자 하여야 한다.

정직하지 못했던 지도자로 인해 국민들이 피해를 겪은 사건들은 역사상 너무나도 많다. 예를 들면, 조선왕국 시절 일본이 임진년에 침략을 했을 때 선조는 한성을 수호하겠다고 약속했지만, 일부 대신들과 함께 의주로 피신했다. 여차하면 중국으로 넘어갈 판이었다. 왕의 약속을 믿고 있던 많은 백성들이 죽임을 당하고 피해를 보아, 조정에 대한 불신이 커졌다.

이와 비슷한 경우로 대한민국의 초대 대통령이었던 이승만을 들 수 있다. 그는 북한이 남침을 하자 수도를 사수할 것이라고 천명했지만, 인민군이 파죽지세로 몰려오자 대전으로 피신하면서 한강 다리를 폭파시켰다. 그의 약속을 믿고 서울에 남아있던 많은 사람들이 인민군에 의해 고난을 당하고, 북쪽으로 끌려갔고, 부역을 당하면서 불이익을 당했다. 더 큰 문제는 서울을 수복한 후, 부역을 한 사람들을 징벌하면서 약한 백성에게 책임을 돌리고 만 것이다.

하나님은 우리나라가 잘 살기를 원하신다. 이를 위해 박정희 대통령을 통해 새마을운동을 시작하면서, '근면, 자조, 자립'을 표어로 '잘 살아보세!'라고 외쳤다. 대대적인 개혁과 발전을 시도해 잘

사는 나라가 되었지만, 표어 가운데 한 가지 빠진 것이 있는데 이는 '정직'이다. 당시 대부분의 사람들은 잘 사는 데 집중했지, 자세에 있어서는 부족해서 정직한 방법으로 하지 않았다.

더욱이 제5공화국 당시 나라의 지도자는 정의로운 사회를 목표로 세웠다. 그래서 파출소마다 '정의사회구현'이라는 간판을 달았지만, 국민들을 향한 표어일 뿐 대통령을 비롯해서 대부분의 지도자들은 정의롭지 못했다. '내가 하면 낭만, 남이 하면 불륜'이라는 식의 잣대를 댔기에 결국 피해를 당한 사람은 국민들이었다. 이로 인해 결국 민주항쟁이 일어나고 제5공화국은 막을 내렸다.

이후도 마찬가지였다. 기독교의 장로로서 대통령이 된 사람이 두 명이나 있었지만, 우리나라와 겨레는 결코 정직해지지 않았다. 오히려 경제적으로 어려움을 당하며 힘든 시절을 보냈다. 전자는 국제통화기금에 도움을 청하는 어려움에 빠졌고, 후자는 미국의 서브프라임모기지사태로 인해 어려움을 당했다. 이에 그들은 우리나라와 겨레를 바로 세우지는 못했고, 국민들에게 피해만 끼치고 말았다.

생활 속의 정직

종교적인 관점에서 정직성에 대한 배경으로 무교를 지적하곤 한다. 우리가 잘 아는 바와 같이, 무당은 제주에게 신의 이름으로 잘못을 꾸짖곤 한다. 그러면 제주는 잘못했다고 빌지만, 근본적으로 고치기보다는 당시 상황을 무마하기 위해서 "앞으로 잘 하겠으니 한 번만 봐 달라."고 말한다. 그러면 무당은 못이기는 척하면서 신의 이름으로 용서하는데, 이는 우리 한국 사람들을 근본부터 정직하고 깨끗하게 살기보다는 임시방편으로 순간의 상황을 모면하도록 가르쳐왔다. 이로 인해 우리는 정직보다는 거짓된 자세로 위기를 넘기는 데 익숙해졌다.

언젠가 정직성에 대해 지인과 이야기를 나눈 적이 있다. 그는 식료품을 납품하는 사업을 하는데, 그때 그때 상황을 봐서 남보다 빠르게 약간의 불법도 행하면서 사업을 한다고 말했다. 물론 그렇게 해서 자기의 사업을 키우는 것이 필요하겠지만, 정직하지 못하면 결국에는 사람들이 서로 불신하게 되고 미래에 대한 불확실성만을 키우게 된다. 서로 신뢰할 수 있는 정직을 바탕으로 한 상도가 필요하다.

정직에 대한 요구는 나에게도 예외는 아니었다. 내가 교회에서 고난을 당한 것도 불의에 대해 타협하지 않았기 때문인데, 만약 내가 악한 세력의 요구를 들어주고 뒷돈을 받으면서 설교를 했다면 나는 하나님과 사람 앞에서 정직하지 못한 사람이 될 수밖에 없었다. 하지만 하나님이 지켜보시고 내 주변의 사람들이 알기에, 나는 그렇게 하지 않았고 하지도 못했다. 물론 오랜 시간 경제적으로 또한 심적으로 고생은 많았지만, 하나님 앞에서 정직했기에 부끄럽지 않다.

결론적으로 하나님은 오늘도 우리나라와 겨레가 정직하기를 원하신다. 이는 사람이 사람과 함께 살아가는 데 있어 오랫동안 서로 신뢰할 수 있게 하는 길이다. 국민들이 서로 신뢰하여야 진정 잘 살 수 있는데, 이를 위해 한국교회가 앞장서기를 원하신다. 하나님은 우리 한 사람 한 사람에게 "정직하라!"는 음성을 들려주시고 있다.

2. 상생의 정신

하나님은 우리에게 상생의 정신으로 살아가라고 말씀하신다. 이는 모든 사람들이 서로 잘 살 수 있는 길인데, 잘 되지 않고 있다. 모든 나라와 민족은 서로 다른 가치관을 가진 집단이지만, 문제를 해결해 나가는 방식에 따라 그들이 강해질 수도 있고 약해질 수도 있다. 하나님은 우리나라와 겨레가 상생의 정신으로 강해지기를 원하신다.

상생을 위한 사랑

하나님은 태초부터 사람들이 상생하기를 원하셨다. 하나님이 사람 곧 남자와 여자를 만드실 때부터 이는 분명했는데, 그들은 서로 돕는 배필이 되어야 한다는 가르침에서 정점을 이룬다 (창 1:27; 2:18—24). 이는 하나님이 창조하신 목적을 위하여 서로 도우면서 살아가야 한다는 의미를 담고 있다. 이처럼 하나님은 사람에게 상생의 정신으로 살아가기를 원하셨다.

사람의 창조이야기는 역사적인 서술보다는 신학적인 서술이다. 사실 사람이 어떤 과정을 통해 생겨났는지 정확히 알 수는 없지만, 사람들은 철학적이고 종교적인 의미를 부여해 왔다. 유대인과 기독인은 남자와 여자가 한 몸이 될 때, 진정한 사람이 된다는 의미를 부여했고 또한 서로 돕고 살고자 했기에 복음이 전해지는 곳마다 서로 도우며 잘 사는 문화를 형성해 왔다.

예수 그리스도도 상생에 대해 가르치셨다. 이는 "서로 사랑하라."는 가르침으로 요약될 수 있다 (요 15:12). "이웃을 내 몸과 같이 사랑하라."는 계명과 "원수를 사랑하라."는 것과 맥을 같이 한다. 서로 사랑하는 것은 서로 잘 살 수 있도록 상대방에게 조력자가 되는 것인데, 예수 그리스도는 하나님이 태초에 사람을 창조하신 목적에 따라 가르쳤다.

사람이 서로 사랑하는 것은 말처럼 쉬운 일이 아니다. 그래도 서로 사랑하는 마음을 가지도록 노력하는 사회는 그렇지 않은 사회에 비해 훨씬 여유롭고 풍요로워진다. 이것이 바로 하나님이 사람들에게 원하시는 방법이요 목적인데, 복음이 전파되는 나라와 민족이 잘 살고 강하게 되는 이유가 바로 '서로 사랑' 곧 상생의 정신에 있다.

우리의 상생정신은?

안타깝게도 우리 한국사람들은 상생의 정신이 부족한 것 같다. 어느 나라 어느 민족이든 서로 갈등의 관계 속에 있지만, 이를 풀어가는 방식으로 인해 결과는 달라진다. 서로 살아갈 수 있도록 사랑하고 상생의 정신으로 살아갈 때, 그 나라와 민족은 점점 융성하게 된다. 반대로 갈등의 문제를 오직 한 편의 관점에서 해결하고자 할 때, 싸움은 끝나지 않고 결과는 비참해진다.

나는 대통령부터 상대방을 인정할 줄 아는 정치를 해야 한다고 생각한다. 국민을 섬기는 정치를 하겠다던 사람이 대통령이 되면 국민들 위에 군림하면서 자기의 편과 반대의 편으로 갈라놓으니 우리나라가 잘 될 리가 없다. 이러한 지도자로 인해 국민들이 상처를 받게 되면, 이를 치유하는 데 몇 세대의 시간이 필요하다. 바로 이러한 정치가 우리나라와 겨레를 죽이고 있다.

우리나라의 지도자는 상생의 정신으로 국민들에게 다가가야 한다. 이는 예나 지금이나 마찬가지로 변함이 없는 원칙인데, 그렇지 않을 때는 지도자나 국민이나 모두 비참해진다. 이에 우리는 상생의 정신을 갖춘 지도자를 세워야 한다.

나의 상생의 정신은?

상생의 정신은 서로 상식선에서 주고받는 것을 의미한다. 더 나아가 자기가 조금 손해를 보더라도 상대방을 배려하는 것인데, 이는 하나님을 본받아 사는 삶이기도 하다. 결국 서로 배려하면서 상대방에게 소망을 가지도록 하기에, 함께 살아가는 것이 즐거운 사회가 된다.

나도 상생의 정신과 연관해 볼 때 상당히 부족한 사람이다. 남보다 나의 유익에 더 관심을 가졌고, 지금도 그렇게 살아간다. 하지만 이에 대해서 알기에 고치고 개선할 여지는 있다. 성경의 가르침에 더하여 네트워크 마케팅을 통해 상생의 정신을 더 배우고 실천하게 되었다. 물론 수익을 위해서 그렇게 하지만, 이전의 다른 집단에서 경험하지 못한 것을 실천한다. 나는 우리나라의 사람들이 네트워크 마케팅이 제시하는 상생의 정신을 배워 실천하면 좋겠다고 생각한다.

결론적으로 하나님은 우리나라와 겨레에게 상생의 정신으로 살라고 말씀하신다. 이는 인간적으로 화목하고 아름답게 살아가는 길이면서도 신앙적으로는 태초에 하나님이 창조하신 사람의 모습을 회복하는 길이다. 이때 하나님은 우리나라와 민족에게 에덴동산과도 같은 삶의 공간을 회복시켜 주실 것이다. 결국 세계에서 앞서나가는 나라와 겨레가 되게 하실 것이다.

3. 신관에 따른 역사

하나님은 우리에게 기독교의 관점에서 역사를 세우라고 말씀하신다. 이는 하나님이 우리나라와 겨레를 세우셨다는 믿음을 근거로 삼는데, 이는 점점 작아지는 나라가 아니라 커지는 나라가 되게 하는 신앙적인 신념을 불어넣을 것이다. 우리는 하나님의 관점에서 역사를 세우면서 더 강성하고 살기 좋은 나라와 겨레를 만들어 가야 한다.

역사에 대한 성경적 이해

하나님은 우리나라와 겨레를 세우셨다. 우리는 하나님이 역사하신 것을 서술하고, 이를 바탕으로 오늘을 살며 내일을 바라보아야 한다. 과거에 대한 올바른 평가 없이 힘찬 현재와 밝은 미래는 있을 수 없다. 역사는 연속해서 흐르는 것이기에, 우리는 이를 하나님의 관점에서 서술하며 정신적이면서도 신앙적인 바탕을 만들어야 한다.

유대인들은 자기들의 역사를 하나님과 연계시켜 서술했다. 그들은 자기들의 역사를 하나님의 관점에서 보면서 고난을 이겨냈고, 이를 성경으로 형성해냈다. 만약 성경에 기록된 역사를 가지고 있지 않았다면, 그들은 나라를 잃고 떠돌아다니면서 사라져버렸을 것이다. 하지만 그들은 성경을 통해 역사를 기억하고 신앙으로 승화시켰기에 지금까지 생존할 수 있었다. 이와 마찬가지로 우리도 우리나라와 겨레의 역사를 신앙적인 입장에서 정립하여야 하는데, 이는 하나님이 우리에게 주신 시대적인 사명이다.

지난 날 우리의 역사를 성경적인 관점에서 쓰고자 했던 분이 있었다. 함석헌 선생님은 '성서적 입장에서 본 조선역사'를 저술했다가, 이를 '뜻으로 본 한국역사'로 다시 출간했다. 하지만 그는 이스라엘의 역사에 비추어 우리의 역사를 비교하는 입장에서 서술했다. 이는 진정 하나님이 우리에게 원하시는 역사관이 아니고, 우리는 하나님이 우리나라와 겨레를 향해 보여주신 일들을 독립적으로 서술하여야 한다. 그렇게 할 때, 하나님은 우리나라와 겨레 가운데 오래 머무르실 것이다.

나의 신앙적 역사관

하나님은 나에게 역사관을 정립하도록 사명을 주셨다. 나는 성경에 나오는 역사적 서술을 통해 신앙적인 역사관을 배웠는데, 이를 바탕으로 역사신학자와 함께 우리의 역사를 서술고자 한다. 내가 못한다 하더라도 성경신학자와 역사신학자는 협력하여 이를 해내야 한다. 이를 위해 그들은 논의하고 글을 쓰고 역사를 정립하여야 한다.

불교는 우리나라의 역사를 자기 나름대로 서술했는데, 이는 건국신화이다. 일영스님이 삼국유사에 남긴 단군신화를 보면 하늘의 환인이 소개되는데, 이는 불교에서 전하는 천상의 존재로부터 우리나라와 겨레가 시작되었다고 쓴 것이다. 환인이 환웅을 세상에 보냈고, 단군을 낳았다고 서술하는데, 이는 배달국의 통치자인 환웅과 고조선의 통치자인 단군을 마치 한 사람처럼 서술하며 신화화했다. 이는 잘못된 것이기에, 우리는 신화 속으로 구겨 넣은 우리의 역사를 복원하여야 한다.

'환단고기(桓檀古記)'에 의하면, 환웅과 단군은 역사적인 인물들이다. 배달국에는 열여섯 분의 환웅이 있었고, 고조선에는 마흔일곱 분의 단군이 있었다. 물론 환단고기가 역사적으로 가치를 가지고 있는지에 대해 많은 학자들이 의심하기는 한다. 그럼에도 불구하고 중요한 것은 고려시대에 일영스님은 우리나라의 역사를 불교의 관점에서 정립했다는 것이다. 조선왕국에서는 종교적인 관점에서 역사를 서술하지 않았고, 대한민국은 더더욱 이러한 관점에 대해 전혀 관심을 가지지 않고 있다.

역사의 관점은 매우 중요하다. 이에 기독인들은 하나님이 우리나라를 세우신 것으로 서술할 줄 알아야 한다. 이를 위해 건국신화를 재해석하여야 하며, 배달국과 고조선 그리고 고구려(백제, 신라 포함)로 이어지는 역사를 하나님과 연관시켜 해석하고 서술하여야 한다. 이후 고려왕국, 조선왕국, 그리고 대한민국의 역사는 그러한 관점에서 서술하여야 한다.

참으로 안타까운 것은 우리들이 역사에 대해 인식이 부족하다는 사실이다. 대한민국의 제7공화국 헌법을 보면, 전문에 "유구한 역사와 전통에 빛나는 우리 대한민국 …"이라고 서술되어 있다. 이는 우리나라의 시작에 대해 애매모호한 서술을 하고 있는데, 정말 실망하지 않을 수 없다. 약 오천 년 전 배달국에서 시작된 나라라고 규정하든지, 아니면 고조선으로부터 시작되었다고 서술하든지, 그것도 아니면 고구려라고 선언을 하든지 분명히 했으면 좋겠다. 애매한 역사인식은 오늘 우리로 하여금 역사에 대해 자부심을 잃어버리게 한다.

한국교회의 역사관

한국의 교회가 우리의 역사를 하나님의 관점에서 제대로 서술하여야 한다. 우리가 이를 올바로 정립하면 하나님이 우리 가운데 계속 남아계실 것이지만, 이를 정립하지 않거나 못한다면 하나님은 계속 외국에서 전래된 신으로 인식될 것이다. 그렇게 되면, 언제까지 믿음의 대상으로 남아있을 지 아무도 알 수 없다. 그러므로 하나님을 우리의 하나님으로 고백하는 역사화 작업은 한국교회의 생존과 직결되어 있다.

언젠가 역사관의 중요성을 보여주는 사건이 터지기도 했다. 국무총리로 지명된 사람이 이전에 어느 교회에서 장로이자 신문사의 주필로서 강연한 것이 문제가 된 것이다. 그는 일본이 우리나라를 강제적으로 합병한 것도 하나님의 뜻에 의해 이루어졌다고 발언했었는데, 이것이 드러나면서 여론의 뭇매를 맞고 결국 국무총리지명자의 자리에서 물러나야 했다. 물론 그 사람 나름대로 신앙적인 판단에 의해 그렇게 해석했을 수도 있지만, 나는 영적으로 그의 해석에 동의하지 않는다.

잘못된 역사관은 우리나라와 겨레에게 치명적인 해를 끼친다. 더욱이 이를 하나님의 이름으로 자기 마음대로 해석해서는 안 되고, 전문적이고 영적으로 역량을 가진 사람들이 다루어야 한다. 왜냐하면 이것이 우리나라와 겨레의 운명을 좌우하기 때문이다. 우리는 이에 관심을 가지고 사명으로 키워가야 한다.

한국의 종교 가운데 역사와 신앙을 연결하는 곳이 있기는 하다. 그 종교는 우리의 고대역사를 신앙적으로 해석하는데, 그들의 역사화 시도는 내게 신선하게 다가왔다. 그들은 이러한 시도를 통해 세력을 확대시켜 나갈 것이다. 물론 이러한 시도 역시 그 종교의 관점에 따른 해석이지만, 종교를 우리나라와 겨레 가운데 뿌리를 내리려고 노력하는 것이다. 이에 우리나라와 겨레 가운데 파고들면서 자부심을 가지게 하는 작업을 하고 있다.

우리 기독인들은 하나님의 관점에서 우리나라와 교회의 역사를 해석하여야 한다. 이미 앞에서 언급한 바와 같이 나라의 역사를 신학적으로 해석하는 시도가 있었지만 충분하지 않았는데, 오늘날에는 이러한 시도마저 하는 사람이 없다. 더욱이 교회의 역사를 서술할 때, 신학적인 관점을 가지고 시도하는 곳은 더더욱 없다. 신학자들은 자기들이 해야 할 일에 대해 진지하게 고민하여야 한다.

이제 신학대학원에서 역사신학을 가르치는 방향이 바뀌어야 한다. 나름대로 독립적인 관점을 가지고 하나님과의 관계성 속에서 우리나라와 교회의 역사를 신학적으로 해석하여야 한다. 하나님이 나름대로 우리나라와 겨레를 이끌어 오신 사실을 신앙적으로 고백하여야 한다. 이로써 우리 교회와 함께 하신 하나님에 대해 신학적인 해석과 신앙적인 고백이 나와야 한다.

역사에 대한 관심

지난 역사를 바탕으로 우리나라와 민족은 통일을 이루어야 한다. 우리나라는 점점 더 작아지는 길을 걸어왔다. 나는 '한반도가 작아지게 된 역사적 사건 21가지'라는 책을 읽은 후, 우리나라 역사의 수레바퀴에 대해 심각하게 생각한다. 이러한 관점을 오늘 우리의 현실에 적용한다면, 언젠가 대한민국은 동서로 나누어질 수도 있다. 이러한 예언은 역사를 바탕으로 가능한 것이기에 우리는 역사의 수레바퀴를 돌려 커지는 방향 곧 통일을 향하여 나가야 한다. 그래야 이 나라와 겨레가 앞으로도 살아남고 발전할 수 있다.

이에 나도 하나님이 역사하신 일을 기록으로 남기기 위해 최선을 다한다. 이 책 역시 그러한 일의 일부분으로 적힌 것이다. 나는 나의 아버지가 주신 원고를 바탕으로 목회행전인 '분초를 다투시는 하나님'을 써드린 적이 있는데, 이는 나의 아버지에게 역사하신 하나님의 모습을 남기고자 작성된 것이다. 이와 같이 나도 적당한 시간에 나에게 역사하신 하나님에 대해 자세하게 서술할 것인데, 이는 나 한 사람을 위한 것이 아니라 이 책을 읽는 많은 사람들을 위한 것으로 하나님의 음성을 듣고 순종하는 삶을 살게 하고자 한다.

결론적으로 하나님은 우리가 신앙의 발자취를 기록으로 남기기를 원하신다. 이는 하나님이 우리와 함께 하시면서 인도하신 것에 대한 고백이다. 더 나가서 우리나라와 겨레를 이끌어 오신 손길을 역사로 남기는 것인데, 물론 기독교적인 관점에서 해석되어야 한다. 우리가 이러한 신앙고백적인 역사를 남긴다면, 하나님은 우리의 하나님으로 오래 머무르실 것이다. 좀 더 실질적으로 말하면, 이는 우리의 하나님을 고백하며 만들어가는 것이다. 이것이 진정 믿음 곧 신앙의 본질을 현실화하는 것이다.

4. 창조적 신앙

하나님은 우리의 신앙을 창조해 나가라고 말씀하신다. 기독교는 주로 미국을 통해 들어오면서 외국의 신 혹은 종교로 인식되고 있지만, 우리는 창조적인 해석과 고백을 통해 우리의 기독교로 만들어가야 한다. 이는 하나님이 우리나라와 겨레를 세우실 때부터 함께 하셨다는 믿음을 바탕으로 미래를 세워나가는 길인데, 이를 위해서는 역사와 신앙에 대한 창의적이고 창조적인 접근이 필요하다.

성경의 창조정신

창조는 성경 처음부터 마지막까지 나오는 중요한 주제다. 창세기는 첫 장부터 하나님의 우주창조에 대해서 언급하고, 요한계시록은 이를 마무리하듯 새 하늘과 새 땅의 창조에 대해서 가르친다. 하나님의 사람은 성경의 가르침을 따라 창조적이어야 한다.

성경은 이스라엘 사람들이 외국에서 얻는 정보와 지식 등을 신앙적인 관점에서 발전시킨 창의성을 보여준다. 예를 들면, 성경의 천지창조의 이야기도 그들이 바벨론에 포로로 잡혀가 있던 가운데 들었던 이야기를 하나님의 역사로 창의적으로 바꾼 것이다. 또한 유월절과 연계되는 무교절 역시 창의적인 작업의 결실인데, 두 절기는 서로 성격을 달리하는 절기였다는 점에서 드러난다. 유월절은 출애굽을 하면서 생긴 절기인 반면, 무교절은 이스라엘 사람들이 가나안에 들어간 후 농경생활을 접하면서 알게 된 절기이다. 다시 말하면, 유대인들은 가나안의 무교절을 받아들이면서 유월절과 연계시켜 자신들의 것으로 만든 것이다. 이처럼 이스라엘 백성들은 그들이 살게 된 곳에서 새롭게 대하는 것들을 하나님의 관점에서 창의적으로 해석하여 자기들의 것으로 만들었다.

많은 사람들은 하나님이 이스라엘을 선택하여 그들의 하나님이 되고 그들 가운데 오랜 세월 머무른 것으로 알고 있지만, 사실은 이스라엘 백성들이 하나님에 대한 신앙을 글로 남김으로 하나님을 그들의 하나님으로 고백하고 그들 가운데 오랫동안 머물게 한 것이다. 이러한 점에서 이제 한국교회의 목회자들과 신학자들도 성령의 인도를 따라 오늘 우리나라와 겨레 가운데 계시는 하나님에 대한 신앙고백을 창조적으로 만들 수 있어야 한다.

하나님은 오늘 우리 한국의 교회도 독립적이고 창조적인 신앙을 만들어 내기를 원하신다. 서구에서 전해 받은 전승을 답습하기보다는 우리의 삶 속에서 경험하는 것을 통해 하나님을 발견하고 고백하여야 한다. 이러한 창의적인 작업이 성공할 때, 우리나라와 겨레 역시 정신적이고 영적인 면에서 엄청난 힘을 가지게 될 것이다. 우리나라와 교회의 지도자들은 이러한 신앙과 정신을 공급하여 엄청난 열매를 맺게 해야 한다.

창조적인 토착화

창조적 신앙은 토착화를 이끌어내야 한다. 신앙의 토착화를 시도한 신학자들이 많았지만, 그들은 대개 기독교를 우리의 전통종교와 조화시키면서 발전시키려 했다. 이러한 시도가 전혀 틀렸다고 할 수는 없지만, 창조적인 토착화의 신앙은 이보다 한 걸음 더 나가는 것으로 우리에게 역사하시는 하나님의 특별하고도 진솔한 모습을 찾아 창의적으로 서술하는 것이다. 이로써 하나님에 대한 우리만의 신앙고백을 만들어가는 것이다. 이것이 창조적인 토착화의 신앙이다. 하나님은 우리나라와 겨레의 신학자들과 목회자들에게 이러한 일을 감당하라고 말씀하신다.

중국도 불교를 수입하면서 이러한 경향을 보였다. 그들은 티베트로부터 선불교를 받아들이면서도 자기들의 것으로 만들기 위해 노력했다. 그래서 연구하는 스님들이 400—500년에 걸쳐 토론하면서 중국 나름대로의 불교경전을 완성시켰다. 그것이 한국에 전파되어 현재 불교의 근간을 이루고 있는데, 이에 한국 불교는 티베트보다는 중국의 불교에 가깝다. 이러한 점에서 중국은 엄청난 정신적이고 종교적인 힘을 가지고 있다.

한국의 선교사들도 몽골에서 성경을 번역하면서 나름대로 창조적인 신앙을 추구했다. 그들은 몽골에서 사용하던 성경이 중역으로 인해 정확하지 않다는 사실을 알고, 히브리어와 헬라어에서 직접 몽골어로 번역을 하기 시작했다. 그런데 '하나님'에 대한 번역에 있어 문제가 생겨 여러 가지로 생각하고 의논한 끝에 몽골사람들이 일반적으로 '부처님'에 대해 불렀던 단어인 '보르항'을 '하나님'께 적용했다. 이로써 기독교의 하나님에 대한 거부감을 줄였는데, 이것이 기독교를 몽골의 사람들 가운데 뿌리내릴 수 있게 하는 방법 가운데 하나였다.

이와 비슷하게 나도 네팔의 선교지를 방문했을 때, 의견을 피력한 적이 있다. 그때 그곳의 목사 한 분에게 가운을 증정하는 시간이 있었는데, 나는 네팔의 의상에 따른 성의를 스스로 만들 수 있기를 바란다고 격려했다. 그들의 생활 속에서 스스럼없이 접근할 수 있는 성의는 그들 가운데 하나님에 대한 신앙이 친근하게 만드는 좋은 도구다. 남의 것을 무조건 따라 하기보다는 자신들의 것에 기독교의 옷을 입히는 작업을 하여야 하는데, 이것이 바로 창의적으로 토착화된 신학을 만들어 가는 것이다.

창의적인 재해석

철학적인 것 역시 신앙과 연관해 재정립이 되어야 한다. 우리 조상이 오랫동안 간직한 음양오행설이 있다. 이는 원래 우리의 선조인 동이족이 발전시킨 것인데, 중국으로 전래된 후 더 발전되어 우리들에게 재수입되었다. 우리 조상들은 나름대로 우주와 세상이 움직이는 원칙에 대해 깊이 연구했는데, 우리는 이를 무시할 것이 아니라 더욱 발전시켜야 한다. 이로써 하나님이 우리들에게 보여주신 우주의 원리로 재정립해 나가야 한다. 이러한 과정을 통해 우리는 만물의 창조주요 운영자이신 하나님을 점점 더 알게 될 것이다.

이에 더하여, 역사 가운데 훌륭한 분에 대한 신앙적 재평가를 해야 한다. 예를 들면, 세종대왕은 역사적인 관점에서 매우 훌륭한 분이다. 중국의 한자와는 다른 한글을 만드는 창조성, 이를 음성학적 관점에서 발음이 나는 모양을 따라 만든 과학성, 모든 국민들이 쉽게 쓸 수 있게 한 실용성, 그리고 중국과는 다르다는 사실을 지적한 독립성 등 너무나도 많은 정신을 담고 있다. 우리 기독인들은 하나님이 이러한 분을 우리나라와 겨레에 보내주셨다고 신앙적으로 해석하여야 하는데, 이는 우리 역사를 신앙적인 관점에서 창의적이고 자주적으로 재정립하는 하나의 방법이다.

하지만 오늘 한국교회의 목회자와 신학자들은 아직도 서구에 종속되어 있다. 그들은 서구의 신학을 무분별하게 수입하고 이를 가르치는 것이 앞서가는 것으로 자처하지만, 실상 이는 우리를 퇴보시키는 것이다. 그래서 나는 서구의 신학계에 나의 연구를 알리기 위해 미국에서 출판하고자 노력하고 있다. 우리는 우리 가운데 역사하시는 하나님을 신학적으로 해석하여야 한다.

창의적인 신학

나도 항상 창의적으로 신학을 연구하고 신앙을 형성하려고 노력해 왔다. 특히 이성적인 신학연구와 영적인 체험을 통해 나는 하나님의 음성을 듣고 순종하는 것이 기독교의 믿음 곧 신앙의 본질이라고 주장해 왔다. 이는 내가 찾아낸 신학적인 해석이요 신앙적인 고백이다.

이미 앞에서 언급한 바와 같이 프린스턴신학대학원에서 공부하고 있을 때 하나님이 꿈을 통해 나에게 계시한 이후로 성경을 창의적이고 독창적으로 해석하기 시작했다. 세계의 유명한 신학자들의 해석을 참조하되, 나만의 해석을 하고자 노력했다. 이에 나는 신약 신학과 연관해 많은 책을 낼 수 있었다. 예를 들면, '갈라디아서: 십자가의 복음서' (1999), '천국의 서기관 마태' (2000), '예수에 관한 첫 글 Q' (2002), '예수 그리스도는 신앙고백이다: 복음의 기원과 형성' (2011), '기독교 창시자 바울' (2011), The Origin and Formation of the Gospel (2015), Q, the First Writing about Jesus (2016), 'Q의 형성과 영향' (2017), '문학으로 본 사도행전 신학' (2018), '고린도일서에서 육서까지' (2018), '유형론으로 본 마태복음' (2018), '아담 같은 예수 에덴동산 같은 하나님 나라' (2018), '로마서의 형성: 로마일서에서 사서까지' (2018), '바울신학의 형성' (2018) 등이다. 위에 제시된 책은 하나님이 내게 주신 창의성으로 연구한 것들이다.

결론적으로 하나님은 우리나라와 겨레 가운데 영원히 머무르시길 원한다. 이는 우리가 하나님에 대한 신앙을 창조적으로 해석하고 고백할 수 있느냐 없느냐에 달려있다. 성경은 우리가 이러한 신학적인 작업을 할 수 있도록 가르친다.

5. 신앙적 해석

하나님은 지금도 우리를 향하여 음성을 들려주시고 말씀하신다. 이는 우리나라와 겨레가 진정 하나님을 중심으로 살아가게 하기 위함이다. 우리 기독인들은 이에 응답하며 맡겨진 일을 감당하여야 하는데, 이는 정직하고, 상생하며, 역사화시키고, 창의적으로 살아가는 것이다.

하나님은 우리의 하나님이 되시기를 원한다. 하나님은 우리들에게 자신을 계시하시고 알리시면서 신학적으로 해석하고 신앙적으로 고백하기를 원하신다. 이를 위해 하나님은 나를 비롯하여 여러 사람들을 한국 땅에 보내시고 진정한 신앙을 전파하게 하셨다. 이에 하나님은 성령을 우리들에게 보내셔서 항상 교통하시면서 우리로 하여금 그분의 뜻을 올바로 세워나가게 한다.

신학의 재정립은 모든 분야에서 창의적으로 이루어져야 한다. 하나님은 한국에 이미 존재하는 종교에 대해서 새롭게 해석하기를 요구하고, 철학적 교훈에 대해서도 재해석을 요구하신다. 그리고 역사에 대한 신앙적인 해석을 원하신다. 이외에 모든 분야에서 하나님의 관점을 따라 재해석할 것을 원하신다.

하나님은 오늘도 자신의 음성을 우리에게 들려주시고 있다. 이를 듣고 순종하는 삶을 개개인뿐만 아니라 한국교회와 우리나라 전체가 감당하여야 할 것이다. 이러한 점에서 하나님은 우리가 감당하

여야 할 개혁의 방향을 제시하신다. 이를 충실하게 따를 때, 우리
는 과거보다 현재가 현재보다 미래가 밝은 삶을 살게 될 것이다.

나가는 말

예수께서 이 말씀을 마치시고 그들이 보는데 올려져 가시니
구름이 그를 가리어 보이지 않게 하더라
(사도행전 1:9)

1.

하나님은 태초에 말씀으로 창조하셨고 마지막에 우리를 말씀으로 심판하실 것이다. 이는 신학적인 표현이기는 하지만, 하나님이 우리에게 항상 음성을 통해 교감하신다는 것을 의미한다. 이러한 점에서 우리는 항상 하나님의 음성을 들어야 하고 순종하여야 한다. 이것이 믿음 곧 신앙의 본질이요 성경이 가르치는 핵심이다. 하나님은 오늘도 우리에게 말씀하시는데, 이는 그가 오늘도 살아계신다는 것을 의미한다.

성경은 수많은 사건을 서술하면서 원칙을 가지고 있다. 비슷하면서도 상반되는 교훈을 전하는 것 같지만, 하나님이 역사하시는 원칙에 대해 서술한다. 이는 먼저 사람에게 알려주신다는 것이다. 그러므로 들은 사람은 하나님의 뜻을 알고 순종하여야 한다. 그 원칙이 정해질 때 오늘 우리가 듣는 하나님의 음성을 삶에 적용할 수 있고, 적용을 통해 항상 살아있는 신앙을 이어갈 수 있다. 결국 우리는 오늘도 성령을 통해 들려지는 하나님의 음성을 해석하면서 뜻을 이루어가야 한다.

믿음은 하나님의 음성을 듣고 순종하는 것 자체이다. 이는 기독교의 기초를 세운 사도 바울이 적시한 내용이다. 하지만 하나님의 음성은 듣고 싶다고 해서 들을 수 있는 것은 아니다. 하나님이 주권적으로 들려주셔야 우리는 들을 수 있다. 이러한 점에서 하나님 앞에서 겸손히 듣고자 하여야 한다. 결국 믿음은 하나님이 주도적으로 우리에게 음성을 들려주시고 우리가 이에 순응할 때 가능한 것이다.

성경은 하나님이 주도적으로 사람을 선택하신다는 사실을 강조한다. 이는 하나님이 음성을 들려주실 사람을 선택하신다는 의미이다. 그렇기에 하나님을 믿는 것도 내가 믿고 싶어서 믿을 수 있는 것이 아니다. 오히려 하나님이 믿게 하실 때 우리는 믿을 수 있는 것이다. 이러한 점에서 하나님의 선택에 따라 그의 음성을 듣는 사람은 은혜를 받은 사람이다. 그렇기 때문에 모든 사람들은 하나님 앞에서 겸손해야 하고 그의 은혜를 기다려야 한다.

성경을 바탕으로 보나 경험적으로 보나 하나님은 강직한 사람을 선택하시는 것 같다. 소위 인간관계가 원만한 사람 곧 다른 사람들과 쉽게 타협을 잘하는 사람을 선호하시지 않는 것 같다. 강직한 마음으로 하나님의 뜻을 끝까지 지켜가고자 하는 의지는 매우 중요하다. 이러한 성품을 가지는 것 역시 내가 훈련을 한다고 해서 되는 것은 아니다. 이러한 성품 역시 하나님이 주신 것이기에 가능하다.

2.

오늘 나에게 인생의 목표가 있다. 이는 "어찌하든지 하나님이 내게 음성으로 들려주시는 것을 이루며 살고자 한다!"는 것이다. 쉽게 말하면, 이는 '하나님이 가라 하면 가고, 오라 하면 오는 삶'을 사는 것이다. 이를 위해 나는 인간적인 판단을 유보하고 하나님의 판단을 우선 따른다. 왜냐하면 이보다 더 확실한 것이 없기 때문이다. 이는 비록 고통이 따르고 인내를 요구하지만, 마지막에 웃을 수 있는 길이다. 이로 인해 하나님께 영광을 돌리며 감사할 수 있을 것이다.

하나님은 음성을 듣고 사는 사람에게 동역자를 보내주신다. 이에 그들과 영적으로 교제하게 하면서 자신의 종으로 하여금 일하게 하신다. 그러한 사람들은 하나님의 음성을 듣지 못하는 사람들과 분명하게 구별되는 삶을 살고, 지금도 오직 하나님의 뜻을 이루기 위해 살아간다. 자기 나름대로 신앙고백을 하며 신학적인 해석을 내리며 살아간다. 하지만 이러한 사람은 많지 않다. 그러한 점에서 그들은 영적으로 아름답고 성숙한 사람들이다.

믿음은 하나님 안에서 미래에 대한 소망을 가지고 오늘을 살아가게 한다. 더욱이 영원한 세계를 향한 열망을 가지도록 하기에 답답하고 암담한 현실을 이겨나갈 수 있게 한다. 이러한 점에서 올바른 믿음을 형성하는 것은 매우 중요하다. 그런데 이는 우리의 이성적인 판단이나 감성적인 느낌으로 이루어질 수 없는 일이다. 여기에는 영적인 힘인 성령의 역사가 있어야 한다. 하나님의 영 곧 성령의 인도를 받는 사람만이 진정한 믿음을 만들어갈 수 있는 것이다. 이러한 점에서 나는 오늘도 진실로 성령의 인도를 바라며 살아간다.

솔직히 말해 나는 하나님의 음성이 들려지는 것을 두려워한다. 왜냐하면 하나님이 원하시는 일들은 내게 벅찬 일들이기 때문이다. 그럼에도 불구하고 들려지면 이를 이루고자 최선을 다한다. 왜냐하면 하나님이 그 일을 할 수 있도록 나에게 필요한 사람과 물질을 주시기 때문이다. 이를 이룰 때 영적으로 느끼는 희열은 순종해본 사람만이 안다. 이것이 바로 신앙을 이어가는 보람이기에 나는 그래도 하나님의 음성이 들려지기를 두려워하면서도 원한다.

어떤 사람은 나의 이야기를 듣고 그렇게 오랜 시간 기다릴 필요가 있었냐고 질문하기도 한다. 이에 대해 "나는 기다려야 했습니다."라고 대답한다. 왜냐하면 하나님이 기다리라고 했기 때문이다. 나에게는 다른 선택의 여지가 없다. 나는 그러한 말을 한 사람을 영적으로 설득시키지 못했다는 생각도 하지만, 그 사람이 영적으로 닫혀 있다고 생각하기도 한다. 물론 그러한 사람을 이 책을 통해 설득을 시킬 수 있을지 모르겠지만, 나는 최선을 다해 서술했다. 어찌하든지 간에 나는 한 사람이라도 더 하나님의 음성을 듣고 순종하는 삶을 살게 하고자 한다.

3.

하나님의 음성을 따라 사는 사람은 믿음의 본질을 알면서 신학을 하는 사람이다. 다시 말하면, 그 사람은 항상 하나님의 음성을 통해 들은 뜻을 해석하고, 이를 이루려고 노력한다. 이러한 사람은 나름대로 하나님에 대한 신앙적인 고백을 만들어 간다. 이러한 것들을 글로 정리한다면, 이는 그 사람에게 하나님에 대한 신학이 된다. 모든 기독인들이 이러한 신학적인 해석과 신앙적인 고백을 만들어가야 한다.

하나님의 음성을 들은 사람은 들었던 내용을 정확하게 해석하며 살아가야 한다. 다시 말하면, 자신의 삶속에서 일어나는 모든 일을 하나님과의 관계성 속에서 해석하며 살아야 한다. 그러면 하나님에 대한 이해가 더욱 넓어질 것이다. 이러한 영적 차원에 이르는 사람이 많으면 많을수록 하나님은 우리의 하나님이 된다. 그리고 하나님은 우리 가운데 자신의 모습을 드러내게 된다.

모든 사람이 각자 나름대로 하나님에 대한 신학을 정립하면 서로 다른 신앙을 형성하게 될 것이라는 우려도 있다. 하지만 우리가 진정 성령의 인도를 따라 하나님의 음성을 듣고 그에 대한 신앙과 신학을 정립한다면, 하나님은 전체적인 면에서 조율하신다. 중요한 점은 진정 성령의 인도에 따라 솔직하게 하나님의 음성을 듣고 순종하느냐 하는 문제다. 이는 하나님의 주도권을 인정하는 것이다. 그러면 하나님은 전체적으로 조화롭게 자신이 원하는 방향으로 이끌어 가신다.

각 교회는 하나님에 대한 신학을 정립하여야 한다. 이는 그 교회를 통해 하나님이 역사하신 발자취를 남기고 기록하는 것이다. 많은 교회들이 설립 후 십 년 혹은 오십 년마다 역사책을 남기고 있지만, 단순히 사건을 나열하는 데 머물러 있다. 여기에 신앙적인 해석을 담아야 하는데, 그렇지 못한 경우가 대부분이다. 다시 말하면,

교회의 역사책에는 하나님이 그 교회를 향하여 역사하셨던 과정이 기록되어야 한다. 이는 물론 신앙적이고 신학적인 해석을 할 수 있는 사람이 기록하여야 한다. 이러한 작업이 계속 이어질 때, 그 교회는 자기들에게 역사하신 하나님의 모습을 그려낼 수 있다. 이러한 신학적인 작업은 모든 교회에서 나름대로 이루어져야 한다.

하나님에 대한 신학적인 정립은 나라와 겨레의 차원에서도 이루어져야 한다. 하나님이 우리나라와 겨레에게 일어난 모든 일들을 주관하셨다고 믿는다면, 우리는 우리의 역사를 하나님과의 관계성 속에서 기록하여야 한다. 이 역시 신학적인 해석을 동반하여야 한다. 이러한 작업을 통해 하나님의 모습이 드러난다면, 그분은 우리의 하나님이 된다. 이러한 과정을 통해 하나님에 대한 신앙과 신학이 정립된다면, 그 하나님은 우리와 함께 하시고 함께 일하시는 하나님으로 친근하게 다가올 것이다.

하나님의 음성은 꼭 이루어진다. 또한 사람은 이를 이룰 수 있도록 최선의 노력을 기울여야 한다. 그러하기에 하나님의 음성을 들은 사람은 세상적인 관점에서 성공담이 아니라 하나님에 대해 증거해야 한다. 이 땅에서 혹 이루어지지 않는다 하더라도, 하나님의 나라에 대한 소망을 가지고 끝까지 살아가야 한다. 그리고 마침내 하나님이 들려주신 음성이 이루어질 때, 이를 꼭 신학적으로 해석해서 신앙적으로 고백하여야 한다. 이로써 하나님이 살아계신다는 사실을 증거해야 한다. 이것이 바로 신학을 하는 것이다.

들음에서 믿음이
기독교 신앙의 본질을 찾아서

ISBN 978—89—951544—9—6 03230
CIP   2018028532

지은이 나 요 섭
　　　　https://blog.naver.com/yoseopra

발행인 홍 경 은
펴낸곳 나 의 주
등 록 2001년 8월 11일
　　　　제 2001—000014호
　　　　대구광역시 중구 동성로 80—26
　　　　☎ 053—219—9494 010—6586—7230
　　　　https://blog.naver.com/grace2hong (판매처)
인쇄일 2018년 9월 20일

• 이 도서의 국립중앙도서관 출판시도서목록(CIP)은
  서지정보유통지원시스템 홈페이지(https://seoji.nl.go.kr:444/index.do)와
  국가자료공동목록시스템 홈페이지(http://www.nl.go.kr/kolisnet)에서
  이용할 수 있습니다.